品牌策略与品牌赋能

王良燕　黄靖雅　聂欣宇　柯佳宁　著

本书的研究工作获得国家自然科学基金重点国际（地区）合作研究项目（72110107001）及东方英才计划拔尖项目资助

科 学 出 版 社
北 京

内 容 简 介

本书深度探讨了当今竞争激烈的商业环境中品牌策略的演变与创新。本书分为绪论、品牌拟人化策略的消极影响、品牌联合策略的影响因素、老字号品牌跨品类延伸策略、成果与展望等部分，揭示了品牌在新时代下的关键挑战和应对之道。

本书适合品牌管理者、市场营销从业者、企业战略规划者，以及对品牌策略感兴趣的学者与学生阅读和参考。对于希望深入了解品牌在当今激烈市场中取得竞争优势的人士来说，本书提供了实用且深入的理论知识，为他们在品牌塑造、品牌策略设计以及市场竞争中获得成功提供了有价值的指导。

图书在版编目（CIP）数据

品牌策略与品牌赋能 / 王良燕等著. —北京：科学出版社，2024.6
ISBN 978-7-03-078436-0

Ⅰ. ①品… Ⅱ. ①王… Ⅲ. ①品牌战略—研究 Ⅳ. ①F272.3

中国国家版本馆 CIP 数据核字（2024）第 085213 号

责任编辑：陈会迎 / 责任校对：贾娜娜
责任印制：张 伟 / 封面设计：有道设计

科学出版社 出版
北京东黄城根北街 16 号
邮政编码：100717
http://www.sciencep.com
北京盛通数码印刷有限公司印刷
科学出版社发行 各地新华书店经销
*
2024 年 6 月第 一 版 开本：720 × 1000 1/16
2024 年 6 月第一次印刷 印张：17 1/4
字数：350 000

定价：208.00 元

（如有印装质量问题，我社负责调换）

前　言

“品牌”从最初作为简单的物品所有权代表，到如今蕴含强烈的情感联结，其始终随着经济发展和时代变迁不断丰富、发展自身的内涵。在当今日新月异的商业世界中，品牌不再仅仅是一个简单的名称，更是构建企业价值、引导消费者认知的关键元素。

回顾品牌理论的发展历程，可以发现早期研究关注的重点是品牌对产品的代表性，当消费者在市场中发挥的作用越来越重要，品牌与消费者的关系逐渐成为品牌研究领域的核心议题。为加强品牌与消费者之间的互动，品牌拟人化越来越多地被运用于营销之中，但并非所有品牌拟人化都能收获正向效果，本书将揭示拟人化营销对品牌的潜在负面影响，厘清什么样的品牌在什么场景下适合进行拟人化营销，为拟人化营销的顺利开展提供理论依据。

当代消费者更注重需求的个性化表达，市场细分更趋明显，品牌联合成为进军新领域、提升品牌知名度的有效途径。由于我国市场经济近年来蓬勃发展，品牌联合的营销方式非常普遍，本书解析了品牌联合的作用机理，聚焦于品牌联合策略的影响因素，揭示了品牌类型、延伸策略、位置关系、产品品类、联名类型以及感知经济流动性对品牌联合的深刻影响。

在中国有一类特殊的品牌——老字号品牌，除了蕴含商业性，老字号品牌还蕴含丰富的文化底蕴。近年来，众多老字号品牌陷入生存困境，为吸引年轻消费者注意开始尝试品牌延伸，各类新颖的跨界产品层出不穷。本书关注这一特殊的品牌类型，探讨跨品类延伸对老字号品牌的影响，为老字号品牌发展建言献策。

由此可见，品牌赋能并非简单的概念，不是说运用当下热门营销手段即可获得成功，拟人化、品牌联合、跨品类延伸都是双刃剑，适合的品牌采用适当的方式可以做到事半功倍，反之，品牌若采用与之不匹配的品牌策略，则可能带来负面效果。本书旨在深入探讨品牌策略在数字化时代的最新演变，揭示在激烈竞争的市场中，如何使品牌更有活力、更好地迎接新时代的挑战。在这个充满变革的时代，我们想要通过本书分享对当下热门营销现象的深入研究和思考，使得品牌管理者、市场营销从业者以及所有对品牌策略感兴趣的人更好地理解这些营销现象背后的理论依据和作用机理，更有效地、更恰当地制定并实施品牌策略，以应对当下复杂多变的商业环境。

最后，希望本书能够为读者提供有价值的启示，使其在品牌建设和战略制定中更具远见，更富创造力。愿每一位阅读本书的人，都能在新时代的品牌舞台上闪耀出属于自己的光芒。

目　　录

第一篇　绪　　论

第二篇　品牌拟人化策略的消极影响

第三篇 品牌联合策略的影响因素

第四篇　老字号品牌跨品类延伸策略

第五篇　成果与展望

第一篇

绪　　论

第1章　引　　言

1.1　品牌赋能背景

随着经济全球化的不断深化和我国市场经济的迅猛发展，品牌策略逐渐成为企业差异化竞争的核心内容。在这个竞争日益激烈的商业环境中，企业必须认识到品牌不仅仅是产品或服务的象征，更是在消费者心目中建立信任和认同的关键因素。因此，品牌策略的制定和执行成为企业成功的关键要素之一。

目前，市场日益饱和，消费者的需求也日趋多样化，企业必须不断创新，不仅需要在产品和服务方面满足消费者的期望，更需要在品牌建设和管理方面深入思考和谨慎实践。企业需要打造具有差异化竞争优势的核心品牌，以便在市场中脱颖而出。同时，维护品牌形象也至关重要，合适的品牌定位和形象可以帮助企业在市场中进行精准营销。因此，企业需要投入大量资源和精力来确保品牌形象的稳定和积极。

本书旨在深入探讨在新时代下，如何通过精心设计和实施品牌策略来为品牌赋能。这包括了对市场趋势的敏锐洞察、对目标消费者的深入理解，以及对竞争对手的分析和战略规划。具体而言，本书深入研究了以下关键品牌策略，以帮助企业建设具有竞争优势的品牌，引导消费者产生不同的品牌感知和态度，获得更大的市场份额。①品牌拟人化策略。本书讨论了品牌拟人化策略对感知品牌地位和消费者态度的影响。②品牌联合策略。本书讨论了品牌联合策略对品牌评价的影响。③老字号品牌跨品类延伸策略。本书讨论了老字号品牌跨品类延伸对消费者态度的影响。

通过深入研究品牌策略的实施对品牌赋能的影响，本书为企业领导者、市场营销专业人士和学者提供了有关如何在新时代下建立和维护强大品牌的有益指导。品牌不再仅仅是企业的标识，而是一份具有深远战略意义的资产，对品牌策略进行深入研究可以为企业的长期发展提供重要的指导意义。本书将帮助企业领导者更好地理解品牌策略的实际运用，如如何在动态市场环境中适应和创新、如何以消费者为中心，满足他们不断变化的需求和期望。市场营销专业人士将从本书中获得有关设计和执行创新的品牌策略以及不断吸引和留住客户的实际方法。更为重要的是，本书的研究内容将有助于提升我国企业在全球市场中的竞争地位。随着全球市场的不断扩大和互联互通，具备强大品牌的企业更有机会在国际舞台上崭露头角。通过在品牌策略方面取得成功，我国企业将能够更好地抓住全球市场的机遇，实现可持续增长，并在全球竞争中占据有利地位。因此，本书可为我国企业在国际商业舞台上的成功提供坚实的支持和指导。

1.1.1 品牌拟人化

进入21世纪，在经济全球化的发展趋势下，全世界的企业同台竞技，试图在竞争激烈的市场中获取一席之地。如何占领消费者的心智，构建独特的品牌形象，采取高效的营销策略提升消费者态度，是每个企业管理者亟待解决的问题。

党的二十大提出，我们要“以中国式现代化全面推进中华民族伟大复兴”，“坚持以推动高质量发展为主题”，“弘扬企业家精神，加快建设世界一流企业”（习近平，2022）。在国家战略目标的引领之下，企业需要转变以往只求速度不求质量的发展观念，从自身特点出发，着眼于长远的前进方向，规划适合自己的发展路线。我国企业既要深耕本土市场，也要提升国际竞争力，向本土和国外的消费者讲好中国制造和中国品牌的故事。酒好也怕巷子深，为了早日建成一流企业，在保证自身实力过硬的基础上，企业更要建立独特的品牌形象和品牌价值，并且通过精准的营销策略向消费者传达品牌形象和实力，和消费者之间建立更亲密的联系，赢得消费者的关注和选择。由此，在这个聚焦于高质量发展以及企业核心竞争力的关键时期，探究消费者行为视角下，企业应该如何根据自身特征和消费者个人特质选择合适的营销策略传达品牌形象，规避不合时宜的营销方式，提升消费者态度，对促进企业实现科学健康可持续的发展有重要的理论和实践意义。

近年来，企业和品牌的营销管理者面对不断变化的市场竞争环境，采用了多种新兴的营销策略，试图占领消费者心智。其中，品牌拟人化策略已经成为一种热门选择。在不同行业和品牌中，品牌拟人化策略都得到了广泛的应用。随着品牌拟人化策略的盛行，消费者和企业或者品牌之间的沟通，已经逐步转变为“人与人”之间的交流。比如，在食品行业中，休闲零食品牌三只松鼠将拥有拟人化外表和个性的松鼠作为品牌标识（logo），将消费者称为“主人”，占据了可观的市场份额，拥有诸多忠诚顾客。2019年“双十一”，三只松鼠以超过10亿元的销售金额刷新了中国食品行业交易纪录。M&M’s巧克力豆品牌创造的经典的拟人化小人形象也深得消费者喜爱，将有趣可爱的品牌形象深深植入消费者心中。在家用电器行业中，德国工业企业博世（BOSCH）在广告中对其冰箱、摄像头等产品进行拟人化展示，宣传自己无处不在、默默服务的产品特征。美的扫地机器人通过智能化的类似人类的“语音”和消费者“沟通”，提示消费者产品需要充电、已完成扫地工作等。在电子产品行业中，苹果手机推出了拟人化智能语音助手Siri，作为虚拟个人助理，Siri 通过语音互动的方式为消费者使用不同的手机功能提供了辅助。在健康保护产品行业中，百多邦品牌在旗下产品莫匹罗星软膏的包装上赋予该产品类似人类的五官和四肢，试图向消费者传达自信强大的品牌形象。类似地，快克药业在复方氨酚烷胺胶囊产品包装上将品牌拟人化为一个肌肉发达的，为消费者击败病毒，使得病症消退的超人。在办公用品行业中，得力品牌在广告中宣传自己“说的很少，做的很好”，更加直接地向消费者表达品牌产品功能丰富，可以满足消费者的需求。在汽车行业中，长安汽车推出了全新用户品牌“伙伴+”，构建自己作为消费者的伙伴的身份。

品牌拟人化策略可以给企业和品牌带来以下两方面益处。第一，相较于非拟人化宣传方式，拟人化的品牌和产品形象可以吸引消费者的注意。比如，可爱的卡通化三只松鼠形象搭配上人类的话语，更加显眼，可以提升消费者的关注程度，更快地进入消费者的心智，进而抢先一步进入消费者的选择集，提升被购买的可能性。第二，品牌拟人化策略可以使企业和品牌更容易和消费者建立社交关系。比如，拟人化产品可以通过语言的形式扮演伙伴的角色，和消费者建立朋友关系。这种类似人类之间的社交关系，可以提升消费者的忠诚度，促使消费者长期选择同一种品牌和产品。然而，并非所有消费者都会对品牌拟人化策略产生积极评价。比如，有消费者提出，拟人化的沟通模式充斥着一些无效的信息，降低了获取有效信息的效率。那么，品牌拟人化策略在何种情境中会给品牌和消费者带来消极影响，什么样的企业不适合使用品牌拟人化策略，不同特征的消费者会对品牌拟人化策略产生怎样的反应？对于品牌拟人化策略可能产生的影响，一直是营销学术界关注的重点话题，研究者对于品牌拟人化策略可能带来的积极影响和消极影响进行了广泛的讨论。本书在以往的拟人化文献的基础上，围绕以上热点问题，对品牌拟人化策略产生的消极影响及其影响因素这一重要课题进行了深入的探索。

本书从品牌拟人化策略对消费者感知的影响出发，进一步探究品牌拟人化策略造成的消极影响。首先，本书对品牌拟人化策略产生影响的核心机制——人类图式下的消费者感知进行了深入的探究。通过品牌拟人化策略的实施，消费者将拟人化实体看作真人，并对其应用人类社会的规范和信念。在复杂的商业环境下，对于不同特征的品牌和产品，消费者可能会对拟人化实体产生差异化的感知，而消费者的心理活动将成为其后续行为的基础。第二篇的两个子研究的发现都以品牌拟人化策略下的消费者感知为基础，从而进一步讨论对消费者行为的影响。本书主要讨论了品牌拟人化策略对品牌形象、消费者态度带来的负面效应，并探索了不同消费者特征、品牌特征的调节作用。一方面，在现实生活中，消费者在性格特质、思维方式、客观人口因素等方面存在较大的个体差异性，这些差异化的个人特质在其认知和行为过程中会在很大程度上影响消费者的决策。此外，消费者的成长环境、文化背景也会潜移默化地影响其认知过程，如不同国家的消费者可能会产生跨文化的思维和行为多样性。由此，根据个体特征对不同群体的消费者进行划分，从而进行精准营销，是企业和品牌进行高效管理和高质量发展的重点课题。另一方面，品牌本身的特质也会和营销策略产生交互作用。消费者对不同品牌持有差异化的刻板印象和要求，当不同品牌实施同样的营销策略时，也可能会引发截然不同的市场反应。因此，本书通过对品牌影响因素的探究，为企业和品牌根据自身特征选择适合的营销策略，规避负面效应，提供了有价值的实践指导。

1.1.2　品牌联合

党的十八大以来，品牌管理与建设受到越来越多的关注。2014 年，习近平总书记提出，推动中国制造向中国创造转变、中国速度向中国质量转变、中国产品向中国品牌转变[①]。2016～2017 年，《关于发挥品牌引领作用推动供需结构升级的意见》和《国务院关于同意设立“中国品牌日”的批复》相继发布，自此每年 5 月 10 日正式被设立为“中国品牌日”。一方面，党和政府通过政策的颁布为国产品牌的快速成长提供了有利的环境。另一方面，品牌建设的相关工作者和机构不懈努力，促使品牌不断发展、壮大。百度与人民网研究院联合发布的《百度 2021 国潮骄傲搜索大数据》报告显示中国品牌在百度搜索上的热度占比由 2017 年的 45%提升至 2021 年的 75%，是海外品牌的三倍；《2021 抖音电商国货发展年度报告》显示中国品牌在抖音平台上的销售量在 2021 年同比增长 667%；在京东平台上的品牌成交额统计中，中国品牌的数量占比也在 2018 年至 2021 年间由六成提升至九成。由此看来，品牌管理与建设逐渐成为近年来的主旋律。

在信息化时代的今天，社交网络不断推陈出新，消费市场逐渐饱和并越来越细分，品牌联合成为品牌打开局面扩大市场的有效策略，备受企业的青睐。品牌联合具体是指两个品牌在联合期间共同推出新产品的营销策略（Aaker，2004；Cao and Sorescu，2013；Monga and Lau-Gesk，2007）。品牌联合策略可以帮助品牌进入对方的市场，利用对方的优势和声誉来传达单一品牌无法提供的独特产品属性，更快更有效地提高品牌知名度（Dahlstrom and Dato-on，2004；Dahlstrom and

---

①《走好品牌建设之路 习近平这样擘画》，http://www.qstheory.cn/qshyjx/2021-05/10/c_1127427333.htm [2023-11-26]。

Nygaard，2016；Rao et al.，1999）。因此，品牌联合如今已成为日益流行的品牌策略。

在近年的品牌联合实践案例中，本书发现，许多品牌都在以更加多元的方式来实施联名策略，试图挖掘出品牌联合更加丰富的价值。一方面，品牌们在品牌联合时选择的合作主题不再局限于传统的“品牌”，而是扩大到了更广泛的范围，包括文化娱乐领域。例如，茶百道与敦煌博物馆在2020年推出的联名奶茶，魅可（M·A·C）与王者荣耀在2019年推出的联名口红。另一方面，进行品牌联合的产品品类，也从传统的时装、护肤品、日用品等扩展到医疗、保健、计生用品等。例如，汤臣倍健和敦煌美术研究所在2021年推出的联名款祈福礼盒，喜茶和杜蕾斯在2017年七夕推出特别款联名杯套。尽管品牌联合策略的应用越来越丰富，但对品牌联合的研究仍然有限，关于品牌联合的清晰的知识体系才刚刚形成（Dahlstrom and Nygaard，2016；Monga and Lau-Gesk，2007；Young et al.，2000）。

品牌联合的相关研究很早就获得了学者的关注。根据Pinello等（2022）研究的检索结果，最早的品牌联合的研究可以追溯到1992年，并在2000年后进入蓬勃发展的阶段直至现在。在21世纪初，来自不同领域的品牌联合的相关研究的数量和种类经历了一个大幅度的增长。总的来说，品牌联合研究主要源于经济学和心理学这两大学科的研究范式。利用心理学传统理论的研究主要关注品牌信号被感知的方式（如信息处理理论），而源于经济学范式的研究则关注导致消费决策的品牌联合活动的评估（如价格保留理论）。此外，根据周俪（2020）研究中的统计，发表品牌联合相关论文的作者绝大多数来自发达国家，我国关于品牌联合的研究还处于起步阶段。随着21世纪以来中国经济的蓬勃发展，伴随着品牌建设的不断推进，各国产品牌纷纷以创新的内容、跨界的合作主题来进行更加丰富多元的品牌联合。这种品牌联合实践的丰富多彩也促进了相关理论的发展，国内学者越来越多地关注起这个话题。

现有研究发现影响品牌联合效果的因素很多，如品牌层面、产品层面、消费者层面等，相关探索还远远不足。基于上述现实背景和理论背景，本书探索了全新的影响因素和相应的机制。第一，基于比较物质和体验的文献基础及概念组合理论的理论基础，本书讨论了品牌类型（即体验型品牌和物质型品牌）和品牌延伸策略对品牌联合效果的影响及其背后机制。本书认为，品牌联合的品牌类型会影响消费者对品牌联合产品的享乐属性和效用属性的感知。相比于填充槽策略，新属性策略使联合品牌产品与主品牌产品强烈不一致（Desai and Keller，2002）。它标志着一项更实质性的创新，即新产品具有了来自新属性的潜在功能性增益（Ma et al.，2015）。因此，在采用新的属性策略时，更注重效用属性的物质型品牌的联合品牌产品会比体验型品牌获得更好的评价。第二，基于奢侈品的文献基础和概念隐喻理论，本书讨论了联名中的位置关系和产品品类对奢侈品品牌评价的影响及其背后机制。与奢侈品品牌进行品牌联合不同于与一般的大众品牌进行联名。本书提出，在品牌联合中，位于上部的品牌会被认为比位于下部的品牌具有更高的地位。这是因为地位或权力的抽象概念是通过垂直位置关系的隐喻联系来理解的，就像权力越大的人通常被认为位置越高一样（Giessner and Schubert，2007），而左右位置关系没有这样显著的隐喻关联。此外，当品牌联合的产品不属于奢侈品的核心品类（相比于核心品类）时，这种位置关系对奢侈品品牌评价的影响可能会消失。第三，基于品牌联合文献基础和思维方式相关理论，本书讨论了消费者感知经济流动性对远端品牌联合评价的影响及其边界条件和背后机制。本书提出，品牌联合中存在的不一致与矛盾因素，可以通过提高感知经济流动性的程度来调和，这样能够增强品牌联合的匹配度感知，从而促使人们对品牌联合形成更积极的评价。对于常规的近端的品牌延伸，消费者很容易感知品牌联合之间的契合度，而不需要联系、发展的眼光，这减弱了消费者感知经济流动性对品牌联合反应的影响。

因此，本书对于影响品牌联合效果因素的进一步探索，一方面，在理论上丰富了品牌联合方面的研究；另一方面，在营销实践上能够为品牌选择联合对象，方便采取品牌联合策略，为消费者推出品牌联合提供理论参考，以便于其在激烈竞争的市场环境中通过品牌联合采取行之有效的营销策略。

1.1.3　老字号品牌跨品类延伸

"中华老字号"是指历史悠久，拥有世代传承的产品、技艺或服务，具有鲜明的中华民族传统文化背景和深厚的文化底蕴，取得社会广泛认同，形成良好信誉的品牌（中华人民共和国商务部，2006）。中国悠久的历史文化，沉淀出众多沿袭中华民族优秀文化传统的老字号品牌，它们代表着中国历史上繁荣的商业和手工业，凝结着数代中华人民艰苦奋斗的智慧结晶。老字号品牌一度是高质量、高水平的标杆，而如今众多老字号品牌逐渐跌落神坛，甚至无人问津。改革开放以来，随着市场经济的蓬勃发展，国内消费市场竞争日趋激烈，众多新兴品牌、海外品牌百花齐放，逐渐占领消费者的视野。尤其是在互联网科技的冲击下，老字号品牌跟不上时代发展的快速步伐，被电商新渠道、互联网营销新方式远远甩在身后。许多中国传统品牌难以适应快速发展的时代，陷入生存困境。仅有少数老字号企业发展情况良好，大部分老字号企业生意惨淡甚至出现亏损破产的情况。面临生存危机的老字号品牌，普遍存在着品牌老化、产品陈旧、创新不足、缺乏营销等问题。

"90 后""00 后"逐渐成为社会消费的主力军，与老一辈消费者不同，年轻消费者对老字号品牌缺乏认知度和认同感，大部分老字号品牌于他们而言，仅存在于长辈的口中，只知其名，不知其物。年轻消费者对老字号品牌缺乏兴趣，是老字号品牌发展的重要阻碍，因此越来越多传统品牌开始尝试用各种方式吸引年轻消费者的注意，推出跨品类延伸产品是常见的方式之一：中药老字号同仁堂开了“知嘛健康”门店，售卖养生咖啡；白酒老字号泸州老窖走在跨品类延伸前列，推出过香水、巧克力，联合雪糕品牌钟薛高推出过“断片”白酒味雪糕，联合奶茶品牌茶百道推出“醉步上道”奶茶；云南白药、青岛啤酒等老字号品牌纷纷推出服饰产品，走进国外时装周……这些大胆的跨界延伸，不仅是老字号品牌主动拥抱年轻消费者的努力尝试，也少不了政府和行业的背后支持。2006 年商务部开始推行“振兴老字号工程”，2011 年印发《关于进一步做好中华老字号保护与促进工作的通知》，先后确定了两批中华老字号名录，总计 1000 余家，为老字号品牌提供法律保障和政策扶持。阿里巴巴于 2018 年发布天猫“国潮行动”，2019 年推出“新国货计划”，2020 年宣布升级“新国货计划 2020”，利用自身综合电商平台的优势，通过老字号、新锐国货、巨头国民品牌三大赛道，加速国货产品创新和品牌建设，帮助老字号品牌重焕生机。经过几年的建设，天猫平台已经成为国货新品首发、新品孵化的首要平台，“国潮”（国货潮流）成为年轻人之间风靡一时的新名词。

老字号品牌跨品类延伸产品层出不穷，这些大胆的跨界延伸在社交媒体上吸引了大量关注和讨论，消费者对其褒贬不一：支持者认为跨品类延伸是老字号品牌创新、顺应时代进步的表现；反对者则将跨品类延伸视为老字号品牌不务正业的表现。基于老字号品牌频繁的跨品类延伸活动，本书将通过对比跨品类延伸行为对老字号品牌和新兴品牌产生的影响差异，探究跨品类延伸的方式是否真的能够帮助传统品牌战胜新兴品牌、吸引消费者，跨品类延伸将如何影响消费者的品牌态度、品牌意识，老字号品牌如何有效地进行跨品类延伸等问题，为老字号品牌的营销策略提供积极可行的建议和重要的管理启示，帮助老字号品牌更好地进行品牌活化。

总的来说，本书将从品牌拟人化、品牌联合、老字号品牌跨品类延伸这三种新时代下的品牌策略出发，探索如何使用新兴营销策略进行品牌赋能。本书将从消费者行为的角度切入，借助系统科学的研究方法，填补了三个研究领域的理论空白，为商业实践中的管理和营销提供了实用的方法指导。不仅为品牌赋能奠定了理论基础，也为营销人员在品牌管理和营销策略制定方面提供了可操作的方法论，还为企业战略规划提供了有益的思路引导。

1.2 重要性阐述

1.2.1 对消费者行为研究的理论意义

本书聚焦于新时代下的营销策略，从消费者行为理论出发，为企业应用品牌拟人化、品牌联合、老字号品牌跨品类延伸策略提供了重要的理论和实践价值。具体而言，主要体现在以下三个方面。

1. 品牌拟人化方面

自2010年以来，品牌拟人化策略相关主题的研究逐渐受到营销学者的重视，消费者行为学领域涌现出大量优秀的研究成果，拟人化相关理论逐渐成熟，研究框架不断完善。关于品牌拟人化策略产生的积极和消极影响、品牌拟人化策略产生不同效果的影响因素等实证研究如雨后春笋般层出不穷。本书基于国内外文献已有的研究结论，聚焦于品牌拟人化策略带来的消极影响，以人类图式下的消费者感知作为切入点，开展了一系列子研究，探讨品牌拟人化策略如何影响消费者的感知，进而对品牌形象、消费者态度和第三方产生负面效应，以及消费者特征、品牌特质与品牌拟人化策略之间的交互作用。总体来看，本书为拟人化和消费者行为领域提供了重要的理论价值，具体而言，主要包括以下三个方面。

第一，本书对消费者行为方向中的拟人化领域已有的研究发现进行了系统性的整合，梳理了研究脉络，对各研究主题进行了总结，包括拟人化的基本定义、操纵方式、品牌拟人化策略产生不同效果的影响因素、品牌拟人化策略对消费者和品牌产生影响的相关实证研究、消费者进行拟人化的动机及理论解释等方面。本书为营销学者提供了条理清晰、内容全面的拟人化研究框架综述。第二，本书重点关注品牌拟人化策略的消极影响这一主题，深入挖掘在不同的情境中品牌拟人化策略产生影响的中介机理（如人类图式下的消费者感知）及其影响下的后续行为，如购买意愿、消费者态度等。本书丰富了拟人化研究的消极影响研究内容，为消极影响提供了边界条件，创新性地提出了新的关注方向和理论研究视角，进一步完善了拟人化理论的研究框架。第三，本书将拟人化领域、品牌管理领域、心理学领域的研究成果进行交叉融合，将其他领域的前沿研究结论应用于拟人化领域，如将刻板印象内容模型（stereotype content model）、心理距离（psychological distance）、品牌领导力（brand leadership）等概念纳入拟人化研究。由此，本书拓展了不同学科理论和构念的应用范围，为拟人化研究提供了有力的支撑。

2. 品牌联合方面

第一，本书整合了联名与物质体验比较理论的研究。本书对比较物质和体验的文献有重要贡献。先前的研究主要集中在购买体验型产品与购买物质型产品的下游后果（Gilovich et al.，2015），本书的研究结果补充了新兴的研究，即在品牌联合战略中选择体验型品牌还是物质型品牌作为合作对象对品牌联合结果的影响。具体而言，本书的研究表明，在与物质型和体验型的品牌合作中，选择不同的品牌延伸策略会导致不同的结果。因此，本书的研究结果支持了一个新兴的研究流，旨在探明基于物质型和体验型产品的品牌对品牌联合结果的影响。此外，展示品牌类型和品牌战略在品牌联合评价中的相互作用这项工作也说明了物质和体验之间的心理差异。根据本书的研究结果，对比较物质和体验感兴趣的学者不仅应该考虑产品，还应该考虑它们的品牌。

第二，本书推进了奢侈品营销战略的理论研究。本书通过探索品牌联合时影响奢侈品品牌评价的因素来推进奢侈品品牌传播的研究。鉴于近年来奢侈品市场的快速扩张（Moreau et al.，2020），越来越多的学者关注奢侈品战略（Wang et al.，2021）。例如，Moreau 等（2020）探讨了奢侈品定制策略，Amatulli 等（2020）讨论了奢侈品传播策略，Albrecht 等（2013）重点研究了奢侈品品牌延伸。本书通过研究奢侈品的品牌联合战略，增加了这一重要的调查线索。本书实证检验了品牌联合中的两个品牌的位置关系对奢侈品品牌评价的影响，以及产品品类的调节作用和利益理解的中介作用，本书通过品牌联合广告中的位置关系来确定奢侈品品牌与另一个品牌之间的关系，为一系列新的研究问题奠定基础。

第三，本书丰富了品牌联合和消费者特征的联系的相关研究。品牌特征（如品牌资产）、对消费者特征的理解（如消费者感知经济流动性）对于决定消费者对品牌联合的反应至关重要。本书首次将消费者感知经济流动性这一概念引入品牌领域。在先前的消费者行为学领域内，只有少数研究探索了消费者的感知经济流动性[如 Yoon 和 Kim（2016）]。本书响应了一种需求，即理解消费者在日常情况下如何评估品牌联合，从而指导营销人员和管理者更有效地采用这一品牌策略。本书实证检验了思维方式在促进品牌联合评价方面的作用，提供关于思维方式影响品牌联合评价的观点。此外，本书对于品牌参与自我概念的调节作用的检验，也补充了关于品牌联合和自我概念之间的联系的相关研究。

3. 老字号品牌跨品类延伸方面

第一，本书提出了跨品类延伸对老字号品牌的负面和正面影响，并探究其背后作用机制和边界条件。以往对老字号品牌延伸策略的研究多持积极态度，认为其能帮助老字号品牌走出困境，完成品牌活化。和过去的研究不同，本书着重关注老字号品牌推出跨品类延伸产品所带来的消费者反馈，提出了针对品牌延伸策略的另一种观点：当品牌进行跨品类延伸之后，相比于新兴品牌，消费者对老字号品牌产生的负面态度更强烈。这种差异是由消费者对两类品牌不同的指令性规范信念造成的，同时受到内隐人格取向（实体理论 vs 渐变理论）的调节。虽然老字号品牌跨品类延伸会带来较为负面发展的态度变化，但是能显著提升老字号品牌的品牌意识，这也解释了为什么众多老字号品牌前赴后继地进行延伸尝试。

第二，在探究跨品类延伸对老字号品牌影响的基础上，进一步探究老字号品牌该如何进行跨品类延伸，才能获得更有利的消费者反馈，平衡消费者态度的下降和品牌意识的上升。本书创新性地结合延伸契合度（高 vs 低）和延伸方式（独立 vs 联合），探索两者之间的交互作用，并作出了理论创新。本书认为在老字号品牌跨品类延伸情境中，延伸契合度（高 vs 低）和延伸方式（独立 vs 联合）之间存在交互作用。在低契合度的跨品类延伸中，联合延伸的方式对消费者态度的损害低于独立延伸；在高契合度的跨品类延伸中，独立延伸和联合延伸的影响差异并不显著。

1.2.2 对企业管理的实践意义

1. 品牌拟人化方面

探索品牌拟人化策略可能带来的消极影响及其作用机制、边界条件，对企业和品牌的科学健康发展具有积极的实践意义。在环境复杂、竞争激烈的市场中，每一个企业和品牌都迫切希望使用高效的营销策略增加和消费者的接触，提升消费者的购买意愿。因此，从消费者心理和行为的视角探索品牌拟人化策略产生的影响，为企业和品牌了解应当在何种时机下应用或规避该营销策略，提供了重要的实践价值和管理启示。具体包括以下三点。

第一，本书提出品牌拟人化策略可能会对消费者感知到的品牌形象（如感知品牌地位）、消费者态度产生负面影响。由此，本书建议企业和品牌在选择拟人化营销策略时三思而后行，不要盲目跟风选用当下市场中流行的营销策略。第二，本书提出企业和品牌需要根据自身特征来决策是否选用品牌拟人化策略。例如，品牌领导力较低的小品牌使用品牌拟人化策略可能会给消费者态度带来反作用，因此，本书建议企业和品牌综合研判自己的条件，避免事倍功半。第三，本书指出，企业和品牌应当根据消费者的个人特质划分不同的客户群体，实行更加精准化的营销。比如，消费者感知经济流动性、地位需求等认知方面的差异性会影响其对拟人化实体的感知、态度和后续行为。本书建议企业和品牌在采取品牌拟人化策略时提前分析目标消费者的特征，进行更有针对性的营销。

2. 品牌联合方面

第一，本书为品牌选择不同类型的品牌进行联名提供了理论依据。本书可以为市场实践提供有益的指导。本书所探讨的影响品牌联合的因素及其潜在机制，将有助于营销者和企业选择合作品牌及延伸策略。体验型或物质型的品牌并不总是优于对方，只有采用了适当的品牌策略才能在与不同类型的品牌进行联合时取得最优结果。管理者可以从战略上分析影响品牌联合评价的驱动因素，从而更有效地推出新产品即品牌联合产品。品牌还应该意识到，与涉及不同品牌延伸策略的产品相关的专业知识可能也会影响品牌联合的成功。本书的研究结果不仅有助于品牌联合的研究，对品牌联合的实践也有重要的启示。希望本书的研究结果能对进一步探索品牌联合效应在市场营销中的作用有所帮助。

第二，本书为奢侈品品牌进行品牌联合策略提供了理论参考。本书的发现可以帮助指导奢侈品品牌的品牌战略，营销人员和管理者可以从战略上分析影响品牌联合有效性的驱动因素，以最大限度地提高其对品牌成功的影响。从消费者的角度来看，本书的研究也提供了证据，证明消费者可以学会克服这种关于位置关系暗示的主导地位偏见。随着奢侈品消费者数量的持续增长，本书提供了一种简单且可扩展的方法来提高消费者福利。在未来的实践中，利益相关者可以通过信息干预的方式来减少一些影响消费者决策的偏见。本书的研究为奢侈品品牌采取品牌联合战略提供了指导。

第三，本书为品牌向不同特征的消费者推出品牌联合产品提供了理论方向。本书的研究结果表明，营销人员应该考虑消费者的特质，并以与目标受众特质相对应的方式制定品牌联合策略。通过采用更加个性化的营销策略，企业可以更有效地采用品牌联合策略。公司可以使用不同策略来影响消费者对品牌联合的评价。一方面，企业可以收集消费者信息，推出更加个性化的品牌联合产品。另一方面，更重要的是，品牌可以采用一些特定的策略来影响消费者的感知经济流动性来使品牌联合产品有更好的消费者评价。本书可以指导品牌和相关的营销人员关注消费者的特质（即感知经济流动性）以最大化品牌联合的效果。

3. 老字号品牌跨品类延伸方面

本书使人们对老字号品牌跨品类延伸前后消费者态度、品牌意识的变化有了更清晰的了解，也为老字号品牌提供了重要的管理启示。

第一，跨品类延伸能显著提升消费者对老字号品牌的品牌意识，达到吸引年轻消费者的注意力的目的，但可能一定程度上损害消费者对品牌原有的良好态度。

因此，老字号品牌在进行跨品类延伸时应更加谨慎，权衡品牌意识提高带来的收益是否能弥补消费者态度下降带来的损害。

第二，本书还揭示了造成消费者态度下降的作用机理：消费者心中固有的对老字号品牌的指令性规范信念使消费者认为老字号品牌应该专注原有业务，不该进行品牌延伸。因此，如果老字号品牌想要进行跨品类延伸，可以考虑先通过推出新包装等在原有产品基础上进行创新的行为，降低消费者对该品牌的指令性规范信念，从而减轻由固有印象造成的消费者态度损害。

第三，本书为老字号品牌有效进行跨品类延伸提供了具体的策略建议。在延伸品类上，老字号品牌应该选择高契合度的跨品类延伸，其对消费者态度的影响优于低契合度跨品类延伸。如果老字号品牌仍然想要进行低契合度的跨品类延伸，可以采用联合延伸的方式，这样能够有效缓解对消费者态度的负面影响。

1.2.3 对政策措施的借鉴意义

习近平在党的二十大报告中提出，“全力推进全面建成小康社会进程，完整、准确、全面贯彻新发展理念，着力推动高质量发展，主动构建新发展格局”（习近平，2022）。为了响应以高质量发展为主题的国家经济战略，加快建成竞争力不俗的世界一流企业，在这个新的发展时期，开展对品牌拟人化、品牌联合、品牌延伸策略的研究对向消费者传达品牌形象、提升消费者态度具有重大的意义，具体而言，主要包括以下两个方面。

第一，本书为选择实施国家品牌建设和推广战略提供了积极的指导意义。本书结论可以为政府领导本土企业走出国门，讲好中国品牌故事提供积极的理论指导。比如，在政府指导和支持下，国内企业或者中华老字号品牌在海外市场投放广告，宣传自己的品牌形象时，需要结合自身的长远战略目标来决定是否使用品牌拟人化策略。如果企业和品牌希望拉近和消费者之间的距离，并且本身不走高端路线，那么品牌拟人化策略是一种合适的营销策略。相反，如果政府希望树立中国制造的高端形象，改变海外消费者以往对中国制造的刻板印象，则应该避免使用品牌拟人化策略。由此，本书为政府机关策划向全球观众讲好中国制造和中国企业的故事，打造中国品牌形象，提供了有价值的启示。第二，本书回应了全面建设社会主义现代化国家的首要任务——高质量发展。比如，当对老字号品牌进行跨品类延伸时，需要谨慎考虑在何种情形下进行更合适，以及对消费者态度的影响。政府部门可以鼓励企业和品牌进行高效的品牌宣传和营销活动，内外兼修，塑造独特的品牌形象，提升品牌价值方面的核心竞争力，顺应国家战略和时代潮流，精准满足人民群众对美好生活的追求。

1.3 研究目标概述

在蓬勃发展的新时代背景下，企业管理者需要采取多样化的品牌策略以占领更高的市场份额，本书希望从品牌拟人化、品牌联合、老字号品牌跨品类延伸三个方面，从消费者行为相关理论出发，采用文献研究、田野实验、实验室实验等方法，为品牌赋能提供有价值的指导。

1.3.1 品牌拟人化部分

首先，本书对拟人化理论体系进行了整合。本书系统性地归纳总结了消费者行为方向拟人化领域的相关研究文献，梳理了拟人化的概念、操纵方式，进行了品牌拟人化策略产生不同效果的影响因素分析，以及品牌拟人化策略给品牌和消费者带来的积极、消极、中性影响分析，讨论了拟人化的动机及理论。此外，本书发现现有文献对品牌拟人化策略的消极影响探究尚有不足之处，同时缺乏对品牌影响因素的讨论，因此，明确指出本书将探索拟人化消极影响及其影响因素作为主要研究课题的重要性，从理论角度，探究品牌拟人化策略产生消极影响的中介机制以及调节变量。本书的目标在于深入探索品牌拟人化策略给品牌形象、消费者态度带来的负面效应，以及消费者行为背后的心理机制，解释品牌拟人化策略对消费者感知的影响，厘清消极影响发生的边界条件。本书试图完善拟人化理论框架，丰富拟人化研究内容，从实践角度探索企业和品牌在何种情况下应该使用或者规避品牌拟人化策略。从品牌拟人化策略产生消极影响的调节变量出发，深入思考如何依据品牌自身的特征以及消费者个人特质制定精准化营销策略。为企业和品牌通过营销策略营造独特品牌形象，提高市场份额，提供了积极的管理启示。

1.3.2 品牌联合部分

品牌联合部分围绕三个主要研究内容展开。具体来说，一是从品牌层面出发，聚焦于物质型产品的品牌和体验型产品的品牌，实证检验了品牌类型与延伸策略对品牌联合评价的交互作用及其背后机制。二是着眼于奢侈品品牌，实证检验了在奢侈品品牌与非奢侈品品牌进行品牌联合时，两个品牌的位置关系和产品品类对奢侈品品牌评价的影响。三是从消费者层面出发，首次提出消费者感知经济流动性对品牌联合评价的影响，实证检验了消费者感知经济流动性对远端品牌联合评价的影响及其内在机制和边界条件。由此，在理论方面，本书填补了品牌联合研究的空缺；在实践方面，本书为企业进行品牌联合提供了较高的指导价值。

1.3.3　老字号品牌跨品类延伸部分

本书针对品牌跨品类延伸这一热点营销现象，探索跨品类延伸对老字号品牌的影响，如跨品类延伸前后消费者对品牌的态度变化、品牌意识变化等，以及这些影响背后的作用机理。通过关注老字号品牌跨品类延伸对消费者及品牌自身的影响，探讨老字号品牌进行品牌延伸营销的战略选择，揭示中国消费者行为的特殊性。理论上，为老字号品牌正确进行品牌延伸提供科学的理论依据，推动相关理论的本土化；实践上，为老字号品牌管理者提供积极可行的战略建议和重要的管理启示，指导老字号品牌高效进行品牌活化营销。

1.4　内容概述

根据以上研究目标，本书主要从品牌拟人化、品牌联合、老字号品牌跨品类延伸这几个子模块展开研究，共计 5 篇 12 章。其中，第一篇为绪论，包括第 1 章；第二篇是品牌拟人化策略的消极影响，包括第 2 章到第 4 章；第三篇为品牌联合策略的影响因素，包括第 5 章到第 8 章；第四篇是老字号品牌跨品类延伸策略，包括第 9 章到第 11 章；第五篇是成果与展望，包括第 12 章。每个章节的具体内容如下所述。

（1）第 1 章：引言。本章介绍了品牌拟人化、品牌联合、老字号品牌跨品类延伸的研究背景，提出了本书对消费者行为研究的理论意义、对企业管理的实践意义、对政策的借鉴意义。从现实生活中的商业应用引出本书的研究问题，对研究目标、研究内容、研究方法进行了简要的介绍。

（2）第 2 章：拟人化理论与研究综述。第一，介绍拟人化的基本概念、操纵方法和拟人化倾向量表；第二，阐述品牌拟人化策略产生不同效果的影响因素，包括消费者因素、情境因素、品牌/产品因素、信息展示方式因素；第三，梳理品牌拟人化策略对消费者、品牌/产品产生影响的相关实证研究，包括积极影响、消极影响、中性影响；第四，分析消费者进行拟人化的动机及理论解释，包括三因素 SEEK 机制①和拟人化 3C②理论；第五，基于前人研究的局限性，提出品牌拟人化部分的具体研究问题和整体研究框架。

（3）第 3 章：品牌拟人化策略对感知品牌地位的消极影响。本章探索品牌拟

① 三因素 SEEK 机制中，S 为社交动机（sociality motivation），E 为有效性动机（effectance motivation），EK 为引发代理知识（elicited agent knowledge）。

② 3C 为联系（connection）、理解（comprehension）、竞争（competition）。

人化策略对消费者感知品牌地位的消极影响。通过实验法和田野研究收集数据以验证假设，分析该效应产生的中介机制（心理距离），以及消费者个人特质（感知经济流动性、地位需求）的调节作用。最后讨论该子研究为企业采用合适的营销策略以营造品牌形象提供的实践启示。

（4）第 4 章：品牌拟人化策略对消费者态度的消极影响。本章探讨品牌自身特征对品牌拟人化策略效果的影响，聚焦于品牌领导力和品牌拟人化策略的交互作用。通过实验法收集数据以验证假设，挖掘该交互作用的中介机制（品牌感知能力），以及消费者特质（个人卷入度）的调节作用。最后为新兴品牌进入市场，制定营销策略提供了可行性建议。

（5）第 5 章：品牌联合策略文献回顾与研究综述。围绕品牌联合、物质型和体验型消费、奢侈品品牌、感知经济流动性分别进行文献回顾，梳理和归纳现有的相关研究，对相关研究的现状和不足进行了评述，从而引出品牌联合部分的研究方向。

（6）第 6 章：品牌类型与延伸策略对品牌联合评价的影响研究。基于现有比较体验和物质的文献基础，进行了逻辑推演，构建了理论模型，提出研究假设。通过四个实验，实证检验了品牌类型（物质型和体验型品牌）与延伸策略（新属性策略和填充槽策略）对品牌联合评价的交互影响，以及感知专业知识可转移性的中介作用。

（7）第 7 章：位置关系与产品品类对奢侈品品牌联合的影响研究。基于现有奢侈品的文献基础，进行了逻辑推演，构建了理论模型，提出研究假设。通过五个实验，实证检验了在奢侈品品牌进行品牌联合时，位置关系（垂直位置关系和水平位置关系）与产品品类（核心产品和非核心产品）对奢侈品品牌评价的交互影响，以及利益理解的中介作用。

（8）第 8 章：品牌联合类型和感知经济流动性对品牌联合的影响研究。基于现有感知经济流动性的文献基础，进行了逻辑推演，构建了理论模型，提出研究假设。通过四个实验，实证检验了品牌联合类型与消费者感知经济流动性会交互影响品牌联合评价，消费者感知经济流动性影响远端品牌联合评价的内在机制——思维方式，以及边界条件——品牌参与自我概念。

（9）第 9 章：老字号品牌跨品类延伸文献回顾与研究综述。第 9 章对涉及相关概念的文献进行了整理和总结。对老字号品牌、品牌延伸、规范信念、内隐人格理论、感知契合度、联合延伸多个主要概念进行文献回顾。老字号品牌和跨品类延伸是本书的主要概念，通过梳理文献，明确研究中涉及的老字号品牌、跨品类延伸的定义。通过对规范信念、内隐人格理论、感知契合度、联合延伸相关文献的归纳总结，为后续研究提供理论基础。

（10）第 10 章：老字号品牌跨品类延伸研究假设。基于前文的研究问题和文献综述，探究各变量之间的相互关系。通过理论推导提出老字号品牌跨品类延伸的主要研究假设，并构建研究模型。

（11）第 11 章：老字号品牌跨品类延伸研究实验设计与结果分析。这一章主要通过实验来验证提出的研究假设。通过 1 个前测实验和 6 个正式实验，探究各变量之间的因果关系、中介作用、调节作用等，验证 5 个主要假设。

（12）第 12 章：成果总结与未来展望。这一章总揽全局，对研究结论进行归纳总结和结果讨论，系统性地梳理了各个子研究的理论贡献与管理启示，指出了本书的一些局限性和不足之处，并对未来研究的发展方向进行了展望。

1.5 探索方式

1.5.1 文献研究

通过文献研究，本书对品牌拟人化、品牌联合、老字号品牌跨品类延伸的相关文献进行了归纳总结，梳理了相关研究脉络和框架。通过文献综述，本书从前人文献中借鉴了刺激物的设计方法，以及其他变量的测量方式，对心理学和品牌管理领域的文献进行了学习和思考，为子研究中的实证部分进行准备。此外，本书从文献研究中发现了以往研究的局限性，并由此开展了一系列子研究，弥补了相关研究局限。

1.5.2 实验室实验

本书的主要研究方法是实验室实验，通过线上和线下实验，探究自变量和因变量之间的因果关系，以及中介机理、边界条件。实验室实验可以在控制其他因素完全一致的前提下，操纵自变量发生变化，测量因变量和中介变量是否因此而发生相应的变化，从而进一步验证自变量、中介变量、因变量之间的逻辑关系。

1.5.3 田野实验

与实验室实验相对应，田野实验是一种可以提升情境的真实性和实验结果的外部效度的研究方法。田野实验主要在现实世界的真实场景中开展，旨在观察消费者的行为，在田野实验中，被试对实验进程毫无觉察，不会意识到自己的行为会被观测。田野实验的优点是外部效度高，缺点是实验中噪声较大，无法保证其他变量都相同。

1.6 内容布局

本书的结构安排如图 1-1 所示。

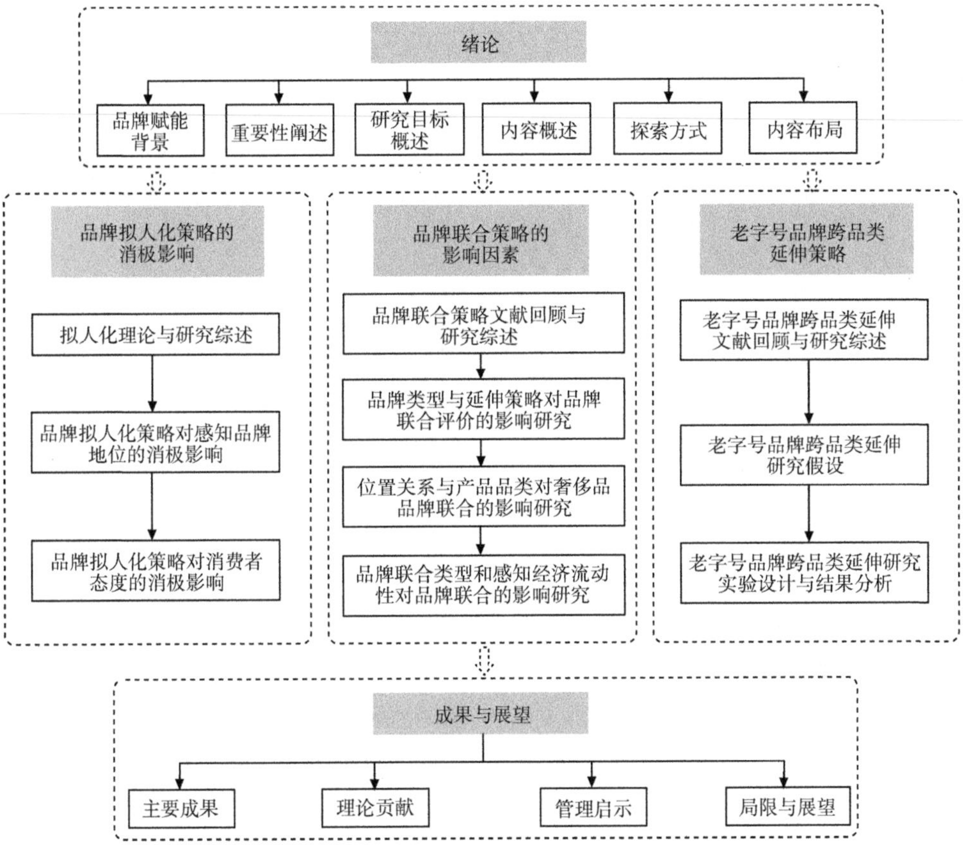

图 1-1　本书的结构安排

1.7 本章小结

本章重点阐述了研究背景，基于品牌拟人化、品牌联合、老字号品牌跨品类延伸营销策略在商业实践中被广泛应用的现实情况，提出了本书的研究问题，从理论和实践两方面论述了本书的研究意义。此外，介绍了本书的研究目标，梳理归纳了全书的章节和研究内容，说明了本书使用的研究方法。

第二篇

品牌拟人化策略的消极影响

第 2 章　拟人化理论与研究综述

随着市场竞争中产品和品牌种类快速增长，企业为了在令人眼花缭乱的市场中成功吸引消费者的注意，借助新兴社交媒体的发展，推出了诸多表现形式新颖、内容丰富的营销策略。其中，拟人化营销策略已成为企业的热门选择。自 2010 年以来，学术界开始广泛关注拟人化现象，展开了深入而详细的研究。近年来，营销学术界涌现出大量有趣的研究成果，学者在拟人化领域建立了逐步完善的理论体系。从拟人化的概念和内涵、影响因素，到拟人化背后原理的理论建设和实践应用，营销学术界对拟人化领域的研究已经逐步走向成熟。基于此，本章将立足于消费者行为方向的拟人化研究，对拟人化领域的实证研究进行总结性的综述，阐述拟人化的概念、影响因素、背后动机的理论解释，解读品牌拟人化策略可能产生的积极与消极影响及其应用条件。

通过对文献的梳理和深入分析，本章把拟人化研究整合为一个系统性的、逻辑清楚的总体理论框架（图 2-1）。该理论框架主要分为五个部分。第一，介绍拟人化的基本概念，对其定义、不同的操纵方法，以及拟人化倾向量表进行总结；第二，介绍品牌拟人化策略产生不同效果的影响因素，归纳总结了四种影响因素（消费者因素、情境因素、品牌/产品因素、信息展示方式因素）；第三，总结品牌拟人化策略对消费者、品牌/产品产生影响的相关实证研究，本部分分为积极影响、消极影响、中性影响、拟人化相关实证研究总结四个子章节，积极影响和消极影响又根据对象不同分为两种，即对品牌/产品的影响，以及对消费者的影响；第四，介绍拟人化领域重要的理论解释机制，包括 Epley 等（2007）提出的经典开山之作三因素 SEEK 机制，以及 Yang 等（2020）最新提出的拟人化 3C 理论；第五，介绍拟人化的反面——去人性化理论，从反面对拟人化理论进行补充说明，由于本书主要聚焦于品牌拟人化策略的影响，本章只是简要介绍去人性化的定义、影响因素、后果、相关实证研究，不展开详细的阐述。

本章将从消费者行为学的角度，梳理并总结拟人化研究的理论以及实证研究发展过程，并基于此提出本章的整体研究框架。

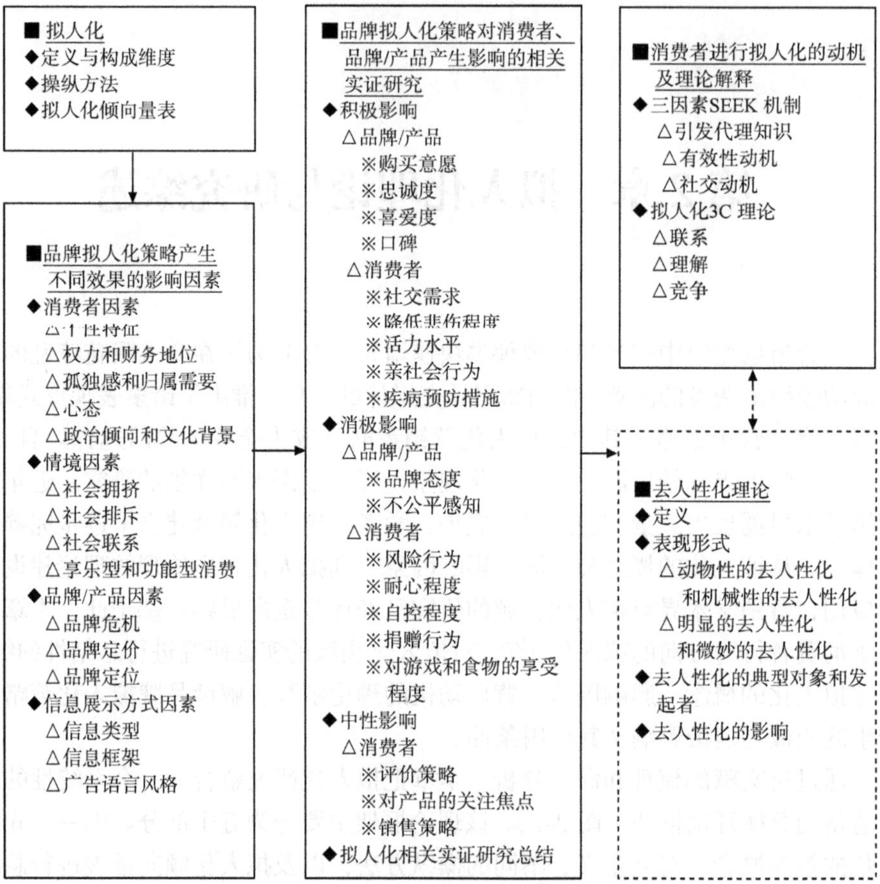

图 2-1　拟人化研究综述框架

2.1　拟人化的基本概念、操纵方法和拟人化倾向量表

在本节中，将梳理并归纳目前营销学术界广泛采用的拟人化概念及构成维度，为认识拟人化现象提供初步的见解。基于前人的研究，本节总结了拟人化研究领域中的研究者在消费者实验中频繁使用的四种操纵方式，以及测量个体特质的拟人化倾向的方法。

2.1.1　拟人化的基本概念

1. 定义

拟人化是指“将人类的特征或行为归于神、动物或物体”（Soanes and

Stevenson，2005）。其英文术语“anthropomorphism”来源于希腊词语 anthropos（意为人类）和 morphe（意为形状、形式）（Epley et al.，2007）。目前，营销学界广泛采用了 Epley 等（2007）提出的拟人化定义：“拟人化描述了一种倾向，即赋予非人类主体真实或想象的行为以使其具有类似人类的特征、动机、意图或情感。”该定义可以应用于不同的品牌拟人化策略，如 Huang 等（2020）提出，产品拟人化是指人们赋予产品类人的特征，即人们感知到产品具有类似人类的生理特征或者心理特征。类似地，品牌拟人化是指消费者感知到品牌就像人一样，拥有人的心智、性格、特征（MacInnis and Folkes，2017）。

2. 构成维度

目前，拟人化相关文献主要从物理外观、内在特征、社会关系三个构成维度对拟人化现象进行探究（汪涛等，2014）。

1）物理外观

赋予拟人化对象类似人类的外观是一种直接而基础的拟人化方式，类似人类的物理外观是拟人化的一个重要构成维度（Epley et al.，2007）。许多现有研究通过对外观的拟人化设计进行拟人化操纵（Puzakova et al.，2013；Touré-Tillery and McGill，2015）。比如，营销人员可以给产品加上人类的五官和四肢，对其进行外观拟人化。M&M’s 就采用了拟人化的产品外观，给巧克力豆加上了人类的外形特征，并赋予它们鲜明的性格特征，在消费者心中留下了深刻的印象，其产品在市场中经久不衰。

2）内在特征

除了物理外观，拟人化还包括类人的内在特征，如人类的心智、意识、意图、情感状态等（Epley et al.，2007）。例如，Puzakova 和 Kwak（2017）发现，有意识地和消费者进行互动的拟人化品牌会降低消费者在社会拥挤情境中的态度。在商业应用中，许多品牌在社交平台上使用人类的语气和消费者进行互动，创造了独特的品牌性格特质和品牌形象，拉近了和消费者之间的距离。

3）社会关系

通过赋予拟人化对象不同的社会角色，消费者可以和拟人化对象建立不同的社会关系。比如，Kim 和 Kramer（2015）探究了物质主义的消费者如何对伙伴和仆人这两种品牌角色进行回应。三只松鼠把消费者称为“主人”，打造消费者比自己更高一级的社会关系，试图通过这样的社会关系提升消费者忠诚度。

2.1.2 拟人化的操纵方法

对于拟人化的操纵，现有的消费者行为文献中多采取文字启动、图片启动、情景想象这几种方法。此外，也有很多文章采取混合式的操纵方法来加强拟人化操纵效果，比如在同一个实验中同时采用文字启动和图片启动。在最新的拟人化研究中，几乎不会只采用单一的操纵方法，一般都会采用多种启动方法以增强实验结果的效度（Zhou et al.，2019；Huang et al.，2020）。

1. 文字启动

对于拟人化的文字操纵，多采用第一人称的表达方式，赋予拟人化对象类似人类的意图和行为。相反，对于控制组的文字操纵，多采用第三人称的表达方式。例如，Chen 等（2017）在实验中用第一人称描述的方式对电池品牌 JK 进行拟人化操纵："你好，我的名字是 JK。我个子很小但很有能力。不知疲倦地保持工作数月对我来说很容易。包括我在内，我的家庭成员有 3 个兄弟。我哥哥比我高，而我弟弟比我矮。把你最喜欢的成员带回家吧！我们将成为您日常生活中可靠的合作伙伴。"对于控制组，使用第三人称描述进行操纵："JK 是一种小电池，功率大。JK 可以连续工作数月。JK 产品线有大、中、小三种电池型号。把你最喜欢的电池带回家吧！它们将成为你日常生活中可靠的电池。"

2. 图片启动

拥有人类外形特征的图片可以启动人们的拟人化感知。例如，Hur 等（2015）在实验一中给刺激物（曲奇饼干）加上了人脸五官特征（眼睛、嘴巴），在实验中向被试展示了人形的曲奇饼干以进行拟人化操纵。Puzakova 等（2013）要求被试阅读橙汁广告，其中，拟人化组的被试看到的橙汁产品以人的姿势躺在沙滩椅上享受假期，而控制组的被试看到的橙汁则是像普通产品一样被摆放在桌上。

3. 文字+图片混合式操纵

多篇文章在同一个实验中同时使用了文字启动和图片启动，加强拟人化操作强度。例如，Puzakova 等（2013）在实验中，给拟人化组的被试展示 Airborne 品牌外包装，并给该包装加上了腿和手臂，被试还会阅读第一人称的介绍语："我是 Airborne。我的重要目标是支持你的免疫系统。"控制组看到的品牌广告中的 Airborne 品牌外包装没有四肢，并阅读了相应的第三人称的介绍语。

4. 情景想象

研究者还可以通过要求被试将某物体想象成一个人来进行拟人化操纵。例如，Kim 和 Kramer（2015）在实验中让被试想象苹果品牌作为一个人拥有了生命，被试需要回答在自己眼中苹果品牌是一个怎样的人，会拥有怎样的个性、外表、风格等。相反，在物化组中，被试需要详细描述苹果品牌作为一台机器的特性、属性等。相似地，Wan 等（2017）在实验中请拟人化组的被试想象他们购买的一盒麦片拥有了生命，并详细描述他们对拟人化的麦片的看法，而控制组的被试仅需描述他们对麦片产品的看法。

综上，以上四种拟人化操纵方式在营销文献中都较为常见。对于具体物体的拟人化，采用其中任意方式均可达到较好的效果。但是，对于抽象概念的拟人化，采取情景想象的操纵方式更为合适。例如，对情感、时间这样的抽象概念进行拟人化，受其自身特征所限，很难通过图片启动的方式进行操纵，学者多采取情景想象的方式进行操纵（May and Monga，2014；Chen et al.，2020）。总而言之，根据不同的研究需要和刺激物内容，研究者可以采取更合适自身研究目的的操纵方式，以达到实验预期的效果。

2.1.3　拟人化倾向量表

尽管拟人化倾向是一种普遍存在的现象，该倾向在个体之间仍然存在差异。为了探究该差异化倾向，Waytz 等（2010）设计了拟人化倾向量表，该量表题项包括“在多大的程度上你觉得一般的鱼拥有自由的意识”“在多大的程度上你觉得一般的机器人拥有自己的意识”“在多大的程度上，你觉得用于制造、娱乐和生产过程的设备和机器（如汽车、电脑、电视机）拥有意识”“在多大的程度上你觉得电视机可以体验情感”等。他们提出，拟人化倾向的个体差异预测了对主体的道德关怀和关注程度，以及对主体的信任程度。

2.2　品牌拟人化策略产生不同效果的影响因素

哪些因素会影响品牌拟人化策略的效果，如何预测、调节品牌拟人化策略的效果，是营销学者近年来一直非常关注的话题。为了尽量使品牌拟人化策略产生积极影响，同时避免该策略给品牌或者消费者带来消极影响，探索和讨论品牌拟人化策略的影响因素是非常有意义的。通过对拟人化文献进行总结，发现目前文献中探索的影响品牌拟人化策略效果的因素主要分为四类。第一类是消费者因素，包括反映消费者本身特征的变量，如消费者个性特征、权力和财务地位、孤独感和归属需要、心态、政治倾向和文化背景等。不同类型的消费者在面对同一个品牌使用品牌拟人化策略时，其反应会存在差异，拥有某些特质的消费者会极度反感品牌拟人化策略。第二类是情境因素，包括反映当下消费者所处环境特征的变量，如社会排斥、社会拥挤等。即使是同一名消费者面对同一个品牌，在不同的情境下，也可能会对品牌拟人化策略产生不同的评价。第三类是品牌/产品因素，包含反映品牌/产品自身特征的变量，如品牌危机、品牌定价、品牌定位等。如果品牌本身的特征会和品牌拟人化策略产生交互作用，贸然采用品牌拟人化策略可能会带来预料之外的后果。第四类是信息展示方式因素，包含反映信息特征的变量，如信息类型、信息框架、广告语言风格。下面将对这四类影响因素进行详细的总结和介绍。

2.2.1 消费者因素

1. 消费者个性特征

消费者的个性特征会影响其对拟人化对象的反应。

van den Hende 和 Mugge（2014）提出，消费者的性别会影响其对拟人化产品的评价。具体来说，当产品所激发的人类性别图式和自己的性别相同（与不相同相比）时，消费者对产品的评价会更高。Kim 和 Kramer（2015）发现，相较于伙伴（partner）型拟人化品牌，物质主义倾向较高的消费者会更偏好仆人（servant）型拟人化品牌，这是因为他们更加渴望占据支配地位。自恋者在生活中会喜欢其他和自己一样自恋的人，与之相似，自恋者也会偏好和自己相似的、拥有傲慢性格的拟人化品牌，这是由于自恋者会感知到自己和品牌之间具有非常高的一致性（Awad and Youn，2018）。独特性动机较高的消费者不喜欢拟人化的独特品牌，这是因为在这种情况下拟人化品牌会降低消费者在身份表达中的自主权感知（Puzakova and Aggarwal，2018）。这种消极影响也取决于品牌定位策略，相较于代理人和控制者的定位，如果品牌采取支持者的定位，可以提升消费者在身份表达中的自主权感知，进而改善消费者对品牌的态度。通过问卷调查的方式，Letheren 等（2016）发现，个体的经验开放性与拟人化倾向之间存在显著的正向关联。童年社会经济地位较高、不安全依恋水平较高的人会更可能进行拟人化，这是由于他们对有效性和社会性的需求更高（Whelan et al.，2019）。

自我建构会影响消费者对品牌拟人化策略的评价。Kwak 等（2017）提出，拥有独立型自我建构（independent self-construal）的消费者十分重视和他人的平等交换，因此在面对拟人化品牌时，会对分配不公平产生更加负面的评价。相反地，拥有相互依赖型自我建构（interdependent self-construal）的消费者更加重视他人的需求，在面对分配不公平的拟人化品牌时，不会产生像拥有独立型自我建构的消费者那样做出消极的反应。Hsieh 等（2021）发现，相较于仆人型拟人品牌，消费者认为伙伴型拟人品牌可以带来更多的社交联系，因此拥有相互依赖型自我建构的消费者更愿意购买伙伴型拟人品牌，而在拥有独立型自我建构的消费者中，对这两种拟人化品牌的喜好并无明显差异。当拥有相互依赖型自我建构的消费者得到自我肯定时，他对伙伴型拟人品牌的偏好就消失了。

消费者是实体理论者（entity theorist）还是渐进论者（incremental theorist），也会影响其对品牌拟人化策略的反应。比如，Kim 等（2018）发现，相较于渐进论者，拟人化助手会降低实体理论者的求助行为，这是因为实体理论者认为求助行为会表明自己的能力较低，使得他人对自己生成负面的评价。Han 等（2020）提出，实体理论者会对仆人型拟人化品牌产生更加积极的回应，而渐进论者会更加青睐伙伴型拟人化品牌。该交互效应的中介机理为感知到的自我效能。消费者的权力距离信念会调节拟人化品牌角色对消费者共情以及捐赠行为的影响。具体来说，对高权力距离信念的人来说，购买仆人型拟人化品牌可以提升其支配感知，降低共情，对其捐赠行为的消极影响更强（Ho et al.，2021）。食品拟人化会提升消费者对食物可能会感觉疼痛的感知，降低食品消费的道德程度，进而对消费产生消极影响，降低消费数额和消费者体验（Schroll，2023）。其中，和冷酷无情的消费者相比，热心肠的消费者的食品购买决策会在更大程度上受到食物拟人化的影响。相较于真人发言人，人际信任程度较低的消费者更容易被拟人化信使所说服，这是因为他们认为人类不怀好意，而人际信任程度较高的消费者恰好与之相反（Touré-Tillery and McGill，2015）。

2. 消费者权力和财务地位

Kim 和 McGill（2018）研究发现，基于自己的生活经验，高财务地位的消费者会期望其他人给予自己优待，他们也会把这一期待应用在拟人化产品上，认为拟人化对象会给予自己更好的待遇，因此更偏好拟人化产品。此外，有多名学者对消费者权力对品牌拟人化策略产生的影响进行了研究。Khenfer 等（2020）提出，顾客权力（customer empowerment）会引发社会支配感，进而使得消费者在自身能力感较强时，更加偏好拟人化品牌。相反，如果自身的能力感受到了威胁，顾客权力会使消费者更厌恶拟人化品牌。

对于权力较低的消费者，他们更容易受到社会影响，因此拟人化的威胁型健康信息可以降低他们的不健康的饮食行为（Newton et al.，2017）。Kim 和 McGill（2011）发现，当风险实体被拟人化时，低权力的人会感知到更高的风险，相反地，高权力的人面对拟人化程度较低的风险实体时会感知到高风险，该交互作用的产生是由于高权力的消费者从拟人化实体上可以获得更高的控制感，而低权力的消费者则相反。Chan 和 Gohary（2023）发现，低权力的消费者会更喜欢旅游地拟人策略，这是因为拟人化可以提升他们的控制感并降低感知到的旅游风险。王艳芝和卢宏亮（2019）提出，高权力的消费者更喜欢能力型拟人化产品，而低权力的消费者更偏好热情型拟人化产品，该交互效应的中介机理是信息加工流畅性。

3. 消费者的孤独感和归属需要

拟人化品牌/产品可以在一定程度上满足消费者的社交联系需求。长期孤独的状态和人们的拟人化倾向正相关，相较于普通人，经常处于孤独状态的人更可能将生活中的物品进行拟人化（Wang，2017）。李世豪等（2017）提出，孤独感会提升人们对拟人化产品的喜爱程度，促进型信息会提升孤独感较高的消费者对拟人化产品的态度，预防型信息则与之相反，该效应背后的中介机制为感知社交联系。陈增祥和杨光玉（2017）指出，高归属需求的人会更倾向于购买热情型的拟人化品牌，而低归属需求的人则更加偏好能力型拟人化品牌，同时，该交互效应会受到感知风险的调节，只存在于低风险的情境中。

4. 消费者心态

Wan（2018）通过研究发现，消费者心态可以和功能性的消费目的进行匹配，相较于持时间心态（或者说社交心态）的消费者，持金钱心态（或者说功能性心态）的消费者会更偏好功能性特征明显的拟人化产品，而如果没有激发功能性的消费目标，该效应则会反转。

5. 消费者政治倾向和文化背景

Chan（2020）指出，和自由党派的消费者相比，保守党派的消费者有更高的拟人化倾向，这是因为保守党派的消费者更想规避不确定性，有更高的秩序需求，而拟人可以降低产品的不确定性，满足消费者的有效性动机。Baskentli 等（2023）发现，与非拟人化产品相比，集体主义文化背景下的消费者会更加偏好拟人化产品。

2.2.2 情境因素

社会拥挤、社会排斥、社会联系、享乐型和功能型消费等情境因素会调节品牌拟人化策略对消费者的影响。Puzakova 和 Kwak（2017）发现，社会拥挤会影响品牌拟人化策略的效果，具体来说，消费者会对社会拥挤情境中有意互动的拟人化品牌产生撤退反应，对拟人化品牌形成更低的评价。这种负面影响会受到拥挤类型的调节作用，如果拥挤场景中的其他人和自己的目标相同，消费者的撤退反应会减弱，提高对拟人化品牌的偏好。此外，社会排斥和社会联系也会影响品牌拟人化策略的效果。Bartz 等（2016）提出，社会联系会降低人们的拟人化倾向。与之相反，社会排斥可以提升人们对拟人化品牌的偏好，这是由于社会排斥会提升消费者对社会联系的需求，而拟人化品牌可以在一定程度上满足该需求（Chen et al.，2017）。此外，享乐型消费和刺激型拟人化更匹配，而功能型消费与真诚型拟人化更匹配，这种匹配会带来流畅的感知，进而带来更高的享受程度，提高消费者在线上购物时的耐心程度（Chen et al.，2021）。

2.2.3　品牌/产品因素

在消费者个人因素影响之外，品牌/产品自身的特征和行为也会影响品牌拟人化策略的效果。汽车产品的外观会影响消费者的感知，消费者会关注格栅（也就是汽车的“嘴”）以及前照灯（也就是汽车的“眼睛”），汽车的“嘴”会影响友好性感知，而“眼睛”会影响攻击性感知。研究者发现，消费者更加偏好上翘的格栅与倾斜的前照灯的组合，这种产品外观可以激发消费者的愉悦感，提高唤起程度（Landwehr et al.，2011）。当产品出现问题，面临公共危机时，品牌拟人化策略反而会降低消费者的品牌评价，此时，相对于采用否认或道歉的策略，采取补偿措施可以达到更好的安抚消费者的效果（Puzakova et al.，2013）。Kwak 等（2015）指出，面对品牌涨价行为，代理导向型消费者更注重自己的利益，交流导向型消费者更关注他人的需求，因此品牌拟人化策略会提升代理导向型消费者的不公平感知，对于交流导向型消费者，拟人化反而会提升他们的公平感知。拟人化产品和人类图式（human schema）的相似程度会影响消费者拟人化的能力，以及后续对该产品的评价。具体来说，当消费者启动人类图式时，如果他们感知到拟人化产品的特征和人类图式非常契合，则会提升他们的拟人化能力以及对产品的评价（Aggarwal and McGill，2007）。Zhang 等（2020）指出，相较于独特品牌的定位，当品牌定位为流行品牌时，拟人化可以提升消费者态度，这是因为此时拟人化可以提升消费者感知到的品牌温暖程度。

2.2.4　信息展示方式因素

Puzakova 等（2013）研究发现，当信息高度个性化时，拟人化推荐主体会对广告态度产生负面影响，这是因为消费者不愿意提供自己的个人信息，形成了心理抗拒。当广告中使用决断型语言（assertive language），如“现在就购买!”时，明显的品牌拟人化策略可以提升消费者对广告的喜爱程度；当广告中没有使用决断型语言时，微妙的品牌拟人化策略则更为合适（Reavey et al.，2018）。当目标行为需要付出很多努力时，在使用负面框架信息的同时采用品牌拟人化策略，有助于提升环保意愿（Karpinska-Krakowiak et al.，2020）。

综上所述，本章对品牌拟人化策略产生不同效果的影响因素进行了简要的提炼。第一，影响因素可以大致分为四种类型，即消费者因素、情境因素、品牌/产品因素、信息展示方式因素。第二，目前在消费者行为方向的研究中，对消费者因素的影响研究数量相对更多，消费者的个人特质可以对品牌拟人化策略的效果产生调节作用。第三，目前对品牌/产品因素和信息展示方式因素的影响研究相对较少，对该方向的研究有助于填补研究空白，帮助企业根据自身的特质来制定有效的营销策略。并不是每一个企业都适宜使用品牌拟人化策略，在使用品牌拟人化策略时，也要注意和营销信息展示方式进行合理的搭配，实现品牌拟人化策略的积极作用的最大化。

2.3 品牌拟人化策略对消费者、品牌/产品产生影响的相关实证研究

品牌拟人化策略如何影响消费者、品牌/产品，是营销学者和企业营销人员一直以来都非常关注的课题。尽可能让品牌拟人化策略发挥其积极作用，规避其消极作用，提升企业的利润，增加消费者的幸福程度，是营销学术界不断探索的方向。企业使用拟人化营销策略能否达到其商业性目的？品牌拟人化策略是否有可能带来意料之外的消极影响？要回答这些问题，需要系统性地总结和梳理拟人化领域中的相关实证研究。下面，本节将对品牌拟人化策略对消费者和品牌/产品产生的积极影响、消极影响、中性影响进行详细的阐述。

2.3.1 积极影响

1. 品牌/产品

在大多数情况下，品牌拟人化策略可给品牌或产品带来正面影响，提升消费者对品牌或产品的评价。例如，对产品来说，把不新鲜的产品拟人化之后，消费者会更多地从情感角度对其进行评价，购买意愿会上升（Koo et al.，2019）。相似地，对外观丑陋的食物类产品进行拟人化可以增强消费者的积极情感反应，进而

提升消费者的味道感知，使其认为该产品会更加美味，增强其对该食品的购买意愿（Cooremans and Geuens，2019）。这些研究可以帮助改善食品浪费的问题，促进消费者购买并食用不受欢迎的、外形不美观的产品。Londoño 和 de Maya（2022）通过眼动技术发现，在零售商场内，相较于健康产品，在拟人化的垃圾箱中展示不健康的产品，会增加消费者的同情感受，进而提升对该产品的态度和购买意向。对自动化汽车使用品牌拟人化策略可以提高消费者对该产品能力的感知，进一步提升消费者对其的信任程度（Waytz et al.，2014）。产品拟人化可以提升消费者在和其他人分享该产品时的正面口碑，这是因为人们总是希望在他人面前建立积极正面的形象，展示自己友好和礼貌的一面，这种印象管理的动机使得消费者不愿意在他人面前讲拟人化产品的坏话，担心说别人坏话会损害自己的形象（Chen et al.，2018）。对服务业来说，宾馆广告的拟人化沟通方式可以提高消费者的温暖感知，进一步提升顾客的入住意愿。相较于传统宾馆广告，在共享经济宾馆广告情境下该效应更加显著。此外，相较于全球性宾馆品牌，本土宾馆品牌使用品牌拟人化策略的效果更好（Lee and Oh，2021）。

对品牌来说，品牌拟人化策略可以提升消费者对品牌的忠诚度，使消费者更难下定决心用别的产品替代自己已拥有的拟人化产品。消费者会把拟人化产品和温暖属性联系起来，更少去关注产品质量等功能性属性（Chandler and Schwarz，2010）。Delbaere 等（2011）发现广告中使用品牌拟人化策略可以提升消费者的积极情感和品牌喜爱度，对品牌性格进行更加积极的归因。Rauschnabel 和 Ahuvia（2014）指出，品牌拟人化策略是品牌喜爱的重要前置变量。Yam 等（2021）发现，在服务业（如酒店）中，对机器人进行拟人化，可以提升消费者感知到机器人拥有思考和感受的能力，进而提升对机器人的评价和消费者满意度。在遭遇机器人服务失败时，感知到机器人拥有感受的能力可以减轻服务失败给消费者带来的消极影响，提升消费者的满意程度。

2. 消费者

使用品牌拟人化策略可以满足消费者的社交需求，并提升消费者的活力水平。和拟人化产品进行互动能够降低社会排斥对消费者产生的影响。具体来说，可以降低消费者对自己拥有的社会联系数量的夸大程度，消费者也不会预期自己在将来需要和亲近的人深入交往，甚至会降低自己参与亲社会行为的意愿（Mourey et al.，2017）。Lee 等（2022）发现，对物质型产品进行拟人时，消费者会感知到更高的消费社交性（consumption sociality），进而获取更多的快乐。这种消费社交性在物质型产品消费中是缺失的，因为消费者通常是自己独自去购买这类产品，而不是和其他人一起去买。通过对产品的拟人化，可以弥补这一缺陷，提升消费者的幸福程度。对悲伤情感进行拟人，可以使人们感知到自己和拟人化情感之间的距离更远，产生人和悲伤情感分离（detachment）的效果，降低消费者的悲伤程度。这种对情感的影响可以在随后的消费中增强人们的自控程度，使人们更倾向于选择健康产品（Chen et al.，2020）。当消费者感到自己社会联系不足、竞争力不足时，产品拟人化可以弥补这些缺失，提升消费者的活力，进而增强消费者在其他不相关领域的自控程度，如使得消费者更愿意购买健康沙拉而不是高热量蛋糕（Chen et al.，2018）。

使用品牌拟人化策略可以提高消费者的亲社会行为。把社会事务（如食物浪费）进行拟人化能够引发人们的预期内疚感，使人们更可能采纳环保信息的建议，进行环保行为（Ahn et al.，2014）。金钱拟人化可以提升消费者对金钱的温暖感知和能力感知。其中，温暖感知可以提升慈善捐赠意愿，该效应只存在于金钱类的刺激物中，对于信用卡这类物品，拟人化不能提升捐赠行为（Zhou et al.，2019）。把自然环境中的物体（如河流）拟人化为关系亲近的人可以提升人们的责任感和环保意愿，拟人化为小孩可以增强自然环境的脆弱感，进而增强消费者的保护意愿，而拟人化为母亲则没有这样的效果（Zhu et al.，2019）。拟人化的信息，如哭脸会使消费者产生同情，提升其可持续消费行为，然而，当要求消费者为环保行为付钱时，该效应则会消失，消费者会把拟人化对象看作营销代理而不是真诚的潜在受害者（Ketron and Naletelich，2019）。对大自然进行拟人化可以提升人们与环境之间的连接感（sense of connectedness），从而提升环保行为（Tam et al.，2013）。类似地，对动物进行拟人化可以提升人们亲近动物的意愿，进而增强领养意愿，人们会更愿意支持动物权利和福利（Butterfield et al.，2012）。

品牌拟人化策略会影响消费者的日常生活，如消费者的食物选择、存钱行为以及预防疾病的意愿。Wang 和 Basso（2019）发现，通过宣传"动物是人类的朋友"这样的比喻，动物拟人化会引发预期的内疚感，降低消费者肉类消费的意愿，从而降低购买意愿。Kim 和 Yoon（2021）指出，动物拟人化会增加人们对吃肉行为的内疚感知，但是大多数消费者不会因此减少肉类消费行为，只有一小部分对吃肉没有那么执着的消费者会因此选择少吃肉。其余的消费者为了使自己吃肉的行为看起来更加合理，会选择食用更加健康的肉，减少选择虽然美味但是不健康的肉。这种健康选择为人们继续吃肉提供了一种借口，降低了他们的内疚感。Wang 等（2023）发现，如果对金钱进行拟人化，消费者会感知到金钱具有体验痛苦和快乐的能力，觉得其脆弱且需要保护，因此消费者会增加储蓄的意愿和行为。Wan 等（2022）发现，当新型冠状病毒被拟人化时，相较于注重未来的人，注重当下的人更可能采取保护性措施，这是因为这些人会认为拟人化病毒会更强大。此外，相较于非拟人化，当以拟人化的方式描述疾病时，消费者更有可能遵守健康建议，这是因为拟人化提升了消费者对疾病的心理接近感，从而增加了他们感知到的自己的脆弱性（Wang et al.，2023）。

2.3.2　消极影响

1. 品牌/产品

对于特定情境下，拟人化可能会带来负面影响。当产品本身遭遇公共负面危机时，品牌拟人化可能会使实体理论（与渐进论相比）消费者产生更低的品牌态度（Puzakova et al.，2013）。当品牌调整价格时，拟人可能会提升消费者对品牌涨价行为的不公平感知（Kwak et al.，2015）。对于处于社会拥挤情境中的消费者，意图进行互动的拟人化品牌会导致消费者的撤退反应，进一步降低对品牌的偏好（Puzakova and Kwak，2017）。然而，当这种拟人化达到一定程度时，由于恐怖谷效应的作用，消费者的态度可能会转为消极（Kim et al.，2009）。此外，在旅游行业中，如果对文化距离较远的目的地进行拟人，将会降低消费者的旅游意愿，这是因为此时拟人会使消费者加深旅游目的地是外群体成员的感知，进而提高消费者的社会风险感知。对于文化距离比较近的旅游目的地拟人，这种消极影响会减弱。对于相同文化的目的地，拟人化反而会提升消费者的积极回应（Kwak et al.，2020）。

2. 消费者

品牌拟人化策略会增强消费者的风险行为，降低消费者的耐心程度、自控程度、捐赠行为、对游戏和食物的享受程度。Kulow 等（2021）发现，当运气被拟人化时，消费者会感知到自己所面临的风险变小，由此他们会做出更高风险的财务决策。该效应对经常做风险决策的消费者来说更为显著。与之相似，赌博机拟人化会让人感觉到更激动，提升消费者的唤醒水平，进而使得消费者更多地参与赌博，带来更差的赌博结果（Riva et al.，2015）。May 和 Monga（2014）指出，对时间进行拟人化会使低能力者感知到等待时间更加令人厌恶，降低低能力者的耐心程度，而对于高能力者则没有这样的影响。对诱人的产品进行拟人化会降低消费者的自控程度，更可能沉迷于这些产品中，这是因为消费者把责任分散到了拟人化产品上，降低了对自己的内部归因，也减少了消费者购买诱人产品的冲突体验（Hur et al.，2015）。相较于伙伴型拟人化品牌，购买仆人型拟人化品牌会对消费者的慈善行为产生负面影响，这是因为仆人型拟人化品牌会增加消费者的支配感，降低他们的共情感受（Ho et al.，2021）。Kim 等（2016）发现，消费者接受拟人化计算机助手的帮助后，会降低对自己在玩游戏期间的自主权感知，因此其对游戏的享受程度会降低。Schroll（2023）指出，食物拟人化会提升消费者对食物会感受到疼痛的感知，进而提升消费的不道德程度，降低消费者对食物的享受程度。

2.3.3 中性影响

品牌拟人化策略会影响消费者的评价策略、对产品的关注焦点、销售价格。Huang 等（2020）提出，在比较型决策中，消费者将在两种替代品中进行选择，相对于多维度评价策略，产品拟人化（与非拟人化相比）会提高消费者对绝对评价策略的使用，此时消费者会更偏好整体评价较高的产品，而不是在更多个维度上评价较高的产品。这是因为拟人化使得消费者把产品看作一个整体，而不是一堆特质的集合物。当消费者拥有准确性动机（accuracy motivation）时，他们没有时间限制，只想做出更准确的选择，此时他们会倾向于选择绝对评价更高的产品，当其拥有轻松动机（ease motivation）时，他们只想在有限的时间内做出更不费力的选择，此时消费者会选择在更多维度上具有优势的产品。Wan 等（2017）指出，产品拟人化会导致消费者更加关注外观特征，花更多时间和金钱搜寻外观特质的相关信息，购买更漂亮的产品。这是因为消费者秉持“美就是好”的观念。此外，Kim 和 Swaminathan（2021）提出，当消费者作为卖家把自己的二手产品进行拟人化时，会提高这些产品的销售价格，这是由于产品拟人化增强了卖家和自己用过的产品之间的情感联系，卖家会更难以做出结束这段关系的决定。

2.3.4 拟人化相关实证研究总结

综合以上文献，本章总结了目前拟人化实证研究的特点。第一，目前消费者行为领域内对品牌拟人化策略影响的研究，主要集中在积极影响方面，相对来说，对消极影响和中性影响的研究数量更少。未来的研究可以更多地关注品牌拟人化策略的消极影响，这也可以为现实生活中的企业和非营利组织提供更多启示，提升其决策效率。第二，营销学术界已经对各种各样的事物进行了深入的拟人化探索，包括种类繁多的无生命的产品和品牌、拥有生命的动物、旅游地点、作为流通手段的金钱、人类的情感，甚至是抽象的概念（如时间）。未来的拟人化研究在拟人化对象方面需要深入思考如何实现突破。第三，现有的拟人化研究绝大多数集中探讨了品牌拟人化策略对两种主体的影响——对拟人化对象（如品牌、产品）和消费者的影响。目前只有一篇文章（Chen et al.，2023）提及了三种主体（消费者、拟人化产品、倾听消费者产品评价的听众）。但是这篇文章也只是讨论了产品拟人化对消费者提供的产品口碑的影响，没有跳出这两种主体的范围之外。在其他的拟人化场景中，是否可能存在第三方主体，品牌拟人化策略是否有可能对这些第三方主体产生更深远的影响？这些问题亟待在未来研究中继续探索。由于现有研究尚存在以上研究局限，本书将品牌拟人化策略的消极影响作为研究重点，深入探索品牌拟人化策略对品牌、消费者、第三方的负面影响，从人类图式下的消费者心理出发，提出创新性的结论，丰富和拓展拟人化研究内容，为拟人化理论和实践提供新的贡献。

2.4 消费者进行拟人化的动机及理论解释

基于前文中回顾和总结的文献可知，现有研究通常是通过直接操纵拟人化来探索该策略产生的影响。那么，在什么情况下人们会自发进行拟人化行为，什么样的动机会让他们赋予无生命的物体人类的特征呢？本章将根据前人的经典文献，从消费者心理角度出发，梳理和归纳消费者进行拟人化的动机以及理论解释，聚焦于两种拟人化机制：三因素 SEEK 机制、拟人化 3C 理论。

2.4.1 三因素 SEEK 机制

在消费者行为方向的拟人化研究中，埃普利（Epley）、韦兹（Waytz）和卡乔波（Cacioppo）作为开创者，于 2007 年提出了人们进行拟人化的经典理论——三因素 SEEK 机制。他们指出，拟人化的动机主要包括三种：引发代理知识、有效性动机、社交动机。其中，引发代理知识属于认知机制，有效性动机和社交动机属于动机机制。

引发代理知识是指，人们对人类特征的相关知识相对更加熟悉，可以作为认识并归纳其他事物的基础知识，人们在对其他事物进行评价时可以较为容易地使用这些知识进行判断。通过整合人类和非人类主体的知识，消费者会对目标对象产生新的理解。在拟人化领域中，有效性动机是指人们和非人类主体进行有效互动，理解其行为，降低不确定性，准确预测其未来行为。拟人化可以指导人们对不熟悉的事物或主体做出更加正确的判断，解释较为复杂的事物现在和未来的行为，降低人们由于不确定而产生的焦虑情绪。通过赋予非人类主体以人类的特征和动机，消费者可以更容易地理解对方的行为。由此，人们可以更高效地和非人类主体产生互动。社交动机主要是指人们与其他人建立社交关系的动机。在缺乏足够的社交联系时，人们可能会通过与拟人化主体进行互动或者建立关系的方式，在一定程度上满足自己的社交需求。

Epley 等（2007）指出，在归纳推理过程中激活、纠正、应用拟人化知识时，这三个因素会协同影响消费者进行拟人化的过程。他们对这些因素的影响变量进一步细分，划分为性格（dispositional）、情境（situational）、发展（developmental）、文化（cultural）四种变量。其中，性格变量是指个人稳定的性格特质，这些人格特质会影响特定知识表征的活跃状态；情境变量是指暂时性的环境的影响，它可以改变知识表征的获取性；发展和文化变量主要体现在随时间和文化变化产生的影响。详细内容可见图 2-2。

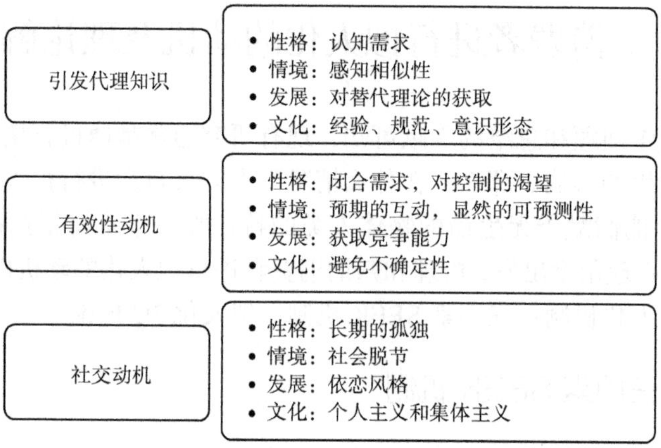

图 2-2　拟人化三因素 SEEK 机制

1. 引发代理知识

拟人化会受认知因素影响，即受到引发代理知识的影响。在考虑非人类主体时，有关人类或自我的知识可能会成为人们归纳推理的基础，也就是说，人们会把关于人类或自我的知识用于对非人类主体的推理，这主要有以下三个原因。

第一，由于自己本身就属于人类，人们可以直接接触到作为人类的现象学经验，但却不能直接接触到任何非人类主体的现象学经验。比如，在没有其他经验的情况下，人们很难去推理一种从没见过的动物是什么样的，这是受自己作为人类的物理条件所限。相反地，相较于对其他非人类主体的认识，人类的知识是更容易获得的，也是可以更快调动的。Epley 等（2007）指出，在推理其他人类时，将自己的心理状态和特征作为指导，是自我中心主义（egocentrism）；在推理非人类的主体时，用自己的心理状态和特征作为指导则是拟人化。第二，通过观察另一个主体的行为，人们可以激活与该主体的行动相一致的现象学经验，获得一个可能指导对该主体的推理的默认选项。第三，婴儿的社会生活是以接触其他人类为主的，这种接触正是创造详细的、相互联系的、内容丰富的人类特征所必需的体验。

从性格角度来说，认知需求较高的人会更加享受思考的过程（Epley and

Gilovich，2005），从而不会依赖于容易获得的拟人化信息。这部分人相对来说更不容易进行拟人化行为。从情境角度来说，当目标对象和自己比较相似时，人们会倾向于使用以自我为中心的知识来进行推理。在拟人化应用中，运动和形态上的相似性是非常重要的两个维度。比如，前文中也介绍到，在拟人化操纵中，图片操纵，也就是给非人类物体加上人类的外观特征，是一种非常常用且实用的操纵方式，可以激发消费者的拟人化行为。从发展角度来说，人们从孩童时期开始，在逐渐认识自我、他人和其他非人类主体的过程中都会受到社会的影响，从而产生不同程度的拟人化行为。随着年龄的增长，人们对自己和其他人的理解会发生改变，也会不断学习到其他非人类主体的知识，因此他们的拟人化行为也会不断变化。从文化角度来说，文化可以通过人们的独特规范和意识形态、人们把自己和他人以及这个世界联系起来的方式，或者是人们拥有的对某些特定的非人类主体的经验来影响拟人化行为。

2. 有效性动机

拟人化可能会被两大动机因素影响，即有效性动机和社交动机。有效性动机是指高效地在自己所处的环境中进行互动的动机，包括理解、预测及降低环境和环境中不熟悉的主体的不确定性。拟人化为人们理解和预测其他非人类主体的行为提供了非常直觉性和容易获得的路径。在对其他非人类主体进行推理时，有关自己和其他人类的知识可以提供丰富的依据，使人们对事物的可预测性和控制性的感知显著提升。因此，有效性动机越强，拟人化行为的程度也会越深。

从性格角度来说，闭合需求高和对控制感需求较高的人更可能进行拟人化。闭合需求是指人们无法容忍模糊不清的回答，追求清晰的答案。闭合需求高的人会倾向于利用可以即时获得的信息来得到快速的解答，对他人进行判断（Kruglanski and Webster，1991）。这种对于马上获得准确理解的高需求，促使他们在对非人类主体进行推理时更有可能激活拟人化行为。对控制感的需求是指人们希望看到自己可以掌控生活中的各项事务。控制感需求较高的人会更加渴望对事物进行严格仔细的归因，以解释他人的行为（Burger and Hemans，1988）。因此，这部分人也更可能把不了解的非人类主体进行拟人化。从情境角度来说，如果预测到未来会与某非人类主体进行互动，那么人们更可能会激发拟人化行为，以理解非人类主体现在的行为并预测其未来的行为。这是因为，当人们预期自己未来会和不熟悉的主体进行互动的时候，会想要获取更多的与其相关的信息，以方便自己进行推理和理解（Kellermann and Reynolds，1990）。

当某事物难以预测时，人们也更可能进行拟人化。从发展角度来说，从孩童阶段到成人阶段，人们获得竞争能力，理解自己所处的环境，获取对未来的控制感和预测性的动机会不断地变化。从文化角度来说，对不确定性的规避，即在何种程度上某文化背景下的成员会感到被不确定或未知的情境所威胁（Hofstede，2001），与有效性需求高度相关。从文化层面来说，对不确定性的规避是一个非常重要的维度，不同的国家在该维度上的评分是有显著差异的（Hofstede，1984，2001）。

3. 社交动机

社交动机是指进行社会联系、获得其他主体的社会认可的动机。从性格角度来说，长期孤独的人会主动寻求社会联系，拟人化可以在一定程度上满足他们的需求。比如，商家赋予拟人化的品牌以独特的性格，孤独的消费者可能会通过和该品牌建立长期关系来部分满足自己的社交动机。从情境角度来说，社会脱节（social disconnection）的人们可能会通过将非人类个体进行拟人化的方式来间接性地重建社会联系。前人的研究也已经证明，社会排斥会增强消费者对拟人化品牌的偏好（Chen et al.，2017）。从发展角度来看，人们生活中的社会关系的质量会影响自己的依恋风格（Hazan and Shaver，1987）。依恋风格可以改变一个人寻求社会关系相关信息的程度，进而影响消费者的拟人化行为。比如，具有不安全–焦虑依恋（insecure-anxious attachment）风格的人十分关注自己所处的环境，试图从中寻找到可靠的联系对象（Fraley et al.，2006）。相对于其他的拥有安全型依恋风格的人来说，拥有不安全–焦虑依恋风格的人会更倾向于把非人类主体进行拟人化，从中获得安全而稳定的关系。从这一点来说，他们和处于孤独状态的人非常相像。从文化角度来说，个人主义和集体主义都可能会影响拟人化行为。比如，相较于个人主义文化中的个体，集体主义文化中的个体可能更加重视社会联系（Markus and Kitayama，1991），因此他们可能会出于更高的社交动机而产生更高的拟人化倾向。

2.4.2　拟人化 3C 理论

2019 年，新的拟人化 3C 理论被提出，其将拟人领域的研究分为三个主题：联系、理解、竞争。前两个主题即联系和理解，体现了拟人化产品或品牌可以满足消费者的归属感需求，用自己比较熟悉的人类特质来理解不熟悉的场景和产品。这两点和 Epley 等（2007）提出的三因素 SEEK 机制中的社交动机和有效性动机十分相似。Yang 等（2020）的主要贡献在于，提出了新的竞争维度，该维度体现了商业世界中消费者和拟人化产品之间的独特的互动关系。他们指出，商业世界的集体性（communal）更低而交易性（exchange）更高，商业世界中有许多竞争，如对资源、利益、名誉的竞争。比如，企业要达成其提高利润的目的，消费者就可能会为产品付出更多的钱。在这样的竞争性的商业世界中，消费者就不会总是把拟人化主体当作友好的伙伴，消费者可能会感知到这些拟人化主体是不怀好意的，其目标和自己的目标可能是矛盾的，是自己完成目标道路上的敌人，或者是潜在的威胁。因此，在拟人化领域中，消费者会产生新的动机——自我保护动机。本章将拟人化 3C 理论的主要内容归纳为图 2-3。

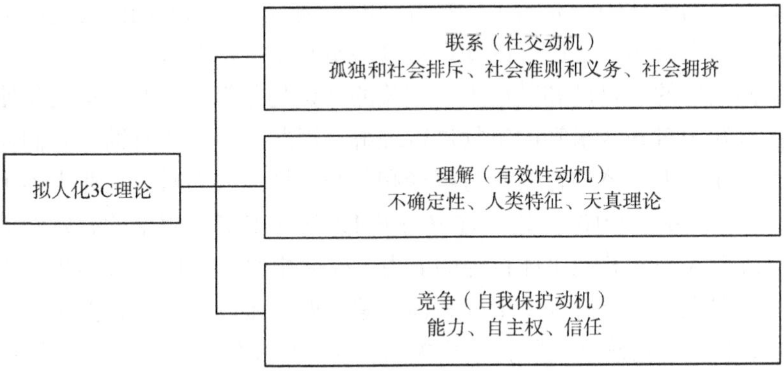

图 2-3　拟人化 3C 理论总结

1. 联系

在消费者的生活中，和其他人打交道是一个非常重要的组成部分。Baumeister 和 Leary（1995）指出，与其他人建立积极的社会关系是人类的一种基础需求。拟人化赋予产品和品牌更多的社交和互动属性，使消费者可以利用拟人化产品或品牌在一定程度上满足他们对社会联系的需求。比如，孤独的人更可能把身边的产品进行拟人化（Epley et al.，2008）。拟人化产品可以为孤独或受到社会排斥的消费者带来活力，进而加强他们的自控能力（Chen et al.，2018）。类似地，当消费者的归属需求很强烈时，他们也会更加偏好拟人化产品（Chen et al.，2017）。当消费者与拟人化产品进行互动后，他们的社会联系需求在一定程度上得到了满足，此时他们与其他真正的人类建立联系的意愿会降低（Mourey et al.，2017）。这种和拟人化产品之间的联系会使消费者形成对它们的保护欲。比如，前文中提到，相较于非拟人化产品，人们会更难丢弃属于自己的破旧的拟人化产品（Chandler and Schwarz，2010）。人们会对拟人化的大自然产生更加强烈的保护意愿（Tam et al.，2013），更愿意帮助拟人化的动物（Butterfield et al.，2012）。相反地，当消费者不希望获得社会联系时，品牌拟人化策略对消费者的影响就会适得其反。例如，在面对社会拥挤时，消费者希望远离人群，减少社交联系。因此，在这种情境下，意图加强互动的拟人化品牌会带来消极影响，使消费者产生消极评价（Puzakova and Kwak，2017）。此外，对于拥有金钱（vs 时间）心态的消费者来说，他们非常重视可以帮助他们达到目标的社会关系，但是对其他社会关系并不关注。因此，他们更不愿意购买拟人化的产品（Wan，2018）。

2. 理解

在消费者的生活中，充满了各种各样的不确定性。当人们面对这些不可预测的情况时，通常会用自己已有的知识对这些不确定的情况进行理解和解释。通常来说，人们拥有的与自己和其他人类相关的知识是非常丰富的。拟人化使得人们可以用这些知识对其他未知的事物进行理解。因此，拟人化有助于人们使用人类图式对其他非人类个体的行为进行解释和预测，增强人们对这些非人类个体的控制感（Waytz et al.，2010）。这一理解与 Epley 等（2007）提出的有效性动机（即提升自己理解和预测其他主体行为的能力）高度相似。Fiske 等（2002）提出，温暖和能力是对人类进行感知、形成整体印象的两大维度。其中，温暖是指考虑他人的需求，包括与情感和人际关系相关的特质（如友好、善良、真诚等特质），而能力是指人们实现自身目标的能力，包括与效率相关的特质（如聪明、能干、高效等特质）。通过对品牌和产品的拟人化，消费者会把品牌和产品当作人一样看待，进而会对它们产生温暖的印象。比如，前文中提到，Zhou 等（2019）发现，对金钱进行拟人化可以同时提升消费者感知到金钱的温暖性和能力的水平，其中感知到金钱的温暖性可以提升他们的捐赠行为。此外，不同的拟人化形象会影响消费者的感知。和评价其他人类一样，消费者通常会通过轿车的“眼睛”和“嘴巴”来判断它的友好程度或者攻击性，上翘的格栅使轿车看起来很友好，而倾斜的前照灯使之看起来非常锋利有攻击性，这都会影响消费者的购买意愿（Landwehr et al.，2011）。与之相似，人类的脸或者是拟人化产品外表的长宽比会影响人们对支配性和统治性的感知（Maeng and Aggarwal，2018）。在消费情境中，当消费者对产品或品牌的支配性有要求时，高长宽比的拟人化产品外观会更加被他们所青睐，进而促使消费者产生更高的偏好和购买意愿。

另外，人们通常会对其他人类的行为形成一种直觉化的理解，对许多事物产生刻板印象，并试图使用这些天真理论解释他人的行为及其背后的原因（Heider，1958）。当产品被拟人化时，消费者同样会把这些自己持有的天真理论应用在这些拟人化实体上。例如，实体理论者相信人类的性格是非常稳定不会改变的，而渐进论者认为性格特质是可以被塑造的，因此人们的行为模式可能会发生变化（Chiu et al.，1997）。这些不同的想法使得消费者会对犯错的拟人化品牌产生不同的态度和评价，相较于渐进论者，实体理论者会认为拟人化品牌应该为自己的错误行为承担更大的责任，进而形成更加负面的态度（Puzakova et al.，2013）。类似地，人们倾向于认为“美的就是好的”，这种认知使得他们会更加偏好外观美丽的拟人化产品，减少对产品功能性特征的关注（Wan et al.，2017）。不同的关系导向也会影响消费者对他人的态度。具有代理导向的人聚焦于追求自己的个人利益，而具有社群导向的人则专注于自身的社会关系（Abele and Wojciszke，2014）。这导致消费者会对拟人化品牌的涨价行为产生不同的感知，代理导向的消费者会倾向于认为拟人化品牌提升价格是有意而为之，是为了从自己身上获得好处，因此觉得这种涨价行为更加不公平。与之相反，如果拟人化品牌降价，社群导向的消费者会认为拟人化品牌是在建立良好友善的形象和信誉，因此会觉得更公平（Kwak et al.，2015）。此外，消费者的自我建构水平也会影响消费者对拟人化品牌的期望，独立型建构的消费者会希望获得平等的利益交换，而相依型建构的消费者更加重视和他人的关系往来，进而这两种消费者会对品牌分配不公平行为形成不同的反应（Kwak et al.，2017）。当人们评价他人时，通常会采用整体式的思维来看待评价的对象，因此，如果把品牌或者产品拟人化，消费者也会倾向于依赖整体式思维来形成自己的评价，在不同产品之间进行比较做出决策（Huang et al.，2020）。

3. 竞争

在商业世界中，消费者经常会发现冲突的存在，自身的利益和品牌的目标有时是矛盾的，品牌时常会使用一些营销策略以影响消费者的心理和行为决策，以求获得最大化的利润。因此，消费者可能会对品牌的营销内容产生一定程度的怀疑（Friestad and Wright，1994）。在这种情况下，如果品牌或产品被赋予拟人特性，让消费者感觉它们具有自己的意愿和目标，那么它们在消费场景中就会扮演一定的角色并承担责任。消费者与这些拟人化实体的互动将会影响他们未来的决策。因此，消费者可能会感到自己受到这些拟人化实体的威胁，与它们之间存在竞争和冲突，消费者保护自己的动机会影响其最终的态度和行为。在竞争性的情境中，消费者的能力特征会影响其对拟人化实体的回应。在现实生活中，高能力者会倾向于认为自己可以得到其他人的优待，而低能力者则相反，他们认为其他人会看轻自己（Keltner et al.，2003）。在面对拟人化实体时，人们也会应用相同的观点，进而影响后续的消费行为。比如，和高能力者相比，低能力者在面对拟人化的赌博机时，会改变自己的风险评估，认为自己会受到更大的风险威胁（Kim and McGill，2011）。May 和 Monga（2014）发现，如果把时间拟人化为强大的对手，相较于高能力者，低能力者在消费中会更没有耐心，不愿意等待，由此低能力的消费者可能更愿意选择速度更快的快递。

拟人化赋予了非人类主体属于自己的意志和目标，因此可能会威胁到消费者的自主权。例如，在玩游戏时，拟人化（vs 非拟人化）的电子助手会让消费者感知到自己的自主权受到了威胁，获得这些拟人化助手的帮助降低了自己的成就感，因此认为玩游戏没有那么令人享受（Kim et al.，2016）。与渐进论者相比，实体理论者认为人的性格特征是稳定的，他们在受到拟人化助手的帮助时，会更加担心他人会对自己形成负面看法，如其他人可能会觉得自己毫无能力也不聪明，因此，面对拟人化（vs 非拟人化）的助手时，实体理论者也更加不愿意寻求帮助，相反地，渐进论者的行为不会受到拟人化的影响（Kim et al.，2018）。此外，当拟人化品牌表达自己的独特性定位时，消费者会觉得自己在身份表达方面的自主权被削弱了，由此对品牌形成更加负面的评价（Puzakova and Aggarwal，2018）。研究者发现，对具有诱惑力的产品如高热量食品进行拟人化，赋予产品独立的意志，可以使消费者把选择这些产品的责任分摊到这些拟人化对象身上，降低自主权和内部归因，感知到自己的责任减小了，进而增加购买和使用这些产品的可能（Hur et al.，2015）。

拟人化也会影响消费者的信任程度。当拟人化的推荐主体要求消费者分享个人信息时，消费者会对品牌和广告形成更加负面的态度，这是因为消费者会感知到拟人化主体试图监视他们、侵犯隐私（Puzakova et al.，2013）。相反地，对科技产品进行拟人化可以增强消费者对它们的信任程度，这是因为消费者认为拟人化产品有自己的思想，不会随意地对待工作，消费者会期望拟人化产品表现得更好。比如，对无人驾驶汽车进行拟人化会提升消费者的信任和喜爱程度，在其犯错时消费者不会苛责它们（Waytz et al.，2014）。此外，部分消费者本身就很难信任他人，会觉得他人居心不良，对于他们来说，相较于真人，拟人化主体不是完全的人类，因此相对来说更值得信任（Touré-Tillery and McGill，2015）。

综上所述，Epley 等（2007）提出的三因素 SEEK 机制将人们进行拟人化的背后机制分为认知（引发代理知识）和动机（有效性动机、社交动机）两方面。Yang 等（2020）提出的拟人化 3C 理论将拟人化动机分为联系、理解、竞争三种。这两种理论都从消费者心理出发，探究消费者进行拟人化背后的机理，两者在有效性动机（理解）和社交动机（联系）方面观点相同。三因素 SEEK 机制作为拟人化领域的开创性理论，奠定了拟人化 3C 理论的基础。随着拟人化研究的逐步成熟，营销学术界逐渐开始关注品牌拟人化策略的消极影响，拟人化 3C 理论创新性地提出了竞争机理（自我保护动机），丰富了拟人化动机研究的内容。

总而言之，品牌拟人化策略使得消费者和品牌或者产品之间的交流转变为“人与人”之间的互动，消费者会使用人类的社会规范和信念来理解拟人化实体，并与其进行联系和竞争。也就是说，品牌拟人化策略可以激发消费者的人类图式，通过对非人类实体应用人类图式，消费者会产生不同的感知，其后续行为也会受到影响。本章将聚焦于品牌拟人化策略所激发的人类图式，探究其对消费者感知的影响（如感知心理距离、感知能力、感知努力程度），以及对消费者态度和评价的影响。三个子研究分别探讨了品牌拟人化策略对品牌和拟人化产品使用者的消极影响，不仅在前人文献的基础上，继续完善了消费者和拟人化品牌/产品之间互动的两方关系研究，更创新性地拓展了研究情境，深入探索了消费者、拟人化实体、拟人化产品使用者之间的三方关系。

2.5　去人性化理论

人们在生活中基于不同的动机，时常给非人类主体赋予人的特征，那么，是否也有可能反其道而行之，把人看作物体，进行去人性化呢？本节将简要地介绍拟人化的反面——去人性化（dehumanization）理论，作为对拟人化理论的补充。

2.5.1　定义

去人性化是拟人化的反面，是指把人类当成动物或者物体，感知到其他人类不是“人”（Haslam，2006；Waytz et al.，2010）。

2.5.2　表现形式

1. 动物性的去人性化和机械性的去人性化

Gray 等（2007）提出，人们认为自主代表思想和意图的能力，体验代表感觉和情感的能力，二者是心智的两个主要维度。通常来说，人们感知到机器人相对来说有更高的自主能力但是缺乏体验能力，而动物却相反，拥有更高的体验能力和较低的自主能力。与之相似，Haslam 和 Loughnan（2014）把这两种维度分别称为“人类的独特性”（human uniqueness）和“人类的本质”（human nature）。他们认为人类的独特性在于逻辑思维和理性思考的能力，而人类的本质在于回应他人情感和温暖的能力。总而言之，人们通常会认为人性可以分为两个主要维度：认知能力和情感能力（Castelo et al.，2019）。对认知能力进行去人性化，认为某些人没有人类应有的认知能力，是一种动物性的去人性化（animalistic dehumanization），觉得这些人就像动物一样；而对情感能力进行去人性化，认为某些人没有人类应有的情感能力，则是一种机械性的去人性化（mechanistic dehumanization），认为这些人就像机器人一样（Haslam，2006；Haslam et al.，2008）。

2. 明显的去人性化和微妙的去人性化

从程度上来说，去人性化可以分为明显的去人性化（blatant dehumanization）和微妙的去人性化（subtle dehumanization）。从字面意义上理解，明显的去人性化就是指人类主体非常直接和有意识地把他人进行去人性化，而微妙的去人性化的发生，是更加间接的，无意识的。前者包括一些非常明显的、绝对的评价，完全地彻底地否认目标对象中人性的存在，而后者只是包括一些内隐的、相对性的评价，觉得目标对象在某些方面没有那么像人（Haslam and Loughnan，2014）。例如，把其他人比作动物是一种明显的去人性化（Tileagă，2007）。有时人们可能根本意识不到自己在对其他群体进行去人性化，但是自己总是认为某些群体缺乏人类的情感和特质，这是一种微妙的去人性化。

2.5.3 去人性化的典型对象和发起者

人们时常基于特定的种群进行去人性化，相较于自身所在的群体，人们更会对自身群体外的成员进行去人性化。人们也会对生理或心理上的病人、暴力罪犯进行去人性化（Martinez et al.，2011；Bastian et al.，2013；Loughnan et al.，2014；Vaes and Muratore，2013）。甚至女性群体也可能会被物化，当人们认为女性非常性感，只是“性”的体现时，就会感知到这些女性缺乏心智，也不存在道德价值，简而言之，就是把女性看作一个非人的物品或动物（Loughnan et al.，2010；Bernard et al.，2012）。

以往的研究表明，一些人格特质和去人性化有正向的相关关系。Haslam 和 Loughnan（2014）对这些特质进行了总结，他们指出，四类特质会影响去人性化行为：①不友善的个性特质（如自恋、精神疾病）；②对不熟悉的人情感上的厌恶；③阶级意识形态（如社会支配倾向）；④社会脱节和缺乏共情能力（如孤独症）。

2.5.4 去人性化的影响

去人性化会带来许多消极影响，如会降低人们对目标群体的亲社会行为，增加对他们的反社会行为，影响对目标群体的道德评价，会对自己和目标群体产生功能性的影响（Haslam and Loughnan，2014）。

本章对去人性化理论进行了简要的总结，介绍了去人性化的定义、表现形式、典型对象和发起者、影响。去人性化的研究和拟人化研究有所不同，其研究成果主要集中在心理学方面，而拟人化研究对现实生活尤其是商业应用的指导意义相对更强。

2.6 本章小结

本章对拟人化的研究文献进行了系统性的综述，阐述了拟人化的定义和操纵方法，总结归纳了品牌拟人化策略产生不同效果的影响因素，品牌拟人化策略对品牌/产品、消费者可能产生的积极、消极、中性影响，以及消费者进行拟人化背后的动机，由此梳理了完整的拟人化研究的体系框架，为未来研究提供了新颖的研究视角和发展方向。本章总结了现有拟人化研究的局限之处，为本书后续探索的研究问题以及模型构建提供了扎实的理论基础。

第3章　品牌拟人化策略对感知品牌地位的消极影响

如今，品牌拟人化策略已经在市场中得到广泛应用，许多品牌采用品牌拟人化策略以吸引消费者的注意，提升品牌人气。比如，知名家用电器品牌博世在广告中将自己的电冰箱产品展现为人类形象；餐饮品牌点都德将自己称为德仔，在微博平台上和消费者进行互动，宣传活动信息；M&M's 广告中经常出现拟人化的巧克力豆小人形象。

近年来，学术界对品牌拟人化策略产生的影响也已经进行了大量研究。在以往品牌拟人化策略对品牌影响的研究中，因变量主要集中在消费者态度、喜爱程度、购买意愿、信任程度等行为变量中，很少有研究探索品牌拟人化策略对品牌形象造成的影响（Chen et al.，2017；Puzakova and Aggarwal，2018）。前人文献表明，品牌形象是指消费者对品牌的总体感知（Dichter，1985；Chu et al.，2021），而品牌地位是品牌形象的重要组成部分（del Río et al.，2001；Bellezza and Keinan，2014）。为了弥补拟人化研究局限，本章创新性地探究该策略会如何影响品牌形象，并主要聚焦于品牌拟人化策略对感知品牌地位带来的消极影响。

基于心理距离理论，本书提出品牌拟人化（vs 非拟人化）会降低消费者感知到的品牌地位，这是因为拟人化使得消费者和品牌间的心理距离更近，而消费者会把对人的刻板印象应用于对拟人化品牌的理解中，产生不同的品牌感知和品牌评价。具体而言，在消费者的刻板印象中，高地位品牌通常是更有距离感的，高社会经济地位的人也是更“高冷”的（Dubois et al.，2001；Durante et al.，2017；Park et al.，2020）。基于这些刻板印象，消费者会感知到心理距离更近的拟人化品牌地位更低。此外，本章理清了主效应的边界条件，深入探索了消费者特征对品牌拟人化策略效果的影响。本章提出消费者的个人特质（地位需求、感知经济流动性）可以调节品牌拟人化策略对感知品牌地位的主效应。具体来说，该效应对地位需求高以及感知经济流动性更高的消费者存在，相反，在地位需求低和感知经济流动性较低的消费者中，该效应消失。为了探究品牌拟人化策略会对感知品牌地位产生怎样的影响，以及该效应的影响因素，本书进行了四个实验室实验和一个田野实验。

本章的贡献主要在于：第一，创新性地聚焦于拟人化对品牌地位的影响，探究在传统的购买意愿和消费者态度等因变量之外，品牌拟人化策略会如何影响感知品牌地位；第二，丰富了品牌拟人化策略消极影响的研究，以往文献指出，品牌拟人化策略是一把双刃剑，既可以提升消费者的购买意愿和品牌喜爱程度（Koo et al., 2019; Delbaere et al., 2011），也可能降低消费者态度（Puzakova et al., 2013; Puzakova and Kwak，2017）。本章进一步验证了品牌拟人化策略可能给品牌带来消极影响，揭示了品牌拟人化策略存在两面性，企业使用该营销策略既可能吸引消费者的关注，也可能降低消费者感知到的品牌地位，进而损害品牌形象；第三，提出消费者个人特质（地位需求、感知经济流动性）的调节作用，为品牌进行个性化营销提供相关依据。在实践价值方面，本章为品牌选择更适合自己的营销策略提供指导，启示营销人员有的放矢，而不是盲目采取热门营销手段。

3.1　理论分析与研究假设

3.1.1　品牌拟人化

品牌拟人化是指给品牌赋予类人化特征，提升消费者对品牌自有意识的归因过程，使消费者感知到品牌就像真人一样（陈增祥和杨光玉，2017；朱良杰等，2018）。众多研究表明，品牌拟人化可以影响消费者对该品牌的态度和购买意愿。比如，追求独特性的消费者可能会对使用品牌拟人化策略的品牌产生更消极的态度（Puzakova and Aggarwal，2018）；遭遇社会排斥和社会拥挤的消费者可能会对拟人化品牌产生更高的偏好（Chen et al.，2017；李巧等，2023）；广告中使用品牌拟人化策略可以提升消费者对品牌的喜爱程度（Delbaere et al.，2011）。然而，现有文献尚缺乏对品牌拟人化策略如何影响感知品牌地位的探讨。

在消费者行为方向的拟人化研究中，Epley 等（2007）作为开创者，于 2007 年提出了拟人化的经典理论——三因素 SEEK 机制。他们指出，拟人化的动机主要包括三种：引发代理知识、有效性动机、社交动机。与社交动机相似，Yang 等（2020）提出了拟人化研究的联系主题，他们指出，拟人化可以增强消费者和拟人化实体间的联系。在这些动机理论中，本书主要聚焦于拟人化可以建立品牌和消费者之间的关系这一动机。前人的研究表明，拟人化可以提升消费者的社交联系，满足其社交需求，品牌或产品可以通过品牌拟人化策略与消费者建立更亲密的联系。比如，被社会排斥的消费者会更加偏好拟人化品牌，这是因为拟人化品牌可以满足他们对社会亲密关系的需求（Chen et al.，2017）。

综上，本章将聚焦于品牌拟人化策略对感知品牌地位的影响，从品牌和消费者之间建立联系的角度出发，解释这一主效应产生的作用机理。

3.1.2 品牌地位

1. 基本概念

品牌地位（brand status）指的是与品牌相关联的社会经济地位水平（Truong et al.，2009；Lee，2021），即品牌所被赋予的地位或社会声誉的价值（Chen et al.，2020）。这包括消费者对品牌质量、声誉和价格的看法，以及品牌作为成功象征的能力（O'cass and McEwen，2004）。不同的品牌地位是品牌定位策略的基础组成部分（del Río et al.，2001）。品牌可以通过多方位的营销策略来建立品牌地位，如高质量、高价格、独特的销售渠道、零售商声誉等（Dawar and Parker，1994）。

当消费者寻求增强自我价值感时，品牌地位会在购买决策中起到关键作用（Sivanathan and Pettit，2010）。消费者倾向于认为，购买高地位品牌是展现自身社会经济地位的一种信号，并且高地位品牌与个人的自我概念和社会形象高度相关（Alden et al.，1999）。高地位品牌可以为消费者提供感知炫耀价值（perceived conspicuous value），如向他人表明品牌所有者拥有超出平均水平的财富、地位等；感知独特价值（perceived unique value），如消费者购买的这个品牌的产品是非常稀缺的；感知社会价值（perceived social value），如消费者可能会因为购买该品牌而受到所属社会群体的尊重和重视；感知享乐价值（perceived hedonic value）等（Baek et al.，2010）。

2. 影响因素

品牌地位的影响因素种类繁多，包括关联参考群体、服务场景特征、互动体验、品牌特征、品牌延伸、品牌和消费者之间的互动、产品外观等。品牌的关联参考群体可以影响品牌地位，如可以通过品牌大使来向消费者传达品牌自身的高地位信息（Bellezza and Keinan，2014；Kapferer and Valette- Florence，2016），在现实生活中，许多奢侈品牌会采用国际一线超模和巨星来作为自己的代言人。比如，知名演员娜塔莉·波特曼就曾代言迪奥小姐女士香水，路易威登（Louis Vuitton，以下简称 LV）选择凯特·布兰切特作为该品牌代言人。Dion 和 Borraz（2017）通过访问和线上调研发现，消费者在服务场景（如商店）内的互动体验会影响其感知到的品牌地位。比如，销售人员的行为可以展现品牌地位，部分奢侈品牌专柜的销售人员态度较为冷淡，消费者可能会望而生畏，这会造成社会威慑（social intimidation）和排斥，而在奢侈品商店，来自销售人员的社会威慑是保持品牌独特性和吸引力的关键。Joy 等（2014）提出，商店的艺术性陈列和布置会使得消费者感到产品也像艺术品一样，创造出独特性和排他性的氛围，提升感知地位。如果在服务场景如餐厅中使用金色的元素，如金色的桌布、账单夹，消费者会感到餐厅档次更高，并且会愿意给服务员更多的小费（Lee et al.，2018）。

O'cass 和 Frost（2002）通过问卷调查发现，品牌的象征性特征越高，带来的积极情感越强，消费者与品牌形象间的一致性越高，消费者就更可能认为品牌是拥有高地位的。Steenkamp 等（2003）发现，感知到的品牌全球性和品牌地位存在正相关的关系。此外，研究者提出，直接进行向下的品牌延伸会稀释品牌地位，造成负面影响（Kirmani et al.，1999）。Park 等（2020）发现，当品牌在社交媒体上频繁地和消费者进行互动，且互动程度过高时，将会降低消费者对品牌在社交价值、独特性价值、质量价值方面的感知。

此外，产品外观特征可以影响品牌地位：相较于矮胖型的包装，高瘦型包装会提升消费者的地位感知，这是因为消费者会把身材和社会经济地位联系起来（Chen et al.，2020）；品牌有明显的标识，可以确保消费者成功识别到该品牌，会对感知品牌地位造成影响，如果品牌的显眼程度很高，可能会降低消费者感知到的品牌地位（Han et al.，2010；Saddlemyer and Bruyneel，2016）；相较于小尺寸产品，大尺寸产品作为一种非常显眼的信号，可以提升感知地位（Dubois et al.，2012）；产品的视觉艺术性可以提升地位感知和消费者的产品评价（Hagtvedt and Patrick，2008）。

3. 高品牌地位带来的积极影响

高品牌地位可以对品牌和消费者带来许多积极的影响。对品牌来说，与低地位品牌相比，高地位品牌可以以更高的价格销售产品，提升企业利润水平（Wiedmann et al.，2009；Hwang and Hyun，2012）；高品牌地位可以提升消费者对品牌的信任程度、顾客满意度和忠诚度（Jin et al.，2016）。前人研究提出，消费者会更偏好高地位品牌（Vigneron and Johnson，1999；Baek et al.，2010），高地位品牌可以提升消费者的购买意愿（Sivanathan and Pettit，2010）。对消费者来说，较高的品牌地位可以提高消费者的幸福程度，降低消费者付出的信息成本，节省消费者的搜索时间和精力（Hwang and Hyun，2012）；购买高地位品牌可以满足消费者提高社会价值的需求（Baek et al.，2010）。

3.1.3 心理距离

1. 基本概念

心理距离是指对某事物和消费者间距离的主观感受，具体来说，是指对某事物和自身、此处、现在之间距离的主观感知（Trope and Liberman，2010）。解释水平理论（construal level theory）是与心理距离最密切相关的理论。该理论指出，当消费者感知到一个物体离自己比较远时，会对该物体产生更抽象的理解，进而产生更高的解释水平。相反地，当消费者感知到一个物体离自己比较近时，会对该物体产生更具体的理解，进而产生更低的解释水平。根据解释水平理论，心理距离可以分为四个维度：时间距离，如消费者感知到某事件距离当下有多远；空间距离，如某物体距离某人的位置有多远；社会距离，如某人感到他人和自己之间的相关程度；假设距离，如消费者感知到物体某事物是真实的还是想象的（Liberman and Trope，2008；Trope and Liberman，2010）。简而言之，如果某事物在邻近的未来发生，在物理距离更近的地方发生，和自身联系更紧密，更可能真实地发生，那么，消费者会感知到与该事物之间的心理距离更近。前人研究显示，这四种心理距离是互相关联、互相影响的（Trope and Liberman，2010；Darke et al.，2016）。

2. 影响因素

心理距离的影响因素包括多种个人因素。比如，消费者会感知到情感性唤起高的事件的心理距离更近（van Boven et al.，2010）；当消费者用第一人视角（或第三人视角）对自传性事件进行回忆时，会认为心理上距离该事件更近（Eibach et al.，2003）；若操纵消费者向前或向后移动，会影响其对某事件的时间距离的感知（Caruso et al.，2013）；当消费者更加具体地去解释某个事件时，他们感到该事件在时间上更近（Liberman et al.，2007）；为了保持对自己的良好感觉，消费者感知到自己表现良好的事件在心理上离自己更近（Peetz and Wilson，2008）；事件的感知流畅性可以缩短心理距离（Mrkva et al.，2018）；群体身份也会影响感知心理距离，消费者会觉得离群体内成员更近（Linville et al.，1996）；自己和他人的相似程度也会影响感知心理距离（Liviatan et al.，2008）；礼貌程度越高，代表越高的解释水平和越远的距离（Stephan et al.，2010）。因此，品牌也可以用不同的营销策略来影响消费者和品牌之间的心理距离。

3. 心理距离的影响

不同的心理距离会对消费者的感知和行为带来影响。前人文献指出，当消费者感知到自己和任务之间的距离较远时，会激发更抽象的心态，进而降低感知任务的难度（Thomas and Tsai，2012）；较远的心理距离会使得消费者感知到品类中的选项相似度更高，进而偏好更小的分类（Goodman and Malkoc，2012）；时间距离和政治广告内容框架之间的匹配可以影响其说服力（Kim et al.，2009）；心理距离可以影响感知到的情感强度（Williams et al.，2014）。

基于品牌拟人化策略激发的人类图式，消费者会把自己对他人的社会信念和关系准则应用于拟人化品牌上（Wan et al.，2017），本章探讨了心理距离对消费者感知品牌地位的影响，本章提出，消费者和品牌之间的心理距离越近，感知到的品牌地位越低。

3.1.4　品牌拟人化对感知品牌地位的消极影响和心理距离的中介作用

本章提出品牌使用品牌拟人化策略会降低消费者感知到的品牌地位。前人研究表明，品牌会利用现有的沟通规范或期望来影响消费者对品牌的感知（Kronrod et al.，2012）。在实践中，品牌经常使用多样化的方式来影响消费者对品牌地位的感知。比如，高档酒店的管理人员会鼓励员工使用更书面化和更文雅的语言和消费者沟通（Sherman，2003）；在奢侈品商店中，服务人员的沟通风格也会影响消费者对公司地位的感知（Dion and Borraz，2017）。

当品牌采用品牌拟人化策略时，相较于更加官方的非拟人化沟通方式，这种以人类形象和第一人称组合的营销沟通方式，会使消费者感到这样的品牌更加平易近人、容易亲近，进而对感知品牌地位产生消极影响。具体原因如下：首先，拟人化可以把心理上距离较为遥远的非人类实体转变为与人相似的个体，对于消费者来说，这些拟人化的对象在主观体验上和自己联系更加紧密（Wang et al.，2023）。其次，相较于无生命的品牌本身，品牌拟人化策略通过第一人称的表达方式和人相似的产品外形，使得消费者可以更容易地和品牌之间建立社交联系（冯文婷等，2022）。消费者会像和生活中其他人沟通交际一样，与拟人化品牌建立联系。消费者会把自己的人际关系准则也应用于和品牌的关系中（Fournier，1998）。消费者通常认为，亲近的关系是友好的、舒适的、非正式的、充满关爱的（Fournier，1998）。品牌拟人化策略给品牌赋予“生命”和个性，使得品牌的沟通显得更加友好，相对于使用第三人称的非拟人化沟通方式，拟人化表达显得没有那么正式，这使得消费者在主观上感知到和该品牌的关系更亲密，距离更近。

此外，消费者和品牌间的关系与人际关系相似，消费者也会应用和人之间的关系规范，来看待自己和品牌之间的关系（Fournier，1998）。例如，消费者可能会把某些品牌看作陌生人、伙伴、仆人等（Fournier and Alvarez，2012；Connors et al.，2021；周懿瑾等，2021）。在消费者的人际交往中，通常会对不同的人群产生刻板印象，并依据这些刻板印象对他人产生不同的态度和评价（Fiske et al.，2007）。在消费者的日常生活中，高档品牌通常是更加有距离感的，消费者认为这类产品是难以触及的，就像是另一个世界中的产品（Dubois et al.，2001）。比如，在奢侈品牌管理中，保持奢侈品牌和大众品牌间的距离，创造排他性是非常重要的（Park et al.，2020）。高地位品牌的距离感来自其营造的品牌形象、品牌营销信息、销售人员的沟通方式等。消费者也可能会把对人的刻板印象应用于自己对品牌的理解中，产生不同的感知和品牌评价。

综上所述，本章认为品牌拟人化可以加强消费者和品牌之间的社交联系，建立更亲密的关系，由此缩短品牌和消费者之间的心理距离，进而降低消费者感知到的品牌地位。本章提出以下假设。

H3-1：品牌拟人化（vs 非拟人化）会降低消费者感知到的品牌地位。

H3-2：品牌拟人化对感知品牌地位产生消极影响的中介机制是感知心理距离。具体而言，品牌拟人化缩短了消费者和品牌间的心理距离，进而降低了感知品牌地位。

3.1.5 感知经济流动性和地位需求的调节作用

1. 感知经济流动性

感知经济流动性是指，个人认为在什么程度上社会可以允许其成员凭借自身的行为和努力，获得更高的经济地位，在经济阶梯上不断攀升（Yoon and Kim，2018）。当消费者感知到经济流动性较高时，他们认为自己只要付出努力认真追求经济地位的提升，就可以成功获得财务上的成功。与之相反，感知经济流动性较低的消费者认为，经济地位是从与生俱来，从出生时自己的家庭条件就决定的，非常难以去改变（Yoon and Kim，2016）。

诸多因素可以影响消费者感知到的经济流动性，如宗教信仰、政治态度、个人经历等（Yoon and Kim，2016）。来自不同社会的消费者会感知到不同的经济流动性。即便生活在同一个社会，感知经济流动性也可能会有差异。研究表明，感知经济流动性会影响消费者的行为，其影响是多样化的。比如，积极影响包括，感知到经济流动性较低的消费者会寻求更多的多样性以补偿自身所缺乏的控制感（Yoon and Kim，2018）；当物质主义者感知到经济流动性较高时，他们会减少自己的冲动消费（Yoon and Kim，2016）。此外，消极影响包括感知经济流动性会提升顾客对服务人员的攻击性（Kwon and Yi，2019）。

本章提出，当感知经济流动性较高时，品牌拟人化策略对感知品牌地位的影响会更显著，而感知经济流动性较低时，该效应则会消失。这是因为，感知经济流动性较高的消费者，会倾向于付出各种努力获取经济地位的提升，对经济地位信息更加敏感。感知到经济流动性较低的消费者，认为自己的经济地位是由出生家庭所赋予的，自己很难通过努力去改变，社会也没有提供充足的机会使人们有机会获得财富成功。因此，相较于感知经济流动性较低的人，感知经济流动性高的人会更加关注品牌地位的相关信息，购买高地位品牌可以彰显自己的身份。此时，品牌拟人化策略会对他们的评价产生更加明显的影响，降低对其对拟人化品牌的地位感知。基于以上推理，本章提出以下假设。

H3-3：感知经济流动性可以调节品牌拟人化对感知品牌地位的消极影响。具体而言，该消极影响对感知经济流动性较高的消费者来说更为显著，而对于感知经济流动性较低的消费者来说则会消失。

2. 地位需求

地位需求是指个人或群体希望获得他人的尊重和赞赏的动机（Magee and Galinsky，2008）。也有学者指出，消费领域内的地位需求是指，一种购买商品和服务，作为其所有者以获得其代表的地位或社会声望价值的倾向（Eastman et al.，1999）。在本书中，主要采用第一种应用场景更广泛的定义。

研究表明，对获得地位和向他人表达自己的地位的渴望会在多方面影响消费者的行为（Argyle，1994）以及消费者偏好（Drèze and Nunes，2009；Ordabayeva and Chandon，2011）。比如，地位需求高的消费者倾向于把自己和其他人区分开来，展示自己的独特性，偏好更远的社交距离（Lee and Tiedens，2001；Wang et al.，2023）。地位需求和炫耀性消费具有正相关关系（Charles et al.，2009）。人们对地位的渴望，主要是因为高地位可以带来很多好处。例如，高地位品牌可以给人们带来优待，提升其他人对自己的喜爱程度，也使得他人更愿意顺从自己（Fennis，2008）。无论消费者的收入水平如何，他们都有可能通过购买、使用某些产品或服务来增强自我意识、展示自己的形象、表达自己的感受想法及彰显自己希望获得的地位（Eastman et al.，1999）。

基于消费者对地位的渴望的相关研究，本章推测，当消费者拥有较高的地位需求时，拟人化策略会更加显著地降低感知品牌地位，而对于地位需求较低的消费者，该效应则会消失。这是因为地位需求较高的消费者追求更远的社交距离（Wang et al.，2023），并且他们会更加倾向于购买地位较高的品牌，这样的品牌在一定程度上代表了自身形象，可以满足自身的身份地位需求，由此地位需求较高的消费者会更加重视品牌地位和品牌形象相关的信息。此时，拟人化品牌会让高地位需求的消费者更加反感，品牌拟人化策略会在更大程度上影响他们对品牌地位的感知，进而对感知品牌地位造成更加消极的影响。

H3-4：地位需求可以调节品牌拟人化对感知品牌地位的消极影响。具体而言，该消极影响对地位需求较高的消费者更为显著，而对地位需求较低的消费者则会消失。

本章研究概念模型图请见图 3-1。

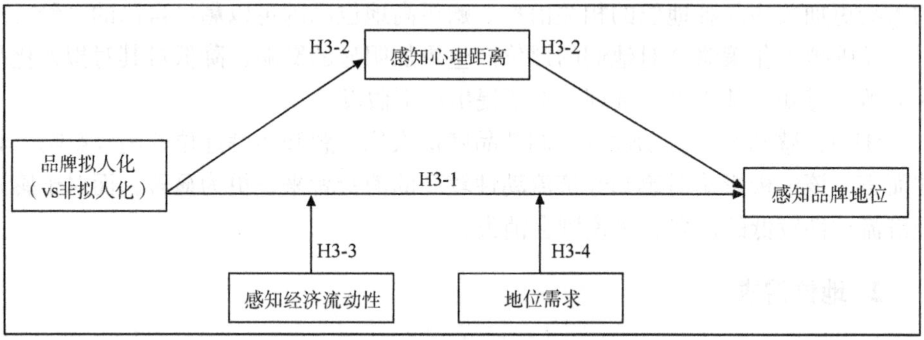

图 3-1　本章研究概念模型图

3.2　实　验　一

通过在 Facebook 上投放广告，实验一以田野实验的方式为 H3-1（主效应）在现实生活中的体现提供了间接的证据，消费者对拟人化（vs 非拟人化）品牌广告的点击行为，侧面反映了消费者对品牌拟人化策略的评价，以及品牌拟人化策略对品牌可能造成的消极影响。

3.2.1 实验设计与步骤

本节在 2023 年 1 月 10 日到 1 月 11 日之间，在 Facebook 平台上投放广告，投放对象为 18 ~ 65 岁的芬兰消费者。这些消费者被随机分配观看拟人化或者非拟人化的香水广告。通过 A/B 实验服务结果，可以得知哪一个版本的广告表现更好（如平均点击成本更低）。实验一采用单因素组间设计（拟人化 vs 非拟人化）。在拟人化组中，消费者会看到拟人化的产品图片和第一人称介绍语：“我是 ANNA SUI，一个高端香水品牌。我会让你沉醉于温柔的花香。我是古典浪漫与奢华的结合体。选择我，选择豪华的生活方式。点击链接了解更多关于我的信息，现在就把我带回家!”在控制组中，消费者会看到非拟人化的产品图片和第三人称介绍语：“这是 ANNA SUI，一个高端香水品牌。它会让你沉醉于温柔的花香。它是古典浪漫与奢华的结合体。选择 ANNA SUI，选择豪华的生活方式。点击链接了解更多关于 ANNA SUI 的信息，现在就把它带回家!”

在消费者观看此高档香水广告后，如果他们有兴趣进一步了解或购买该产品，可以选择点击广告中的网页链接。该链接将把消费者引流至真实的该品牌的销售官网。对于消费者来说，如果他们感知到广告内容与该高端香水品牌形象相符，引起了他们的兴趣，则可能会点击，而如果拟人化广告降低了消费者对品牌地位的感知，则他们会倾向于认为该广告不可信，降低进一步了解的意愿。实验一中发布的广告的总覆盖范围（即有多少不同的消费者接触到广告）为 10 523 位消费者。

3.2.2　结果分析

结果显示，拟人化广告的平均点击成本为 0.36 欧元，非拟人化广告的平均点击成本为 0.22 欧元，也就是说，对于高端香水品牌，非拟人化广告的商业表现更好，可以以更低的成本吸引消费者。此外，卡方检验结果表明两组间的点击率差异显著（$\chi^2(1)=13.03$，$p < 0.001$），具体而言，非拟人化广告的点击率（1.61%）显著高于拟人化广告（0.84%）。

3.3　实　验　二

实验二的目的是验证 H3-1，即品牌拟人化（vs 控制组）会降低消费者感知到的品牌地位。

3.3.1　实验二（a）

1. 实验设计与步骤

本节在专业调研平台见数（https://www.credamo.com/）上进行，招募 128 名被试，其中女性占比为 43.8%，平均年龄为 27.56 岁。实验二（a）采取单因素组间设计（拟人化组 vs 控制组）。为避免其他因素的影响，实验二（a）采用的刺激物为虚拟蓝牙音箱品牌悦木（Yumoon）。

首先，所有被试都需要仔细阅读蓝牙音箱品牌悦木的介绍。参照 Puzakova 等（2013）的做法，本节同时采用图片和文字进行拟人化操纵，使被试可以沉浸到拟人化情景中。拟人化组被试阅读拟人化的品牌图片和第一人称文字介绍："你好呀，我是蓝牙音箱品牌悦木，我旗下的产品中低声非常悦耳，可以给你带来完美的听觉体验。我的产品体型小巧，你可以把我装进包里随身携带。我小小的身躯里蕴藏着巨大的能量，可以连续工作 30 小时。选择我，一起享受美妙生活。"控制组被试阅读非拟人化的品牌图片和第三人称文字介绍："这是蓝牙音箱品牌悦木，悦木音箱旗下的产品中低声非常悦耳，可以给你带来完美的听觉体验。悦木音箱的产品造型小巧，你可以把它装进包里随身携带。悦木音箱小巧的箱体里蕴藏着巨大的能量，可以连续运行 30 小时。选择悦木音箱，一起享受美妙生活。"其次，被试需要回答他们感知到悦木音箱的品牌地位："您觉得这个品牌的地位很高""您觉得这个品牌是受人尊重的""您觉得这个品牌是很有声望的"[1=非常不同意，7=非常同意，改编自 Lee（2021）]。在回答感知品牌地位的量表后，被试完成拟人化操纵检验，回答自己对以下说法的同意程度："悦木让我想起了人类的特征""我觉得悦木就像人一样""我觉得悦木有自己的意识""我觉得悦木有自己的性格"（1=非常不同意，7=非常同意）（Chen et al.，2018；Koo et al.，2019）。最后，被试需要提供自己的人口统计信息。

2. 结果分析

1）操纵检验

将拟人化操纵检验测项（Cronbach's α=0.92）取均值并进行分析，F 检验结果表明操纵成功。相较于控制组，拟人化组中的被试认为悦木品牌的拟人化程度更高（$M_{拟人化组}$=4.60，SD=1.40；$M_{控制组}$=3.69，SD=1.65；$F(1，126)$=11.21，p=0.001）。

2）自变量对因变量的影响

本节对因变量感知品牌地位测项取均值（Cronbach's α=0.87）进行单因素方差分析。结果显示，品牌拟人化会降低消费者对品牌地位的感知，验证了 H3-1（$M_{拟人化组}$=4.76，SD=1.06；$M_{控制组}$=5.13，SD=1.03；$F(1，126)$=4.04，p=0.047）。

3.3.2 实验二（b）

1. 实验设计与步骤

本节在见数平台上进行，共招募 129 名被试，其中女性占比 62%，平均年龄为 31.48 岁。实验二（b）同样采取单因素组间设计（拟人化组 vs 控制组），使用的刺激物为虚拟咖啡机品牌 Aroma。

本节的流程与实验二（a）相似。首先，所有被试需要仔细阅读咖啡机品牌 Aroma 的介绍。参照 Kwak 等（2015）的做法，本节同时采用图片和文字对咖啡机品牌进行拟人化操纵。拟人化组被试阅读拟人化的品牌图片和第一人称文字介绍："你好，我是咖啡机品牌 Aroma。我拥有高压萃取系统，迷你小巧的身材，可以提供两种咖啡杯量。通过简单方便的操作，我可以为你打造浓醇咖啡体验，美好生活从我开启！"在控制组中，被试阅读非拟人化的品牌介绍："这是咖啡机品牌 Aroma。Aroma 拥有高压萃取系统，迷你小巧的机身，可以提供两种咖啡杯量。通过简单方便的操作，Aroma 可以为你打造浓醇咖啡体验，美好生活从 Aroma 开启！"其次，被试需要回答他们感知到 Aroma 的品牌地位："您觉得这个品牌的地位很高""您觉得这个品牌是高档品牌""您觉得这个品牌是很有声望的"[1=非常不同意，7=非常同意，改编自 Lee（2021）]。此后，被试将完成和实验二（a）相同拟人化操纵检验（Chen et al.，2018；Koo et al.，2019）。最后，被试需要提供自己的人口统计信息。

2. 结果分析

1）操纵检验

将拟人化操纵检验测项（Cronbach's α=0.93）取均值，F 检验结果表明操纵成功（$M_{拟人化组}$=4.09，SD=1.77；$M_{控制组}$=3.25，SD=1.55；$F(1，127)$=8.13，p=0.005）。

2）自变量对因变量的影响

对因变量感知品牌地位测项（Cronbach's α=0.91）进行单因素方差分析，结果显示，与预测相同，品牌拟人化会降低消费者对品牌地位的感知（$M_{拟人化组}$=4.91，SD=1.33；$M_{控制组}$=5.38，SD=0.87；$F(1，127)$=5.56，p=0.02）。

3.3.3　结果讨论

实验二使用不同产品品类的刺激物初步证明了 H3-1，即品牌拟人化对感知品牌地位会产生消极影响。

3.4　实　验　三

实验三的目的是检验心理距离的中介作用。本章预测，品牌拟人化会使得消费者感知到和品牌间的心理距离更近。在消费者的认知中，消费者和品牌间疏远的关系代表这样的品牌是地位较高的，如在日常生活中，奢侈品、高档轿车品牌的沟通方式和营销形象更为正式和"高冷"。因此，品牌拟人化会拉近消费者的心理距离，这与高地位品牌的形象相悖，进而降低消费者感知到的品牌地位。此外，实验三排除了说服意图的替代性解释。相较于非拟人化，当品牌采取品牌拟人化策略时，第一人称的沟通方式可能会使得消费者更加强烈地感受到该品牌想要说服自己购买的意图，这种直白的沟通方式和功利性的目标可能会让消费者感知到品牌本身档次不高，需要通过招揽客户的方式获得订单。为了提升研究结果的普适性和稳健性，实验三选取了新的刺激物（手表品牌）。

3.4.1 实验设计与步骤

与实验二相同，本节在见数平台上进行，共招募 156 名被试，其中女性所占比例为 55.1%，被试的平均年龄为 30.11 岁。实验三同样采取单因素组间设计（拟人化组 vs 控制组）。本节中的刺激物为虚拟手表品牌 LORA。

首先，被试需要仔细阅读对手表品牌 LORA 的介绍。实验三同时采用图片和文字进行拟人化操纵，以加强拟人化操纵的效果。与实验一类似，在拟人化组中，被试会阅读拟人化的品牌图片和第一人称文字介绍："你好呀，我是 LORA，我出生于 2008 年。我拥有优秀的制表工艺，可以为消费者带来更多样化的选择，展现消费者的个性！选择我，就是选择精彩生活。"与之相反，控制组的被试会阅读非拟人化的品牌图片和第三人称文字介绍："这是 LORA 手表，该品牌创立于 2008 年。该品牌拥有优秀的制表工艺，可以为消费者带来更多样化的选择，展现消费者的个性！选择 LORA 手表，就是选择精彩生活。"其次，被试需要提供他们对 LORA 手表品牌地位的感知："您觉得这个品牌的地位很高""您觉得这个品牌是高档品牌""您觉得这个品牌是很有声望的"[1=非常不同意，7=非常同意，改编自 Lee（2021）]。被试接着回答了自己对 LORA 品牌手表的支付意愿，题项为"你愿意花多少钱购买 LORA 品牌的手表？请填写 1 ~ 2000 的整数"。再次，对中介变量心理距离进行测量（如"LORA 品牌对普通消费者来说是：1=很容易接近的，7=不容易接近的"），还测量了说服意图："你觉得 LORA 试图说服你""你觉得 LORA 想要说服你"[1=非常不同意，7=非常同意，改编自 Lee（2021）]。最后，被试将完成拟人化操纵检验，检验题项与实验一相同（Chen et al.，2018；Koo et al.，2019）。被试还需要填写各自的人口统计信息。实验三流程图如图 3-2 所示。

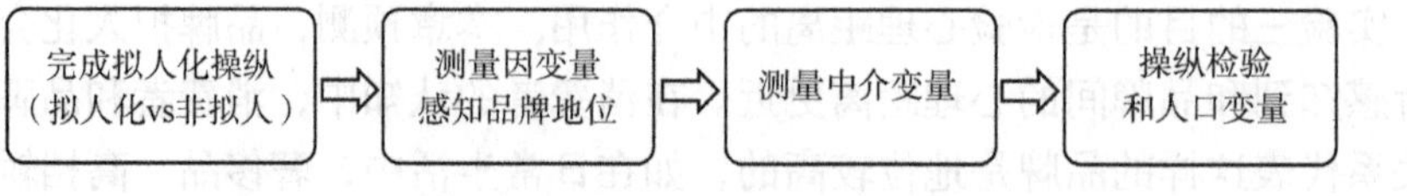

图 3-2　实验三流程图（第 3 章）

3.4.2 结果分析

1. 操纵检验

与实验二相同，在实验三中，将拟人化操纵检验测项（Cronbach's α=0.91）的均值进行分析。结果显示，拟人化操纵是成功的。拟人化组中的被试认为 LORA 品牌的拟人化程度更高（$M_{拟人化组}$=4.85，SD=1.37；$M_{控制组}$=3.93，SD=1.74；$F(1,154)$=13.28，$p<0.001$）。

2. 自变量对因变量的影响

本节对因变量感知品牌地位（Cronbach's α=0.91）进行单因素方差分析。结果显示，品牌拟人化会降低消费者对品牌地位的感知，验证了 H3-1（$M_{拟人化组}$=4.79，SD=1.44；$M_{控制组}$=5.39，SD=1.15；$F(1,154)$=8.47，p=0.004）。此外，对支付意愿取自然对数，结果显示，从后续影响来看，品牌拟人化也会降低消费者的支付意愿（$M_{拟人化组}$=6.58，SD=0.83；$M_{控制组}$=6.92，SD=0.57；$F(1,154)$=8.89，p=0.003）。

3. 自变量对中介变量的影响

方差分析结果显示，与本书的预测一致，相较于控制组，拟人化会使拟人化组的被试感到和品牌 LORA 之间的心理距离更近[$M_{拟人化组}$=2.90，SD=1.73；$M_{控制组}$=4.12，SD=1.69；$F(1,154)$=19.73，$p<0.001$]。

4. 中介效应分析

为了检验心理距离能否中介品牌拟人化对感知品牌地位的主效应，本章使用 SPSS Process 模型 4 来验证中介效应，样本量选择 5000（Hayes，2013）。实验三把品牌拟人化与否作为自变量，被试和品牌间的心理距离作为中介变量，感知品牌地位作为因变量。首先，对中介变量的回归结果表明，品牌拟人化与否可以预测与品牌间的心理距离（β=–1.22，t=–4.44，$p<0.001$）。其次，对因变量的回归结果表明，心理距离可以预测感知品牌地位（β=.21，t=3.52，$p<0.001$）。最后，Bootstrap 分析验证了非直接路径中，β=－0.25，95%CI[①]=[–0.49，–0.11]，不包含 0，心理距离的中介效应成立。

5. 排除说服意图的替代性解释

为了排除说服意图作为替代性解释的可能，对说服意图的测项（Cronbach's

① CI 的英文全称为 confidence interval，即置信区间。

α=0.87）取均值后，进行方差分析，发现两组间差异不显著（$M_{拟人化组}$=5.30，SD=1.19；$M_{控制组}$=4.96，SD=1.45；$F(1, 154)$=2.64，$p > 0.1$）。此外，将说服意图作为中介，在 SPSS Process 模型 4 的分析结果中，非直接效应的置信区间包含 0，β=0.06，95%CI=[–0.001，0.19]，中介效应不成立。

6. 结果讨论

实验三再次验证了品牌拟人化对感知品牌地位的负面影响，同时证明心理距离是该主效应的中介机制。

3.5 实　验　四

实验四将探讨感知经济流动性的调节作用。本章预测，对感知经济流动性较高的消费者来说，品牌拟人化对感知品牌地位的主效应仍然存在，但是对于感知经济流动性较低的消费者来说，该效应消失。为了增强本章结论的稳健性，本节采用真实品牌 BOOX 作为刺激物。

3.5.1 实验设计与步骤

本节在见数平台上招募 203 名被试，其中女性所占比例为 57.1%，被试的平均年龄为 29.61 岁。实验四采取单因素组间设计（拟人化组 vs 控制组）。本节中的刺激物为电子阅读器品牌 BOOX。

第一，被试将阅读对电子阅读器品牌 BOOX 的介绍。拟人化组会看到拟人化的品牌外观，并阅读第一人称的品牌介绍："我是电子阅读器品牌 BOOX。享受无止境，我可以给你带来沉浸式乐趣，让你在欢乐的海洋里遨游。我将让你从阅读中获取更多新体验，享受多彩人生。和我一起在书中探索快乐新世界！"控制组会看到普通的品牌外观，并阅读第三人称的介绍文字："这是电子阅读器品牌 BOOX。享受无止境，该品牌可以给你带来沉浸式乐趣，让你在欢乐的海洋里遨游。该品牌将让你从阅读中获取更多新体验，享受多彩人生。和 BOOX 一起在书中探索快乐新世界！"第二，被试需要回答自己对 BOOX 品牌地位的感知："您觉得这个品牌的地位很高""您觉得这个品牌是高档品牌"[1=非常不同意，7=非常同意，改编自 Lee（2021）]。第三，被试完成拟人化操纵检验（Chen et al.，2018；Koo et al.，2019）和感知经济流动性量表[Cronbach's α=0.84，改编自 Yoon 和 Kim（2018）]。第四，被试提供自己的人口变量信息。实验四流程图如图 3-3 所示。

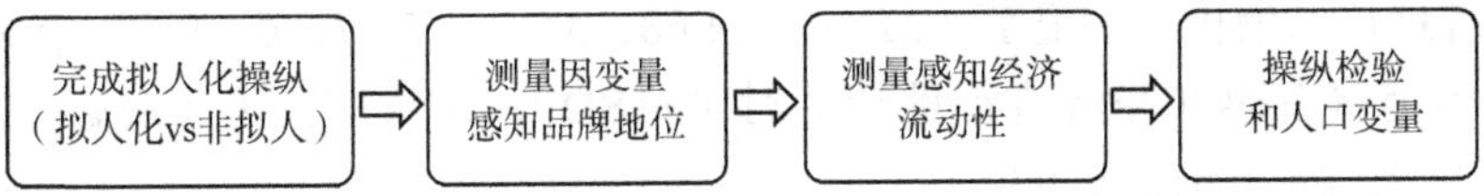

图 3-3　实验四流程图（第 3 章）

3.5.2　结果分析

1. 操纵检验

将拟人化操纵检验测项（Cronbach's α=0.91）的均值进行分析。F 检验结果表明拟人化操纵成功。拟人化组中的被试认为 BOOX 品牌的拟人化程度更高（$M_{拟人化组}$=4.61，SD=1.32；$M_{控制组}$=3.81，SD=1.63；$F(1，201)$=14.80，$p < 0.001$）。

2. 自变量对因变量的影响

对因变量感知品牌地位（Cronbach's α=0.88）进行单因素方差分析，结果再次验证了 H3-1（$M_{拟人化组}$=4.41，SD=1.21；$M_{控制组}$=4.79，SD=1.37；$F(1，201)$=4.47，p=0.036）。

3. 调节效应分析

实验四使用 SPSS Process 模型 1 进行聚光灯分析，探究消费者感知经济流动性和拟人化之间的交互作用对因变量感知品牌地位的影响。选择拟人化作为自变量，感知经济流动性作为调节变量，感知品牌地位作为因变量。结果显示，拟人化和感知经济流动性间对感知品牌地位的交互作用显著（β=−0.26，t=−1.98，p=0.049），参见图 3-4。当消费者感知经济流动性较高时（+ 1SD），品牌拟人化对

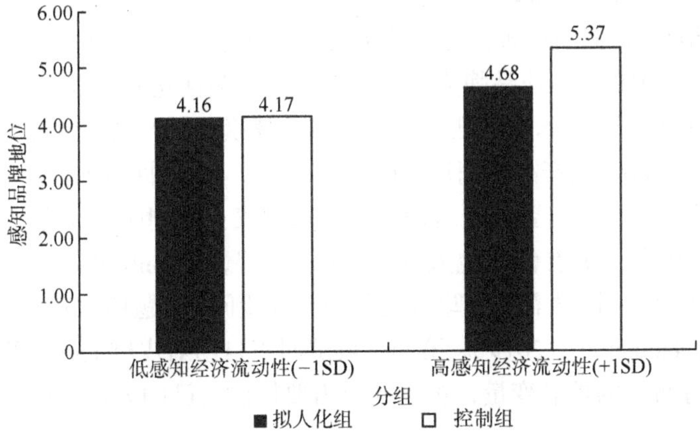

图 3-4　实验四感知经济流动性的调节作用

感知品牌地位的消极影响显著（$M_{拟人化组}$=4.68，$M_{控制组}$=5.37，β=−0.69，p=0.005）。然而，当消费者感知经济流动性较低时（−1SD），该效应消失（$M_{拟人化组}$=4.16，$M_{控制组}$=4.17，β=−0.01，p=0.95]。

4. 结果讨论

实验四再次验证了拟人化对感知品牌地位的消极作用，并检验了感知经济流动性的调节作用。

3.6 实验五

实验五的目的是验证消费者的个人特质对主效应的调节作用。具体来说，本章预测，当消费者对地位的需求较高时，品牌拟人化对感知品牌地位的消极影响会加强，而当消费者对地位的需求较低时，品牌拟人化对感知品牌地位的消极影响则会消失。

3.6.1 实验设计与步骤

与前述实验相同，实验五在见数平台招募 194 名被试，其中女性所占比例为 52.6%，被试的平均年龄为 26.59 岁。与实验二相同，实验五采用单因素组间设计（拟人化组 vs 控制组）。实验四的刺激物为虚拟皮鞋品牌 Sarro。

第一，研究要求被试认真阅读皮鞋品牌 Sarro 的介绍材料。在拟人化组中，被试会看到拟人化的品牌图片和第一人称文字介绍："你好呀，我是 Sarro！我出生于 2010 年。我为女士和男士提供多样化的皮鞋选择。我的产品系列包含正装皮鞋、休闲皮鞋、凉鞋。我旗下的产品非常经久耐用。点击 Sarro.com，用我的产品填满您的鞋柜！"控制组的被试会阅读第三人称文字介绍："这是皮鞋品牌 Sarro！该品牌创立于 2010 年。该品牌为女士和男士提供多样化的皮鞋选择。Sarro 的产品系列包含正装皮鞋、休闲皮鞋、凉鞋。该品牌旗下的产品非常经久耐用。点击 Sarro.com，用 Sarro 的产品填满您的鞋柜！"第二，被试回答他们对 Sarro 品牌地位的感知。第三，被试需要填写对地位的需求量表："我想提高自己相对于他人的地位""我希望自己被看作比他人地位更高的人"，[Cronbach's α=0.79，改编自 Dubois 等（2012）]。被试需要填写拟人化操纵检验问题，题项与实验一相同（Chen et al.，2018；Koo et al.，2019）。第四，被试回答自己对皮鞋的熟悉程度，该变量将作为本节分析中的控制变量，被试同样需要提供自己的人口统计信息。

3.6.2　结果分析

1. 操纵检验

在本节中，把拟人化操纵检验测项（Cronbach's α=0.87）取平均值，结果显示，拟人化组中的被试认为 Sarro 品牌的拟人化程度更高（$M_{拟人化组}$=4.46，SD=1.28；$M_{控制组}$=3.96，SD=1.53；$F(1, 192)$=6.22，p=0.013）。

2. 交互作用对因变量的影响

由于地位需求是连续变量，实验五使用 Process 模型 1 进行聚光灯分析，验证消费者对地位的需求的和拟人化之间的交互作用对因变量感知品牌地位的影响。选取拟人化作为自变量，消费者对地位的需求作为调节变量，感知品牌地位作为因变量，对皮鞋的熟悉程度作为控制变量。结果显示，拟人化和地位需求间对感知品牌地位的交互作用边际显著（β=−0.35，t=−1.70，p=0.09），参见图 3-5。当消费者对地位的需求较高时（+ 1SD），品牌拟人化对感知品牌地位的负面影响显著（$M_{拟人化组}$=3.97，$M_{控制组}$=4.77，β=−0.80，p=0.006）。然而，当消费者对地位的需求较低时（−1SD），该效应消失（$M_{拟人化组}$=3.45，$M_{控制组}$=3.55，β=−0.10，p=0.74）。

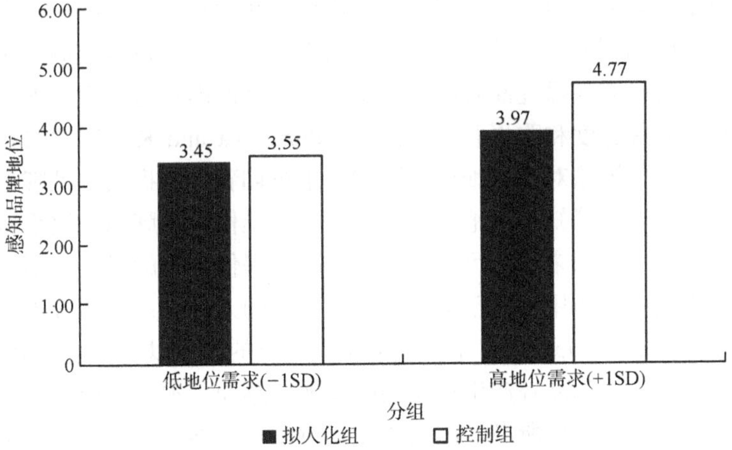

图 3-5　实验五地位需求的调节作用

3. 结果讨论

在新的品牌类别中，实验五验证了地位需求的调节作用，探讨了不同消费者特征对主效应的影响。

3.7 本章小结

3.7.1 研究总结

通过多个品类的虚拟品牌和真实品牌，本章验证了品牌拟人化对感知品牌地位的负面影响，该效应由消费者和品牌间的感知心理距离中介，消费者感知到的经济流动性和自身的地位需求可以调节这一主效应。实验一和实验二分别以田野实验和实验室实验的方式，初步证明消费者会感知到拟人化品牌（vs 控制组）的品牌地位更低。实验三在不同的产品品类中复制主效应，并验证感知心理距离的中介效应。实验四在真实品牌中验证感知经济流动性的调节作用，通过聚光灯分析，本章发现，品牌拟人化对感知品牌地位的消极影响仅存在于感知到经济流动性较高的消费者，对于感知经济流动性较低的消费者，该效应消失。实验五探索消费者地位需求的调节作用。当消费者地位需求较高时，品牌拟人化对感知品牌地位的消极影响仍然存在，当消费者地位需求较低时，该主效应消失。

3.7.2 理论贡献

第一，本章立足于热门品牌策略，探讨品牌拟人化可能带来的消极影响。在拟人化领域中，多数文章关注品牌拟人化策略对品牌和消费者的积极影响，本章聚焦于消费者感知到的品牌地位，丰富了品牌拟人化策略负面效应领域的相关研究。第二，现有研究在探究品牌拟人化策略对品牌的影响时，大多聚焦于品牌拟人化策略对消费者态度和购买意愿的影响（Puzakova and Kwak，2017），少有文献关注品牌拟人化策略对品牌地位的影响。本章创新性地提出，品牌拟人化策略可能会降低消费者的感知品牌地位。由此，本章延伸了品牌拟人化策略产生后续影响的研究范围，为未来研究可能关注的因变量提供了新的思路。第三，本章验证了心理距离的中介作用，基于消费者会把自己的人际关系准则应用于和品牌的关系中的相关理论，本章提出，消费者会根据自身的信念以及日常生活中的经验，对使用不同营销策略的品牌产生相应的品牌地位感知。本章在前人文献基础上，深入探讨品牌拟人化策略所激发的人类图式对消费者感知的影响，为拟人化理论中的背后动机研究提供了更多的支持，如三因素 SEEK 机制中的有效性动机和社交动机（Epley et al.，2007）。具体而言，消费者为了更好地理解和解释非人类实体，会应用自己对人类的了解和掌握的相关知识，来对拟人化品牌进行评价。拟人化（vs 非拟人化）拉近了消费者和品牌之间的心理距离，使得消费者应用自己对人际关系的刻板印象，进而形成对品牌地位的消极感知。第四，本章从消费者特征层面出发，提出感知经济流动性和地位需求可以调节品牌拟人化策略对感知品牌地位的负面作用。现有拟人化文献中讨论了大量个人特质因素对拟人化效果的影响，如消费者的财务水平、归属需要等（Kim and McGill，2018；陈增祥和杨光玉，2017）。本章进一步证明品牌拟人化策略产生不同效果也取决于消费者自身的特点，丰富了品牌拟人化策略影响因素的研究内容，回答了何种特征的消费者会对使用品牌拟人化策略的品牌产生更加消极的反应这一问题，厘清了品牌拟人化降低消费者感知品牌地位这一主效应的边界条件。

3.7.3 营销意义

品牌拟人化策略并非万能的营销策略。虽然许多品牌都开始采用品牌拟人化策略以吸引消费者的关注及提升品牌热度，但品牌决策者忽视了品牌拟人化策略的适用场景，以及该策略和品牌自身的匹配程度。本章指出，品牌拟人化策略会缩短品牌和消费者之间的心理距离，进而降低消费者感知到的品牌地位。因此，对于想要建立高档次形象，增加与消费者距离感的品牌，品牌拟人化策略并非高效的营销策略。比如，如果品牌想要为产品设置一个更高的价格，应该采用非拟人化的、正式且疏远的沟通方式和营销手段以增加和消费者之间的心理距离，从而创造出更“高冷”的品牌形象。如今，许多品牌在社交媒体平台上开通了官方账号和消费者进行互动，宣传品牌活动。值得营销人员注意的是，如果在这些平台上以拟人化的品牌化身的方式和消费者沟通，可能会降低消费者感知到的品牌地位，进而降低消费者的价格预期。本章的研究结果为品牌应采取何种营销手段维护自身品牌地位提供了可行的方法，为品牌营销人员创造不同的品牌形象提供了启示，具有较高的实践价值。

3.7.4 局限性与未来研究展望

本章通过 1 个田野实验和 4 个实验室实验验证了品牌拟人化对感知品牌地位的消极影响，中介机制为消费者和品牌间的心理距离，消费者的地位需求可以调节该主效应。本章仍存在一些研究局限，这些不足之处为未来的研究指明了发展方向。

第一，本章主要采用线上实验室实验和田野实验来验证假设，未来可通过二手数据的方式，增强研究结论的外部效度。比如，可以爬取采用拟人化营销策略的品牌社交媒体平台上的评论、转发、点赞数，通过文本分析的方式，探索品牌拟人化策略和消费者感知品牌地位之间的相关性。第二，本章主要探索了一般性的品牌拟人化策略的对品牌形象产生的消极影响，未来研究可以对品牌拟人化策略进行进一步细分，并验证其是否会产生调节效应。比如，前人文献将拟人化品牌角色分为伙伴型和仆人型（周懿瑾等，2021）。未来可拓展相关研究方向，探讨不同类型的品牌拟人化策略（如高端化 vs 生活化）是否会影响其对感知品牌地位的主效应。比如，当拟人化是高端化型时，品牌拟人化策略对感知品牌地位的消极影响可能会消失，而当拟人化是生活化型时，主效应应当仍然存在。第三，未来研究可以继续探讨消费者特征的调节作用，品牌拟人化对目标消费者群体和非目标消费者群体感知的影响可能存在差异。比如，对于品牌的忠诚客户来说，他们对品牌已有深入的了解，在这样的基础上，品牌拟人化策略拉近了品牌和他们之间的关系，这可能会增强这部分消费者的品牌黏性和购买意愿，产生积极影响。此时，由于这部分核心消费者对品牌形象已持有固有的看法，主效应可能会被削弱。

第 4 章　品牌拟人化策略对消费者态度的消极影响

为了争夺市场份额，企业和品牌推出了多种营销策略，以吸引消费者注意，提升产品营业额。许多企业认为，拟人化可以赋予品牌生命，让品牌主动和消费者建立联系，是高效的营销策略。因此，很多品牌在社交媒体、广告和产品包装中采取拟人化方式，如第一人称用语、拟人化形象，与消费者进行沟通。比如，在非处方药品牌中，大众较为熟悉的百多邦、999 皮炎平、快克等使用了拟人化产品形象进行宣传，赋予其产品人格特质。然而，品牌拟人化策略是否适用于所有品牌？知名度较低的小品牌如保健品品牌 Vitafusion 在进行营销活动时，使用品牌拟人化策略能否提升消费者的态度？现有文献尚未提供准确的答案。

目前，有大量文献探究了品牌拟人化策略带来的影响，相较于其产生的积极影响，对于该策略可能产生的消极影响，相关研究较为零散。此外，对拟人化效果的影响因素的研究，主要集中探讨消费者因素和情境因素对品牌拟人化策略的影响（May and Monga，2014；Puzakova and Kwak，2017；Kim and McGill，2018；Puzakova and Aggarwal，2018），较少有文献探索品牌因素对品牌拟人化策略效果的影响。在品牌拟人化策略产生消极影响的文献中，主要有两篇探索品牌因素的文献，作者指出，品牌价格调整（Kwak et al.，2015）以及品牌遭遇公共负面危机（Puzakova et al.，2013）时，使用品牌拟人化策略可能会带来消极影响。综上，什么样的品牌应减少使用品牌拟人化策略，现有文献尚未做出全面的解答。

基于以上研究局限，本章聚焦于前人尚未关注的新的品牌因素——品牌领导力，探究其对品牌拟人化策略可能产生的交互影响。本章从刻板印象内容模型出发，验证了该交互作用的中介机理（感知品牌的能力）。通过多个实验，本章揭示了品牌拟人化策略可能会给低领导力品牌带来消极影响。本章的创新性理论贡献在于：首先，将品牌领导力和拟人化领域联系起来，提出全新的调节变量，探索品牌拟人化策略对消费者认知、对品牌的消极影响。其次，聚焦于品牌因素，丰富了拟人化效果影响因素的研究；同时，前人指出拟人化会使消费者把自己的刻板印象和社会认知应用于品牌上，本章拓展了该研究内容，提出了低领导力品牌使用品牌拟人化策略会使消费者强化自身的刻板印象——“弱者是没有能力且不可信的”。最后，提出了个人卷入度的调节作用，同时，在实践意义方面，本章为品牌实际应用拟人化营销策略提供了有价值的指导，有助于品牌选择适合自己的营销策略。

4.1 理论分析与研究假设

4.1.1 品牌拟人化

品牌拟人化是指赋予品牌人的特征，这些特征可以使消费者把品牌感知为人（杨慧和王舒婷，2020；Puzakova and Aggarwal，2018）。以往的文献对品牌拟人化策略如何影响品牌或产品进行了深入探索。其中，大多数研究聚焦于品牌拟人化策略产生的积极影响。例如，品牌拟人化策略可以提升消费者对产品的评价（Aggarwal and McGill，2007）、对产品的喜爱程度（Landwehr et al.，2011）；提高消费者对要素品牌和革新性产品的购买意愿（董伶俐和马来坤，2018）。通过总结前人的研究，可以得知，在消费者的效能动机和社会性动机被激活时，品牌拟人化策略可以提升消费者的回应（Puzakova and Aggarwal，2018）。然而在其他情景中，拟人化带来的影响并不一定是积极的。

对于拟人化可能带来的消极影响，目前的研究主要分为两大板块：①对消费者的消极影响，②对品牌/产品的消极影响。拟人化对消费者产生的消极影响，包括其可能会增强消费者的风险行为（Kulow et al.，2021），降低消费者的耐心程度（May and Monga，2014）、自控程度（Hur et al.，2015）、对游戏的享受程度（Kim et al.，2016）。在特定情境下，拟人化会给品牌或者产品带来消极影响，包括在品牌遭遇公共负面危机时（Puzakova et al.，2013）、品牌涨价时（Kwak et al.，2015）、在社会拥挤情景中品牌进行互动时（Puzakova and Kwak，2015）。总的来说，目前对拟人化如何消极影响品牌或产品的研究尚不充分，探究在何种情形下，拟人化可能对品牌产生伤害，可以拓展这一研究。

更加重要的是，无论是在拟人化积极影响领域还是消极影响领域，目前学者主要集中于探究两类影响品牌拟人化策略效果的因素：①与消费者本身相关的因素；②与情境相关的因素。例如，有学者研究消费者的物质主义倾向（Kim and Kramer，2015）、财务地位（Kim and McGill，2018）、独特性动机（Puzakova and Aggarwal，2018）、归属需求（陈增祥和杨光玉，2017）和品牌拟人化策略的交互作用。还有学者研究情境相关的因素，如社会拥挤、社会排斥如何影响消费者对品牌拟人化策略的态度（Chen et al.，2017；Puzakova and Kwak，2017）。然而，聚焦于品牌相关因素的研究还较为匮乏。探讨品牌因素带来的消极影响的文章，主要有以下两篇：Puzakova 等（2013）指出，品牌遭遇公共负面危机时实体理论消费者会对拟人化品牌产生更低的评价；Kwak 等（2015）指出，拟人可能会提升消费者对品牌涨价行为的不公平感知。可以看到，品牌自身的行为可能会影响品牌拟人化策略的效果。基于此，本章提出了新的研究问题：品牌自身的特征是否也会影响品牌拟人化策略的效果，什么样的品牌不适用品牌拟人化策略？本章将探究品牌领导力和品牌拟人化策略的交互作用，以及背后的作用机制。

4.1.2　品牌领导力

阿克（Aaker）于 1996 年首次提出了品牌领导力的概念，他指出，品牌领导力取决于品牌的市场大小、品牌在多大程度上受到大众欢迎、产品或者服务是否拥有创新领先优势。随后，Aaker 和 Joachimsthaler（2000）再次提出，品牌领导力包括支持性的品牌流程和品牌持续保持优秀的能力。在奢侈品品牌策略领域，Miller 和 Mills（2012）认为，品牌领导力是指消费者评价一个品牌是成功的、有远见的、紧跟最新潮流的。Chang 和 Ko（2014）将品牌领导力定义为消费者对品牌相对独特的能力的认知，即品牌可以通过在行业细分市场中充分结合趋势设定和品牌定位，不断实现卓越的能力。在最近发表在消费者行为领域顶尖期刊的文章中，Beck 等（2020）在 MTurk 上对消费者进行了调查，发现消费者普遍认为品牌领导者是市场份额的领导者，是产品品类中的模范，和产品创新和质量领先有关。总的来说，品牌领导力反映了品牌相较于其他品牌的竞争优势（Chang and Ko，2014）。综上所述，结合前人文献，本章中高品牌领导力是指一个品牌拥有较大的市场，拥有一定的知名度，以及一定程度的竞争优势。此外，现有对品牌领导力的研究主要包括，在何种情形下消费者会偏好品牌领导者（Beck et al.，2020）、品牌领导力如何影响消费者对品牌的感知（Miller and Mills，2012）。本章创新性地将品牌领导力的构念引入拟人化领域，探索其如何影响品牌拟人化策略的效果和消费者对拟人化品牌的感知。

4.1.3　品牌领导力和品牌拟人化策略间的交互作用及中介机理

拟人化可以激活消费者的人类图式（Epley et al.，2007）。基于自身的人类图式和世界观，消费者会把自己对他人的社会信念、社会态度，以及知识应用于拟人化对象身上（Wan et al.，2017；Kim and McGill，2018）。大量研究表明，基于自身的社会信念，消费者会对拟人化对象产生不同的反应。比如，消费者会使用对人的刻板印象，来评判拟人化产品，因此更加关注产品的外表（Wan et al.，2017）。由于不同财务水平的消费者会期望公司给予他们不同的待遇，财务状况也可以影响品牌拟人化策略的效果（Kim and McGill，2018）。此外，由于消费者把自身的社会关系模式应用在拟人化产品上，消费者很难去丢弃并替换拟人化产品（Chandler and Schwarz，2010）。综上，前人研究已经验证，消费者倾向于使用自己在社会生活中和其他人打交道的方式来处理和拟人化对象之间的关系，并且把自己对其他人的看法和观念应用在拟人化对象上。基于以上研究结论，本章认为，品牌拟人化策略使得消费者把品牌当作一个人来看待，根据自身的社会观念，会对品牌形成不同的感知，进而影响其态度。

刻板印象内容模型提出，个体描述他人的两个主要维度是温暖和能力（Fiske et al.，2002，2007）。Fiske 等（2002）指出，基于在多大程度上被感知为强大的、地位高的，个体通过刻板印象把他人描述为有能力的人。此外，Fournier 和 Alvarez（2012）指出，温暖和能力也是品牌感知中的重要维度。温暖维度主要指友善、慷慨、体贴、真诚等（Fiske et al.，2002；Aaker et al.，2010）。能力维度和自信、效率、熟练等相关（Aaker et al.，2010）。已有文献表明，能力对购买意愿的主效应显著，而温暖的主效应不显著（Aaker et al.，2010）。在同一行业的品牌刻板印象中，"存在以能力为主，以温暖为辅的'主辅关系'"（卢长宝和柯维林，2019）。基于以上研究结论，本章主要探究消费者对能力维度的感知。本章提出感知品牌的能力会被品牌拟人化策略影响，这是因为消费者会把自己的社会信念和刻板印象应用于拟人化品牌上。

在消费者的刻板印象中，强大的人是很有能力的（Fiske et al.，2002），消费者会把这个对人的刻板印象应用于拟人化的品牌上。具体来说，一方面，品牌拟人化策略会影响消费者对品牌的能力感知，消费者会把拥有高领导力的拟人品牌看作强大的人，认为拟人化之后的该品牌更加有能力。相反地，当低领导力的品牌采用品牌拟人化策略时，消费者同样会把自己对人的刻板印象应用到品牌上，认为这些品牌是弱者，能力更低。另一方面，消费者可能会对拟人化品牌的可信度应用刻板印象，进一步加深对品牌能力感知的影响。有学者提出，强大的人对有价值的资源和成果的控制力更高（Fiske，1993；Keltner et al.，2003），消费者会觉得相较于强者，弱小的人更不可信。比如，人们认为专业度高的人说的话更有说服力（Bergkvist and Zhou，2016）。基于这样的刻板印象，低领导力品牌如果在广告或者包装中使用品牌拟人化策略，其广告语会让消费者产生怀疑，拟人化的宣传方式可能会让消费者感知到低领导力品牌不务正业、能力不足，进而降低对品牌和产品评价。

由此，本章提出以下假设。

H4-1：品牌领导力和品牌拟人化策略之间对消费者的反应存在交互作用。具体而言，相较于高领导力品牌，消费者会对使用品牌拟人化策略的低领导力品牌产生更消极的反应。

H4-2：品牌领导力和品牌拟人化策略间交互作用的中介变量是品牌感知能力。

4.1.4　个人卷入度的调节作用

卷入度是指消费者基于自己的内在需求、价值观和兴趣，感知到事物的关联性（Zaichkowsky，1985）。本章聚焦于个人卷入度，该类卷入度与内在兴趣、价值观、刺激人追求某事物的需要相关（Zaichkowsky，1985）。例如，对于保健品这样的健康保护产品，较高的个人卷入度是指消费者非常关注自己的健康，对保持健康有较大的内在兴趣，健康产品对他们来说有较高的重要性。

卷入度会对消费者处理信息的方式产生重要的影响（Saqib et al.，2010）。Bian 和 Moutinho（2011）指出，不同水平的卷入度会影响消费者选择过程中认知和行为过程的深度、复杂性和广度。高个人卷入度的消费者倾向于花更多精力来处理信息，采取中心路径。相反，低个人卷入度的消费者使用简单的直觉和边缘路径来处理信息（Petty et al.，1983；Chen and Chaiken，1999；Howard and Kerin，2006）。因为高个人卷入度的消费者对相关产品的内在关注更高，该产品对于他们来说更加重要，他们选择花更多精力通过中心路径更仔细、更深入地阐释和理解像广告语这样的营销信息。因此，营销广告内容可以对高个人卷入度的消费者产生更大的影响。基于自身对信息的处理，高个人卷入度的消费者可能会进行深入思考，更加注重产品能否满足自己的需求，可能会认为相较于高领导力品牌，拟人化的低领导力品牌提出的广告语更不可信，产生更加负面的评价。基于此逻辑，本书提出以下假设。本章的概念模型图请见图 4-1。

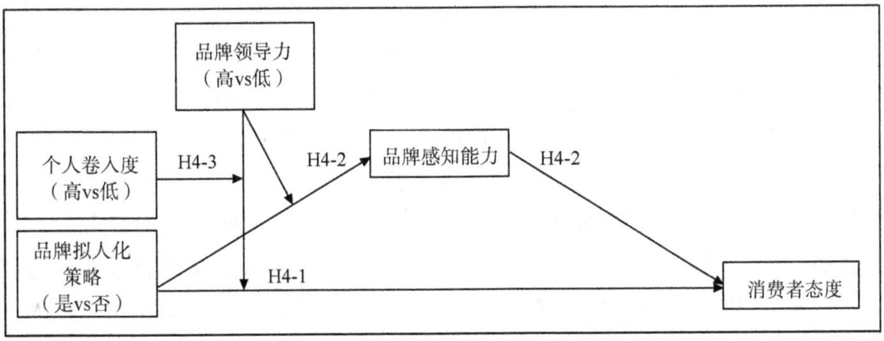

图 4-1　第 4 章的概念模型图

H4-3：对于高个人卷入度的消费者来说，品牌领导力和品牌拟人化策略之间的交互作用会更强。具体来说，高个人卷入度的消费者会对使用品牌拟人化策略的低领导力品牌产生更消极的评价。相反，对于低个人卷入度的消费者，该交互作用消失。

4.2 实 验 一

实验一的目的是验证 H4-1。

4.2.1 实验设计和步骤

本节在专业在线调研平台问卷星（https：//www.wjx.cn）上招募 308 名被试，其中女性占 57.1%，平均年龄为 30.14 岁。实验采取 2（品牌领导力：高领导力品牌 vs 低领导力品牌）× 2（品牌策略：品牌拟人化策略 vs 非品牌拟人化策略）组间因素设计（表 4-1）。本节的刺激物是虚拟洗手液品牌洁威。

表 4-1 实验设计

分组	分组	
	高领导力品牌	低领导力品牌
品牌拟人化策略	品牌拟人化策略/高领导力品牌	品牌拟人化策略/低领导力品牌
非品牌拟人化策略	非品牌拟人化策略/高领导力品牌	非品牌拟人化策略/低领导力品牌

首先，所有被试被随机分配到高领导力品牌组和低领导力品牌组，并想象自己准备购买抑菌洗手液。在高领导力品牌组，洁威被描述为知名度较高的大品牌，在低领导力品牌组，洁威被描述为知名度较低的小品牌。其次，被试将会看到该品牌产品的图片和产品描述。参照 Puzakova 等（2013）的做法，实验一同时采用图片和文字进行拟人化操纵，使得被试可以沉浸到拟人情景中。在拟人化组，被试看到的是拟人化设计的图片和第一人称介绍语（“我是抑菌洗手液洁威，我可以有效抑制 99.9%的细菌！”）。在控制组，被试看到的是不含有拟人化设计的图片和第三人称的介绍语（“这是抑菌洗手液洁威，该产品可以有效抑制 99.9%的细菌！”）。再次，在仔细阅读品牌和产品介绍后，被试回答了对该品牌产品购买意愿的问题（“如果你需要抑菌洗手液，在多大的程度上你愿意购买这款洗手液？” 1=一点也不愿意，7=非常愿意）。最后，参考 Chen 等（2018）以及 Koo 等（2019）使用的操纵检验问题，对被试进行拟人操纵检验（如 “洁威让我想起了人类的特征”“洁威有点像一个人”“洁威有自己的个性” 1=非常不同意，

7=非常同意；Cronbach's α=0.87）。被试提供了自己的人口统计信息。实验一流程图见图 4-2。

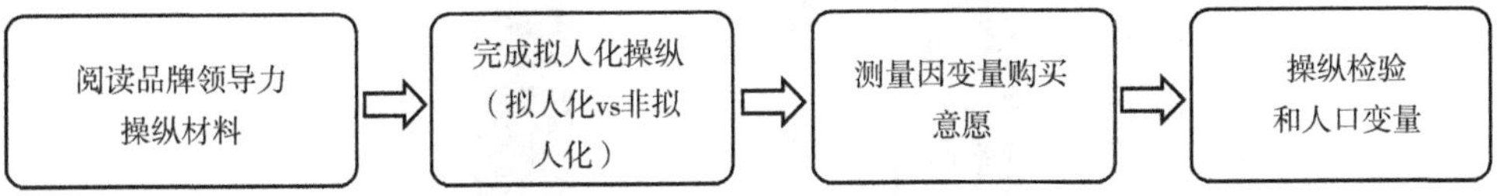

图 4-2　实验一流程图

4.2.2　结果分析

1. 操纵检验

将拟人操纵检验测项进行平均，对均值进行分析。结果显示，拟人操纵成功，拟人化组中被试汇报的拟人水平（$M_{\text{拟人化组}}$=5.08，SD=1.20）显著高于控制组（$M_{\text{控制组}}$=4.73，SD=1.50；$F(1，306)$=4.95，p=0.027）。对于品牌领导力的操纵，本章进行了前测，在同一平台问卷星上，共招募 224 名被试，其中女性占比 57.1%，平均年龄为 30.01 岁。这些被试被随机分配至四组中并阅读同样的实验材料。随后，被试对洁威品牌的领导力进行评分："这个品牌是该品类的领导者""这个品牌是市场中的领导者""这个品牌是行业中的领导者""这个品牌有较高的市场份额"（Cronbach's α=0.92）（Beck et al.，2020）。前测结果表明，高领导力品牌组（$M_{\text{高领导力品牌组}}$=5.38，SD=0.94）的评分显著高于低领导力品牌组（$M_{\text{低领导力品牌组}}$=4.55，SD=1.62；$F(1，222)$=21.68，p< 0.001），对品牌领导力的操纵是成功的。

2. 交互效应结果

本节对购买意愿进行了 2 × 2 组间方差分析。品牌拟人化策略和品牌领导力之间的交互作用是显著的（$F(1，303)$=5.25，p=0.023）。成对比较结果显示，对于低领导力品牌，品牌拟人化策略会降低消费者的购买意愿（$M_{\text{拟人化组}}$=3.50，SD=1.89；$M_{\text{控制组}}$=4.24，SD=1.70；$F(1，303)$=6.37，p=0.012）。对于高领导力品牌，品牌拟人化策略对消费者的购买意愿影响不明显（$M_{\text{拟人化组}}$=3.91，SD=1.83；$M_{\text{控制组}}$=3.70，SD=1.82；$F(1，303)$=0.49，p=0.483），实验结果见图 4-3。

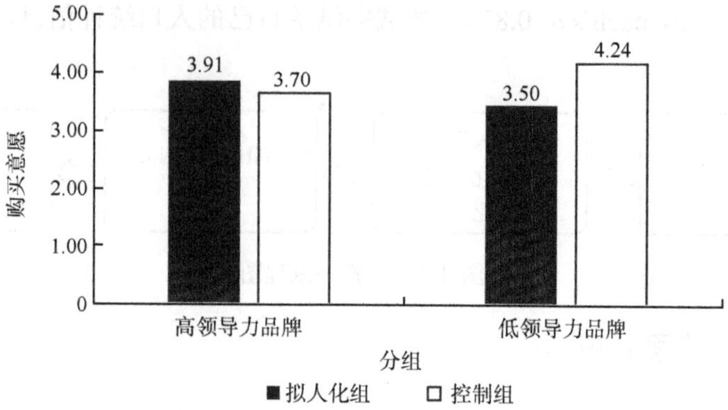

图 4-3　品牌领导力和品牌拟人化策略对购买意愿的交互作用

4.2.3　结果讨论

实验一初步验证了 H4-1，即品牌领导力和品牌拟人化策略之间存在交互效应。对于低领导力品牌，品牌拟人化策略会带来负面影响，降低消费者的购买意愿。对于高领导力品牌，品牌拟人化策略影响不显著。

4.3　实　验　二

实验二的目的是复制实验一的结果，使用和实验一不同的刺激物，即非处方药品，验证品牌领导力和品牌拟人化策略间交互效应的稳健性。

4.3.1　实验设计和步骤

本节在在线调研平台问卷星上招募了 299 名被试，其中女性占 58.2%，平均年龄为 29.35 岁。实验采取 2（品牌领导力：高领导力品牌 vs 低领导力品牌）× 2（品牌策略：品牌拟人化策略 vs 非品牌拟人化策略）组间因素设计。本节的刺激物是非处方药品口腔溃疡贴片意可贴。

首先，被试被随机分为高领导力品牌组和低领导力品牌组，并阅读相应的药品品牌介绍。在高领导力品牌组，意可贴被描述为知名度较高的大品牌，在低领导力品牌组，意可贴被描述为知名度较低的小品牌。其次，被试需要想象自己准备购买口腔溃疡药品。参照 Puzakova 等（2013）的做法，实验二同时采用图片和文字进行拟人化操纵。在拟人化组，通过拟人化图片设计和文字介绍（“小意出手，溃疡就走！”），对拟人化进行操纵。在控制组，被试看到的是非拟人化的图片设计和文字介绍（“使用意可贴，治愈溃疡！”）。再次，在仔细阅读这些材料后，被试需要回答自己对该品牌产品的推荐意愿（“在多大的程度上，你愿意向你的朋友推荐该药品？” 1=非常不愿意，7=非常愿意）。最后，被试需要完成拟人操纵检验（Cronbach's α=0.86）（Chen et al.，2018）。被试需要提供自己的人口统计信息。

4.3.2 结果分析

1. 操纵检验

在拟人化组中，被试对操纵检验题项的平均评分（$M_{拟人化组}$=4.88，SD=1.30）显著高于控制组（$M_{控制组}$=4.50，SD=1.57；$F(1，297)$=5.03，p=0.026）。对品牌领导力操纵进行前测，在问卷星平台上招募 221 名被试，其中女性占 56.6%，平均年龄为 30.4 岁。在前测中，本章验证了品牌领导力的操纵是成功的。这些被试被随机分配至四组中并阅读和正式实验相同的实验材料。随后，被试对意可贴的品牌领导力进行评分：“这个品牌是该品类的领导者”“这个品牌是市场中的领导者”“这个品牌是行业中的领导者”“这个品牌有较高的市场份额”（Cronbach's α=0.91）（Beck et al.，2020）。结果显示，高品牌领导力组（$M_{高品牌领导力组}$=5.42，SD=0.90）对品牌领导力的评分显著高于低品牌领导力组（$M_{低品牌领导力组}$=4.31，SD=1.60；$F(1，219)$=41.10，p< 0.001）。

2. 交互效应结果

实验二对推荐意愿进行组间方差分析，验证了交互效应显著（$F(1，294)$=7.43，p=0.007）。对于低品牌领导力品牌，被试对拟人化品牌的推荐意愿（$M_{拟人化组}$=4.59，SD=1.59）显著低于非拟人化品牌（$M_{控制组}$=5.29，SD=1.21；$F(1，294)$=11.89，p=0.001）。对于高品牌领导力品牌，品牌拟人化策略的影响不显著（$M_{拟人化组}$=4.98，SD=1.28；$M_{控制组}$=4.90，SD=1.29；$F(1，294)$=0.16，p=0.688），结果见图 4-4。

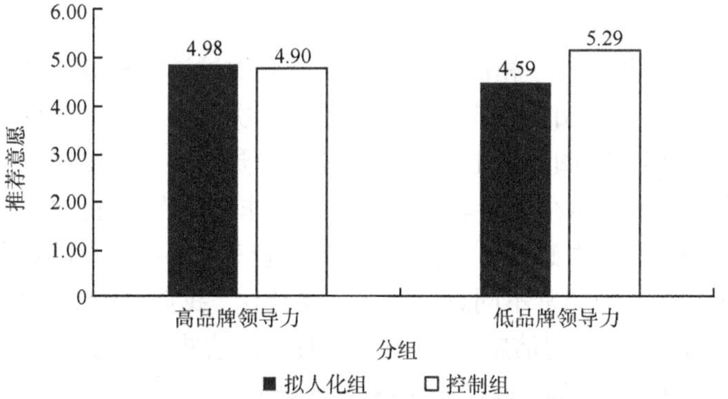

图 4-4　品牌领导力和品牌拟人化策略对推荐意愿的交互作用

4.3.3 结果讨论

实验二再次验证了消费者会基于品牌领导力高低对使用品牌拟人化策略的品牌产生不同的反应，品牌拟人化策略对低领导力品牌来说并不是一个合适的策略。在下一个实验中，本章将证明品牌领导力和品牌拟人化策略交互效应的作用机制。

4.4 实 验 三

实验三的目的是探究为什么品牌领导力和品牌拟人化策略会交互影响消费者态度。本章提出，该交互效应的中介变量是感知品牌的能力，即消费者在不同的情景下感知到品牌的能力是不同的。本章预测，相较于高领导力品牌，低领导力品牌使用品牌拟人化策略，会使消费者感知到品牌能力更低下。以往的文献已经证明，品牌拟人化策略会使消费者把对人类的社会信念和刻板印象应用于被拟人化的实体上（Wan et al.，2017；Kim and McGill，2018）。本章的理论框架提出，高领导力品牌就如同强者，消费者会倾向于信任该强者，或者说信任拟人化后的高领导力品牌“说的话”（广告语）。然而，对于低领导力品牌，消费者会把它当作弱者，感觉其能力更低，相对来说更不信任弱者，或者说不信任低领导力品牌的广告语。也就是说，消费者会根据自身的刻板印象来评价使用拟人化策略的品牌。

4.4.1 实验设计和步骤

实验三在问卷星平台上招募 306 名被试，其中女性占 62.1%，平均年龄为 30.2 岁。本节也采取 2（品牌领导力：高领导力品牌 vs 低领导力品牌）× 2（品牌策略：品牌拟人化策略 vs 非品牌拟人化策略）组间因素设计。本节的刺激物是虚拟洗手液品牌洁威。

实验三的流程和实验一相似（图 4-5），首先被试被随机分为高领导力品牌组和低领导力品牌组，并阅读相应的品牌介绍。其次，被试将会根据拟人化分组看到相应的产品介绍。在阅读以上材料后，被试需要回答自己对该产品的喜爱程度（“你有多喜欢这个产品？”1=非常不喜欢，7=非常喜欢）。再次，被试汇报对实验中出现的品牌的能力感知，完成感知能力量表[改编自 Fiske 等（2002）；Cronbach's α=0.85；1=非常不同意，7=非常同意]：“我觉得洁威是高效的”“我觉得洁威是能干的”“我觉得洁威是自信的”“我觉得洁威是熟练的”。最后，被试需要完成拟人操纵检验（Chen et al.，2018；Cronbach's α=0.82）。被试在实验最后提供了人口信息。

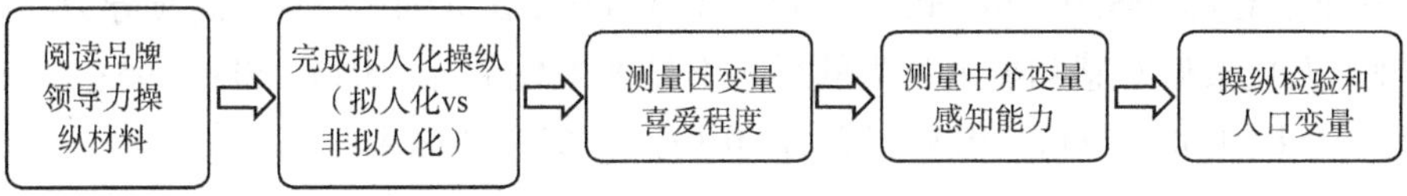

图 4-5　实验三流程图（第 4 章）

4.4.2　结果分析

1. 操纵检验

相较于控制组（$M_{控制组}=4.91$，SD=1.41），拟人化组的被试认为洁威品牌更像人（$M_{拟人化组}=5.23$，SD=1.32；$F(1，304)=4.11$，$p=0.044$）。

2. 交互作用对因变量的影响

实验三对因变量喜爱程度进行了方差分析，结果显示，品牌领导力和品牌拟人化策略之间的交互作用显著（$F(1，301)=7.36$，$p=0.007$）。对于低领导力品牌，品牌拟人化策略降低消费者的喜爱程度（$M_{拟人化组}=4.80$，SD=1.54；$M_{控制组}=5.24$，SD=1.14；$F(1，301)=5.20$，$p=0.023$）。相反地，对于高领导力品牌，品牌拟人化策略不影响消费者的喜爱程度（$M_{拟人化组}=5.17$，SD=1.25；$M_{控制组}=4.86$，SD=1.21；$F(1，301)=2.44$，$p=0.12$），实验结果见图 4-6。

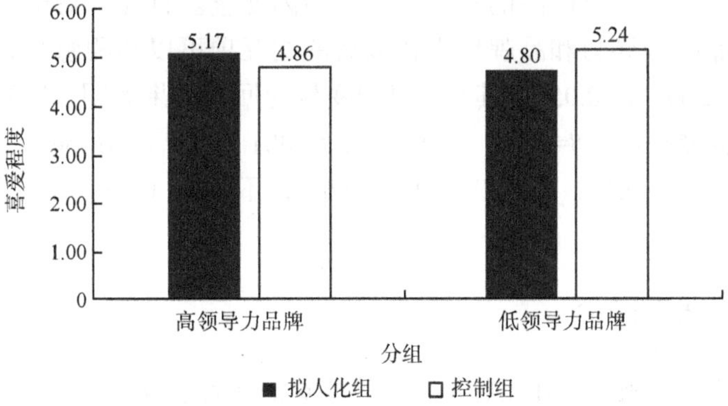

图 4-6　品牌领导力和品牌拟人化策略对喜爱程度的交互作用

3. 交互作用对中介变量的影响

相似地，实验三对中介变量感知能力进行了方差分析。和本书的预期相同，品牌领导力和品牌拟人化策略的交互作用显著（$F(1，301)=5.45$，$p=0.02$）。对于低领导力品牌，品牌拟人化策略会降低消费者感知到品牌的能力（$M_{拟人化组}$=5.15，SD=1.20；$M_{控制组}$=5.46，SD=0.97；$F(1, 301)=3.96$，$p=0.047$）。对于高领导力品牌，品牌拟人化策略对感知能力产生的影响不显著（$M_{拟人化组}$=5.45，SD=0.95；$M_{控制组}$=5.25，SD=1.08；$F(1, 301)=1.72$，$p=0.190$），结果见图 4-7。

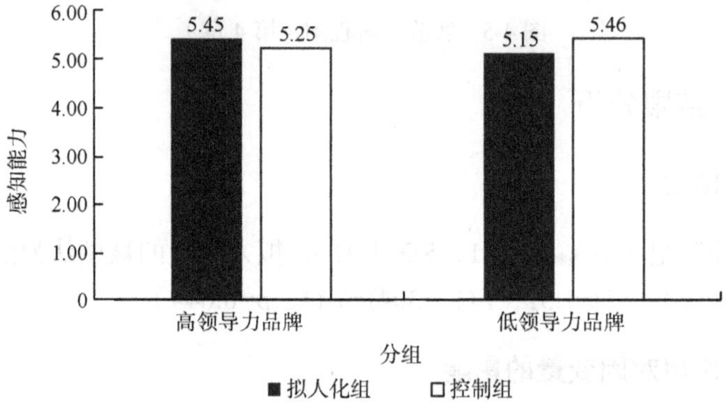

图 4-7　品牌领导力和品牌拟人化策略对感知能力的交互作用

4. 中介效应分析

为了检验感知能力是否中介品牌领导力和品牌拟人化策略间的交互作用，本实验使用 SPSS Process 模型 8 进行中介效应检验，样本量选择 5000（Hayes，2013）。本节选择品牌拟人化策略作为自变量，品牌领导力作为调节变量，感知能力作为中介变量，对产品的喜爱程度作为因变量。首先，对中介变量的回归结果表明，品牌领导力和品牌拟人化策略的交互项可以预测感知到品牌的能力（$\beta=0.50$，$t=2.33$，$p<0.05$）。其次，对因变量的回归结果表明，感知能力可以预测对产品的喜爱程度（$\beta=0.69$，$t=11.13$，$p<0.001$）。最后，Bootstrap 分析验证了非直接路径中，$\beta=0.35$，95%CI=[0.06，0.69]，不包含 0，感知能力的中介效应成立。

4.4.3　结果讨论

本节验证品牌领导力和品牌拟人化策略对消费者态度的交互效应是由感知能力中介的。该中介机制背后的逻辑是，消费者会对拟人化品牌应用对人的刻板印象。因此，低领导力品牌使用品牌拟人化策略时，消费者可能会把该品牌看作一个弱者，更不信任该弱势品牌，认为该品牌是更没有能力的。也就是说，消费者会感知到使用品牌拟人化策略的低领导力品牌能力更低，并降低对它的喜爱程度。在下一个实验中，本章将验证个人卷入度的调节作用。

4.5 实验四

实验四验证个人卷入度对品牌领导力和品牌拟人化策略之间的交互作用的影响。在本节中，使用的刺激物是虚拟“超康”免疫增强胶囊。基于该刺激物的选择，本节中的个人卷入度指标应为消费者对自己健康的关注程度。本节提出，如果消费者对自身健康的关注程度更高，那么他们会更加关注广告内容，更加投入地处理广告信息，他们的选择也会被广告信息更大程度地影响。因此，对于十分关注自己的健康程度的消费者来说，品牌领导力和品牌拟人化策略的交互作用会更强。具体来说，消费者会对使用品牌拟人化策略的低领导力品牌产生更加负面的评价。

4.5.1 实验设计和步骤

在问卷星平台上，本节共招募 274 名被试，其中 58.8%为女性，平均年龄为 30.78 岁。本节中包含 2 个被操纵的变量，即品牌领导力和品牌拟人化策略，以及一个测量的连续变量，即个人卷入度（关注健康程度）。本节使用的刺激物是虚拟“超康”免疫增强胶囊，通过在不同的产品品类中重复验证品牌领导力和品牌拟人化策略的交互效应，提升了本章的普适性。

实验四的流程和实验二类似。首先，被试需要想象自己准备购买增强免疫力的保健品，并根据自己所在分组阅读关于品牌的介绍。然后，被试会阅读产品介绍和产品图片。在拟人化组，被试会看到拟人化设计的图片和第一人称的品牌介绍语：“我是增强免疫胶囊超康，我可以使你提升免疫力，不受流感侵扰！”控制组的被试会看到非拟人化设计的图片，以及第三人称的介绍语：“这是增强免疫胶囊超康，该产品可以使你提升免疫力，不受流感侵扰！”被试需要回答自己对该品牌产品的喜爱程度。再次，被试提供了自己对健康的关注程度（“在日常生活中你有多关注自己的健康？” 1=一点也不关注，7=非常关注）。最后，被试完成拟人操纵检验（Cronbach's α=0.82）。被试还需要提供人口信息。实验四流程图如图 4-8 所示。

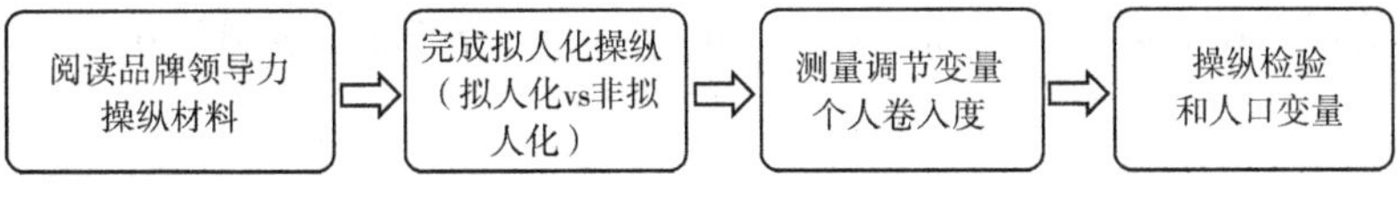

图 4-8　实验四流程图（第 4 章）

4.5.2 结果分析

1. 操纵检验

对操纵检验题项的平均值进行 F 检验，结果显示拟人操纵检验是成功的（$M_{拟人化组}$=5.06，SD=1.17；$M_{控制组}$=4.71，SD=1.36；$F(1, 272)=5.32$，$p=0.022$）。对品牌领导力操纵进行前测，在问卷星平台上招募 216 名被试，其中女性占 60.6%，平均年龄为 32.19 岁。所有被试被随机分配至四组中并阅读和实验四正式实验中同样的材料。被试在品牌领导力操纵检验量表上对超康品牌进行评分（Cronbach's α=0.90）（Beck et al.，2020）。结果显示，高领导力品牌组（$M_{高领导力品牌组}$=5.39，SD=0.89）对品牌领导力的评分显著高于低领导力品牌组（$M_{低领导力品牌组}$=4.66，SD=1.62；$F(1, 214)=16.88$，$p< 0.001$）。

2. 调节效应分析

本节预测品牌领导力、品牌拟人化策略和个人卷入度（即关注健康程度）之间存在三重交互效应，对于更加关注自身健康的被试来说，品牌领导力和品牌拟人化策略之间的交互效应会加强。首先，本节把喜爱程度作为因变量，品牌领导力、品牌拟人化策略、个人卷入度，以及这三者之间的所有交互项作为自变量进行回归。回归结果显示，三重交互项是显著的（β=0.54，t=2.39，p=0.017）。其次，为了更深入地理解卷入程度的调节作用，本节进行了聚光灯分析（Spiller et al.，2013），进一步分析在距离平均关注健康程度±1SD 时，消费者对不同情景下的品牌的评价，结果见图 4-9 和图 4-10。本节选用 Bootstrap 方法的模型 3 进行分析，样本量选择 5000。聚光灯分析结果表明，对高个人卷入度的消费者（更加关注自身健康的消费者）来说，他们会对非拟人化的低领导力品牌产生更高的喜爱程度（$M_{拟人化组}$=4.94，$M_{控制组}$=5.52，β=−0.58，t=−2.18，p=0.030）。同时，相较于非拟人化品牌，高个人卷入度的消费者对使用拟人策略的高领导力品牌有更积极的评价（$M_{拟人化组}$=5.52，$M_{控制组}$=5.20，β=0.32，t=1.14，p=0.255），但是该差异不显著。此外，对于低个人卷入度的消费者，在低领导力品牌情景（$M_{拟人化组}$=4.91，$M_{控制组}$=4.41，β=0.50，t=1.73，p=0.09）和高领导力品牌情景下，交互作用都不显著（$M_{拟人化组}$=4.88，$M_{控制组}$=4.80，β=0.08，t=0.29，p=0.776）。

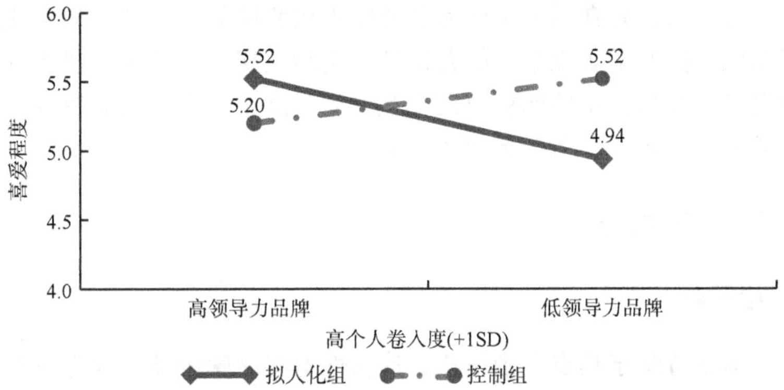

图 4-9　品牌领导力、品牌拟人化策略和个人卷入度对喜爱程度的三重交互作用（+1SD）

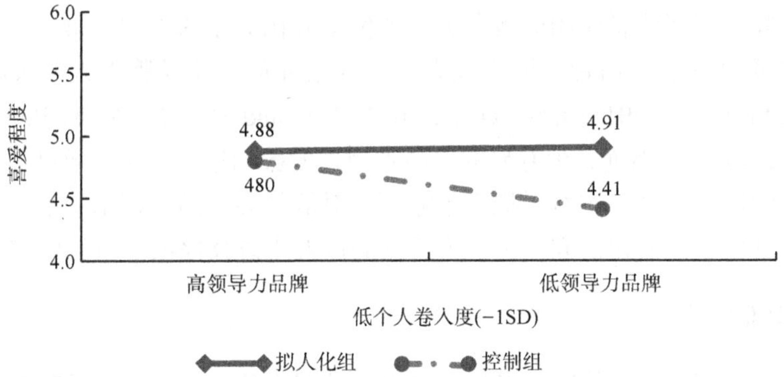

图 4-10　品牌领导力、品牌拟人化策略和个人卷入度对喜爱程度的三重交互作用（–1SD）

4.5.3　结果讨论

与 H4-3 一致，实验四表明，个人卷入度会调节品牌领导力和品牌拟人化策略之间的交互作用，对高个人卷入度的消费者来说，该交互作用会加强，对于低个人卷入度的消费者来说，该交互作用消失。

4.6　本 章 小 结

4.6.1　研究结论

本章创新性地验证了品牌领导力和品牌拟人化策略间的交互作用。同时，本章提出中介机制为感知品牌的能力，个人卷入程度起调节作用。实验一发现消费者会对使用拟人化策略（vs 非拟人）的低领导力品牌产生更低的评价。实验二复制了实验一的结果，并在另一个产品品类中再次验证品牌领导力和品牌拟人化策略的交互作用，提升了研究结论的普适性。实验三探究了感知品牌能力的中介作用。通过聚光灯分析，实验四提出该交互作用对高个人卷入度的消费者来说会加强，对于低个人卷入度的消费者则会消失。

4.6.2 研究贡献

1. 理论贡献

第一，本章着眼于热点营销策略，创新性地将品牌领导力构念引入拟人化领域。本章提出了全新的调节变量，验证品牌领导力和品牌拟人化策略对消费者态度的交互作用，为拟人化研究提供了崭新的视角。第二，本章立足于刻板印象内容模型，验证了消费者应用刻板印象来评价拟人化对象的影响。第三，过去的拟人文献主要聚焦于与消费者因素或者情境因素如何影响品牌拟人化策略的效果（Kim and Kramer，2015；Chen et al.，2017；Kim and McGill，2018；Puzakova and Aggarwal，2018）。然而，少有研究对品牌因素的影响进行探索。通过加入新的与品牌相关的调节变量，本章对拟人策略可能对低领导力品牌带来的消极影响进行了探索，延伸了拟人化研究范围，为后续的拟人化研究提供了新的研究思路。

2. 管理启示

当下，品牌拟人化策略已经成为品牌与消费者建立深入联系的热门策略。然而，品牌拟人化策略也可能会带来消极影响。因此，对于营销人员来说，正确地利用品牌拟人化策略提升消费者态度，十分重要。本章指出，低领导力品牌不应该滥用品牌拟人化策略，对于低领导力品牌来说，使用更正式的方式和消费者进行沟通是一种更好的营销策略。因此，当新品牌进入市场时，品牌拟人化策略也许并不是最合适的接近目标消费者的方法。总的来说，本章的研究结论为品牌制定适合自己的营销策略提供了指导和启示，具有较高的实际应用价值。

4.6.3 局限性和未来研究展望

本章通过实验验证了品牌领导力和品牌拟人化策略之间的交互作用，但是仍有一些研究局限，这些有待改进之处也为未来的研究指明了发展方向。

（1）未来研究可以继续探讨品牌领导力和品牌拟人化策略的交互作用的边界条件。比如，若通过广告内容引导消费者更加注重温暖维度，则该交互效应可能会消失。

（2）未来研究可以继续探索哪些消费者自身的特征，可以调节品牌领导力和品牌拟人化策略间的交互作用。比如，拥有高社会经济地位的消费者可能会对使用品牌拟人化策略的低领导力品牌产生更低的评价。这是因为拥有高社会经济地位的消费者可能会更加注重品牌的能力维度，并期望品牌可以提供更好的待遇。

（3）本章的刺激物主要选择了洗手液、保健品、非处方药品等，主要聚焦于健康保护产品行业，未来研究可以继续探讨在其他的行业中，品牌拟人化策略是否有不同的适用条件，不同特征的品牌应该在何时采用品牌拟人化策略以提升消费者的态度。

（4）未来研究可以继续验证品牌因素是否可以调节品牌领导力和品牌拟人化策略间的交互作用。品牌角色（伙伴 vs 仆人）也可能会影响社会信念并改变消费者对品牌的评价。例如，扮演伙伴角色的品牌可能会更容易得到消费者的信任，消费者可能会应用类似“朋友是值得信赖的”这样的社会信念。因此，相较于扮演仆人角色的品牌，伙伴型品牌可能会减弱低领导力品牌拟人化策略带来的消极影响。未来研究可以探索多样化的消费者与品牌间的关系会如何影响消费者对不同品牌使用品牌拟人化策略的态度和反应。

第三篇

品牌联合策略的影响因素

第5章　品牌联合策略文献回顾与研究综述

5.1　品 牌 联 合

5.1.1　品牌联合的概念

品牌联合是一个涉及两个独立品牌的策略，两个品牌联手共同开发并推出新产品（Aaker，2004；Cao and Sorescu，2013；Monga and Lau-Gesk，2007）。尽管在合作前后，各品牌保持自身的经营独立性，但在联合期间，双方会将各自的品牌名称同时应用于新产品上（图 5-1），形成共享品牌标识。通过品牌联合，各方不仅能够携手开拓新市场，还能够共享生产技术、运营智慧以及广告等各类资源。品牌联合的核心是两个品牌间的深度协作，它们各自的特性与优势共同塑造了联合产品特有的价值属性。这一战略既涵盖了营销层面的合作创新，也包括了技术层面的产品创造与市场化运作。其目标在于构建一种情境，即相较于仅带有单个品牌的产品，联合品牌的产物能为消费者带来更高的感知价值。这意味着品牌联合中存在着明确且刻意的价值传递过程。如今，这种曾经被视作复杂罕见的品牌策略已经逐渐流行，越来越多的消费者接受并认可品牌联合所带来的独特价值和吸引力。

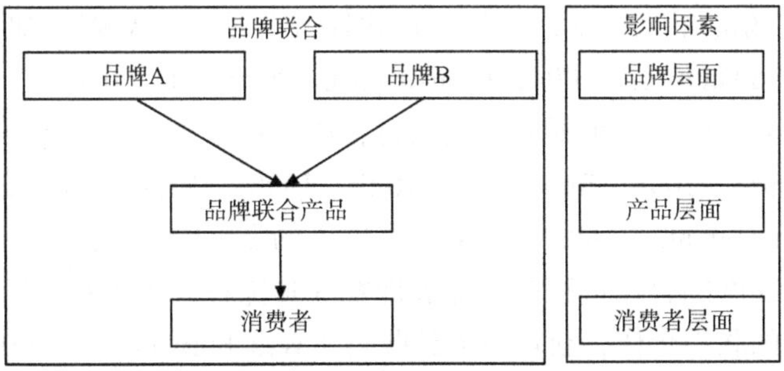

图 5-1　品牌联合过程

根据定义，品牌联合由两个合作品牌组成，但通常这两个品牌对品牌联合概念的贡献并不相同。在品牌联合的实践中，一个品牌（即副品牌）的关键属性往往作为成分被纳入另一个品牌（即主品牌），以推出一款新产品（Desai and Keller，2002）。换句话说，即主品牌作为主导品牌，副品牌作为成分品牌。例如，在 2017 年，Coach 通过与迪士尼的米老鼠合作推出了一系列品牌联合产品，包括手袋、配饰和鞋子——在这种情况下，Coach 作为主导品牌，迪士尼的米老鼠作为成分品牌。

先前的研究已经揭示，复合概念往往与组成其的某个基础概念有更强的相似性，这种现象被学界称为“主导效应”（Hampton，1988；Storms et al.，1996）。Park 等（1996）在品牌联盟的背景下解释了这一发现，并提出品牌联合扩展可能更接近于主导品牌的属性，而不是成分品牌的属性。在品牌联合情境下，新产品所体现的特征和属性往往更多地被认为是继承自主导品牌的特性与形象。例如，在 Coach 与迪士尼的合作中，推出的联名手袋更倾向于被视为一款融入了米老鼠元素的 Coach 风格手提包，而非一个带有 Coach 标志的迪士尼主题包包。总结来说，当一个品牌联合产品成功上市后，它与主导品牌原有产品的相似性和关联性往往会更为显著。

品牌联合的研究成果一致显示出其强大的效应。多个研究文献均证实在复杂商业环境下，品牌联合作为一种战略手段展现出显著的优势（James，2005；Vaidyanathan and Aggarwal，2000；Washburn et al.，2000，2004）。在这些案例中，品牌联合被有效地应用于实现一些单靠独立品牌拓展难以企及的目标，如通过结合特定的品牌属性以增强信誉度。进一步的市场营销策略研究表明，品牌联合策略能够助力双方品牌进入彼此的市场领域，利用对方的品牌优势和良好声誉来传达那些单一品牌无法有效表达的独特产品特性（Rao et al.，1999）。特别是在信息时代，品牌联合已成为众多知名品牌广泛采用的一种热门营销策略，旨在吸引消费者的注意力，提高市场份额。这一战略不仅有助于品牌成功打入新市场，还能促进对成熟市场的深度开发，并且更加快速高效地提升品牌的知名度与影响力（Dahlstrom and Dato-on，2004；Dahlstrom and Nygaard，2016）。

研究品牌联合的一个重要方向是探讨合作对双方伙伴声誉和品牌资产的潜在影响（Baumgarth，2004；Simonin and Ruth，1998；Vaidyanathan and Aggarwal，2000；Washburn et al.，2000，2004）。在实际的品牌联合案例中，强势品牌往往能在与较弱势品牌的合作过程中更显著地发挥其优势；而相对弱势的品牌则能够通过与强品牌的联手合作，获得更大的收益（Washburn et al.，2000，2004）。传统观念认为，在品牌联合关系中，知名度较低的品牌受到的影响更大，因为它通常缺乏丰富且深入人心的品牌内涵，更容易接纳并受益于知名品牌所带来的联系效应（Aaker and Keller，1990；Boush and Loken，1991；Broniarczyk and Alba，

1994；Levin I P and Levin A M，2000）。值得注意的是，在当前大量的相关文献资料中，选择合适的合作伙伴被视为制定品牌联合战略时最为关键的决策之一。

此外，消费者行为研究探讨了消费者对品牌联合的反应（Park et al.，1996），联合品牌对母品牌的溢出效应（Simonin and Ruth，1998），以及这些母品牌的任何未来延伸的效果（Desai and Keller，2002）。新品牌的创立和推广往往会遭遇多重挑战，首要难题便是如何在饱和的市场中脱颖而出，提升品牌知名度。同时，构建独特的品牌形象与品牌联想也至关重要，这有助于品牌在竞争激烈的市场环境中实现差异化定位。因此，为了迅速启动联想，新品牌通常利用有价值联想的外部实体（其他品牌、事件、原因、国家、人员等），将这些期望的联想转移到新品牌上（Keller，2003）。对于消费者而言，品牌联合策略有助于将联想从一个既有的品牌转移到新品牌上，无论这种联想是积极的（James，2005；Park et al.，1991，1996）还是消极的（Votolato and Unnava，2006）。一方面，品牌联合可以向消费者传递质量的信号（Rao et al.，1999），并可以改善消费者对单个合作品牌的态度。积极的品牌联想溢出效应是一个被广泛探讨的主题，它不仅涉及单个品牌的正面效果在相关产品或服务间的传递，也包括从品牌联合产品的特性到各个组成品牌的相互促进作用。品牌联合的产品可以获得更高的价格，可能是因为消费者认为它们是独一无二的。品牌联合产品也被发现比单一品牌扩展更能引发积极的认知，这可能是因为品牌联合产品受益于二级品牌的资产（Desai and Keller，2002；Park et al.，1996）。另一方面，负面联想可能会从合作品牌转移到品牌联合产品，阻碍其市场成功，也可能从品牌联合产品转移到合作品牌之一。Levin 等（1996）在一项旨在评估人们对品牌联合的布朗尼的偏好的实验中发现，如果一个合作品牌被认为是劣质的（在他们的例子中，是用于混合布朗尼的巧克力片的品牌），它不仅会降低对品牌联合产品的认知，也会降低对另一个合作品牌的认知。

总的来说，尽管有研究表明品牌联合产品的数量每年增长 20%（Dahlstrom and Nygaard，2016），但大多数营销研究都研究了与单一品牌有关的问题（Monga and Lau-Gesk，2007），如品牌延伸（Aaker and Keller，1990）。尽管品牌联合策略的使用越来越多，但对品牌联合的研究仍然有限，关于品牌联合的清晰的知识体系才刚刚形成（Dahlstrom and Nygaard，2016；Monga and Lau-Gesk，2007；Young et al.，2000）。

5.1.2　品牌联合与品牌联盟的关系

品牌联合是品牌联盟的一种特殊形式。本节旨在厘清品牌联合与品牌联盟的联系和区别。品牌联盟被定义为一种将多个品牌名称用于特定的商品、服务或广告的营销策略（Can et al.，2020；Chang，2009）。品牌联盟作为最受欢迎的合作类型之一，涉及两个品牌的配对来提出一个共同的主张（Cornelis，2010）。它有助于彰显品牌的质量，并为名气较小的品牌创造知名度（Rao and Ruekert，1994；Helmig et al.，2008）。Baumgarth（2004）表明联盟对每个合作品牌都有积极的影响。Romaniuk（2013）认为，在一个广告中出现第二个品牌时，为了吸引消费者的注意力会产生更多的竞争，还会有被偷走品牌聚光灯的风险。这就留下了一个挥之不去的问题，即品牌联盟的真正有效性。

作为品牌联盟的一种特殊形式，品牌联合与品牌联盟都涉及两个品牌的合作。合作理论起源于Gray（1989）的开创性工作，他将合作定义为一个过程，通过这个过程，看到问题不同方面的各方可以建设性地探索他们的差异，并寻找超越自己的有限视野的解决方案。随着市场的日益复杂化和细分化，品牌独立运作可能会面临诸多困难。因此，寻求合作成为有效的解决方案。

在营销合作与品牌联盟中，一个至关重要的因素是与合作伙伴高效协作以求共同实现双方期待的目标的能力（Buhalis and Crotts，2000）。品牌需要积极的声誉，这与外部人士对公司和协会显著特征的总体看法相联系。品牌声誉是组织随着时间的推移获得的，它指的是不同受众对品牌的评价（Veloutsou and Moutinho，2009）。品牌作为战略资产出现，通过品牌共同创造为多个参与者和利益相关者创造价值（Veloutsou and Guzman，2017）。Ramírez 等（2019）认为，各方在品牌社区中不断交流，共同创造价值，由此形成了他们的身份。过去品牌管理的演变表明，品牌已经从公司内部管理的交易工具演变为与他人共同创建的实体（Fetscherin et al.，2019；Fernandes and Moreira，2019）。

品牌联盟可以有多种形式，从产品捆绑到双重品牌，再到品牌联合（Cao and Sorescu，2013）。产品捆绑销售是一种将两种或两种以上不同的产品以同一价格一起销售的策略（Gaeth et al.，1991；Yadav，1994）。在通常情况下，产品捆绑的组成部分使用同一个品牌，但也有不同品牌在一个包装中一起销售的情况（如丝芙兰销售的香水或护肤多品牌包装）。在促销活动中也会遇到产品捆绑，通常情况下，购买一种品牌产品可以免费获得另一种品牌产品（Varadarajan，1986）。双重品牌是指使用单一地点的混合零售商的概念，如西尔斯和 Jiffy Lube，或者 Arby's 和 Long John Silver's 共享同一零售空间（Levin et al.，1996）。在本章中，我们关注的是一种特定类型的品牌联盟——品牌联合。品牌联合涉及两个品牌，它们通常在品牌联合产品商业化之前、期间和之后是独立的，但在联盟期间将它们的名称借给一个实体产品。一方面，品牌联合和品牌联盟都涉及两个品牌的合作。另一方面，品牌联合不同于典型的品牌联盟，因为它们也涉及与新产品的开发和生产相关的研发及制造方面的固定成本。

5.1.3　品牌联合与品牌延伸的关系

品牌联合可以被视为品牌延伸的一种战略选择（Walchli，2007）。本节旨在厘清品牌联合与品牌延伸的联系和区别。品牌延伸是指一个已建立的品牌使用其名称进入一个不同的产品品类（Su et al.，2021；Keller and Aaker，1992）。这是一种广受欢迎的新产品市场导入策略，原因在于公司能够借助自身已有的品牌资产，从而有效吸引大量关注（Chun et al.，2015；Meyvis et al.，2012；Monga and Gürhan-Canli，2012；Parker et al.，2018；Su et al.，2021）。在 20 世纪 70 年代末和 80 年代，品牌延伸策略在营销实践中变得相当普遍（Tauber，1988）。

Farquhar 等（1990）在他们的品牌延伸关系模型中概念化了母品牌和潜在目标品类之间的关系。根据 Farquhar 等（1990）的说法，品牌延伸的影响转移需要将母品牌原有产品品类中的现有品牌关联到一个新的目标类别中。随着目标品类与母品牌的原始品类越来越远（即不相似），不一致性（较低的拟合度）就会增加。存在一个连接母品牌和目标类别的可访问概念是建立适合性的必要条件。

品牌延伸研究的焦点主要集中在，这个品牌能扩展到哪里。因此，关于品牌延伸的研究包括品牌延伸的评价及其与母品牌的契合度或相似性之间的关系（Boush and Loken，1991；Park et al.，1991），通过提供适当的线索或解释来影响品牌延伸适应度感知的能力（Bridges et al.，2000；Chakravarti et al.，1990），以及品牌延伸活动对母品牌感知的影响（Balachander and Ghose，2003；John et al.，1998；Loken and John，1993；Park et al.，1996）。

品牌延伸研究的一个常见假设是，品牌与其延伸的适合度（或相似度）存在简单的正线性关系（Aaker and Keller，1990；Boush and Loken，1991）。这项工作主要是基于分类的概率观点（Mervis and Rosch，1981），强调相似性和典型性度量。因此，如果一个拟议的品牌延伸具有与其母品牌相似的功能，或者是其母品牌所代表的一个类别的典型成员，那么如果母品牌很受欢迎，它就应该得到很高的评价。品牌外延的感知适合度和评价可以由母品牌或外延的特征来决定。例如，Hagtvedt 和 Patrick（2009）认为，奢侈品品牌比功利品牌更能引发人们对延伸的更有利的适应性感知和评价。此外，情境性或长期性消费者特征、情绪状态（Barone et al.，2000）、控制感（Cutright et al.，2013）和文化思维风格（Monga and Lau-Gesk，2007；Monga and John，2007）都会影响消费者的适合度感知和评价。例如，Cutright 等（2013）证明，控制感较低的消费者会拒绝低适合度的品牌延伸。

正如 Farquhar 等（1992）所讨论的，某些品牌可能与其当前市场定位紧密相关，以至于尝试将其延伸至截然不同的产品品类时，消费者难以接受。面对这种挑战，建立合作伙伴关系便成为一种可行策略。在此类情境下，品牌联合应运而生。品牌联合是指两个品牌携手合作，共同向消费者呈现一款产品，通过联合品牌的力量来增强产品的市场影响力和接受度。例如，Smucker's 的冰淇淋配料是由水果蜜饯品牌 Smucker's 和巧克力品牌 Dove 联合推出的一款新品类产品。先前的研究表明，品牌联合是一种有用的扩展策略，因为它加强了扩展的属性配置（Park et al.，1996），帮助部分品牌获得广告协同效应（Samu et al.，1999），并改善了客户对母品牌的态度（Simonin and Ruth，1998）。如果正如品牌延伸研究所假设的那样，品牌可以被视为类别，那么品牌联合可以被视为类别（概念）的组合。这些模型均强调了在理解新领域时，将先验世界知识作为理论构建基础的重要性；因此，它们的核心在于概念的一致性和连贯性（Costello and Keane，1992）。与品牌联合研究相关的还有几个概念组合理论（Cohen and Murphy，1984；Smith et al.，1988），这些理论是解决范畴组合问题的初步尝试。因此，新的品牌组合的形成（即品牌联合）可以被认为是两个既存的品类（品牌）的合并，或者是创建一个包含两个既存品类（品牌）的部分或全部属性的新品类。由此可以得出这样的结论：在很大程度上，对新建立的品牌联合的评价效果将在很大程度上依赖于观察者构建的对所见品牌间关系合理解读的能力（即朴素理论）。因此，在评估过程中，评价者必须有机会形成他们对于品牌之间联系的独特见解，或者能够从外部获取这种逻辑解释。这种理解和解释品牌关联性的能力可能与 Mandler（1982）提出的理论相关，该理论揭示了一种解决问题的过程，并且已被发现适用于之前描述过的品牌延伸研究情境中。

与单一品牌延伸不同，品牌联合是一个复合品牌概念，包含两个基本概念的特征（Cohen and Murphy，1984；Kumar，2005；Park et al.，1996）。两个参与的概念中的每一个都与一组属性相关联，这些属性根据一组规则组合起来形成复合概念（Eysenck and Keanne，1990；Kumar，2005）。换句话说，品牌联合并不涉及将整个品牌概念从母品类转移到扩展品类（Park et al.，1991）。相反，它只涉及从两个母品牌各自转移属性的子集，并将它们重新组合成一个连贯的复合概念。每个合作品牌贡献的属性子集对于母品牌 A 或 B 来说可能不像它们各自的全部属性集那么独特（Hampton，1997）。

对品牌联合合作关系尚未充分探讨的一个研究角度是关注消费者对这种合作的反应，具体表现为品牌间合作关系的名称一致性。相较于品牌延伸的研究，这是考察一致性和关联性的另一个维度。在探究品牌延伸时，学者通常会专注于母品牌与拟延伸产品之间的概念一致性。在品牌联合关系中，尽管同样存在这种类型的内部一致性（需要注意的是，单个品牌合作伙伴与整体概念之间的一致性水平可能不尽相同），但更值得关注的是合作伙伴之间的相互一致性。品牌联合自然而然地形成了一种一致性或不一致性的形态，这会影响消费者对相关产品的评价。

之所以强调合作品牌间的一致性至关重要，主要是因为它直接影响了消费者对品牌配对选择的认可度和接受度。

5.1.4　品牌联合效果的影响因素

通过对品牌联合相关研究的回顾，我们根据品牌联合的过程将影响品牌联合效果的因素分为三个类别：品牌层面的影响因素、产品层面的影响因素、消费者层面的影响因素。

1. 品牌层面

品牌联合是关于两个品牌（或多于两个品牌）之间进行合作推出新产品的营销实践。我们关注的品牌层面的影响因素，主要包括品牌数量、品牌资产、品牌排他性，以及合作品牌的一致性。

关于品牌联合的实践和研究主要是针对两个品牌的联合，但是现在多品牌（多于两个品牌）联合的情况也开始逐步发展起来。因此，进行联合的品牌数量也是影响品牌联合效果的一个重要因素。关于品牌联合数量如何影响品牌联合效果，学者还没有达成一致的结论。一方面，根据 Rao 等（1999）的观点，参与联合的品牌越多，为品牌联合提供的信誉担保也越多，消费者对品牌联合的评价会随之提高。另一方面，Voss 和 Gammoh（2004）通过比较两个品牌的联合与三个品牌的联合这两种情况，发现消费者对品牌联合的质量感知并没有随合作品牌数量的增加而变化。品牌联合的数量对品牌联合效果的影响是未来研究中的重要议题。

品牌层面中的一个关键因素是品牌资产（brand equity）。任何新产品引入市场时，都必须考虑的一个重要问题是采用何种品牌战略。可能需要开发一个新的品牌名称或决定利用现有的名称。这个决策不仅具有长期影响，而且在执行过程中需要投入大量资源来进行既有品牌资产价值的维护与管理。这些品牌资产包括但不限于忠诚度、认知度、感知质量以及各类独特的品牌联想属性等核心要素（Aaker，1991）。品牌资产反映在消费者对有关产品品牌的想法、感受以及行动的方式上，同样它也反映在品牌所带来的价格、市场份额以及盈利能力上。在 20 世纪 90 年代，品牌资产管理的创造性水平不断提高，使各种新的品牌名称配置不断被引入，包括签名品牌、子品牌和成分品牌（Farquhar et al.，1992）。品牌资产通过多种方式向消费者和企业提供价值。因此，合作双方的品牌资产是品牌联合效果发挥的基础，原有品牌资产的高低直接影响了现有品牌联合效果。在先前的研究中，诸多学者讨论了品牌的声誉、地位、知名度等因素对品牌联合效果的影响，本书认为这些都属于品牌资产的相关范畴。例如，Fang 和 Mishra（2022）在研究中发现，相比于低知名度品牌与低知名度品牌进行品牌联合，当低知名度品牌与高知名度品牌进行品牌联合时，消费者对低知名度品牌的评价的提升程度更高，品牌联合效果更好。van Osselaer 和 Janiszewski（2001）也提出，消费者会对两个高资产的品牌所进行的品牌联合评价更好；当高资产品牌与低资产品牌进行品牌联合时，消费者对低资产品牌的评价更好。与之结果相互印证的是，Aaker（2004）的研究提出，进行联合的品牌联想的积极程度和可信程度正向影响品牌联合的效果。基于信号传递理论，当进行品牌联合时，选择与具有更高声誉或是更高资产的品牌进行合作，消费者对品牌联合的评价更高（Rao and Ruekert，1994）。换句话说，现有的品牌联合对资产较低的品牌具有积极的影响，这是因为较低资产的品牌受益于与一个高资产品牌的积极联系（Broniarczyk and Alba，1994；Levin I P and Levin A M，2000）。

品牌联合的另一个重要因素是品牌排他性。排他性定义一种产品具有可以阻止其他品牌或人拥有/使用该物品的特性（Newmeyer et al.，2014）。高度排他性是指焦点品牌只有一个（或少数几个）合作品牌。例如，苹果公司的 iPhone 最初与美国电话电报公司建立了独家合作。非独家品牌联合是指焦点品牌有许多合作伙伴（如英特尔与许多个人电脑制造商品牌联合）。在高度排他条件下，所有焦点品牌的业绩信息都来自单一合作伙伴关系或品牌本身的信息。当一个品牌形成多重关系（较低的排他性）时，客户可以通过多种方式访问焦点品牌，即消费者可以从多个不同的合作伙伴获得更广泛的焦点品牌信息（Das and Teng，1998；Mowery et al.，1996）。分类文献表明，当消费者在多个标题下对一个品牌进行分类时，他们可能会在遇到或记住任何相关的物品或品牌时回忆或访问该品牌（Keller，2003；Morrin，1999）。相反地，更具排他性的品牌联合策略会限制品牌的分类结构范围，从而导致从焦点品牌的前一个品牌联合层面上分散注意力的程度相对较小。

品牌联合中的排他性可以作为一种承诺机制，限制合作品牌合作伙伴的事后选择，并保护主要品牌合作伙伴不受机会主义行为的影响（Williamson，1983）。在独家合作关系中（即高度排他性），合作伙伴有更强的动机帮助品牌产品转变为持久资产，这可以进一步提升合作关系的价值。此外，主要品牌合作伙伴可以更自由地贡献其能力，因为排他性条款使得关键技术和技能不太可能转移到竞争对手公司（Aghion and Bolton，1987）。因此，从战略和运营的角度来看，独家协议应该有利于品牌合作。同样，从消费者感知的角度来看，排他性可以加强主要合作伙伴的品牌形象（Park et al.，1986），增加了品牌联合产品的独特性，成为品牌竞争优势的来源（Krattenmaker and Salop，1986）。因此，相较于非独家合作，独家品牌合作伙伴往往能够获得更高的市场反应和投资回报。基于这一现象，我们通常认为具有较高排他性的品牌联合关系对提升品牌联合评价更为有利。

此外，由于品牌联合涉及两个品牌之间的合作，所以两个品牌之间的一致性也会影响品牌联合效果。品牌一致性，定义为两个（或更多）品牌形象之间的一致性或契合度（Keller，1993）。品牌一致性可以引出具有积极的品牌联想的品牌联合产品。两个品牌之间的一致性（或称之为匹配度）可以超越消费者对单个品牌的联想。在先前的研究中，品牌一致性已经被证明对品牌联盟的态度有积极的影响（Simonin and Ruth，1998）。一般来说，传统的品牌观都认为消费者对联名产品的评价取决于他们对联名双方是否契合的感知（Monga and Lau-Gesk，2007）。Simonin 和 Ruth（1998）的研究发现，品牌契合度正向影响消费者对品牌联合的评价。当品牌联合产品来自两个互补的品牌，而不是两个被认为非常有利但不互补的品牌时，品牌联合产品的认可度更高（Park et al.，1996）。他们的研究成果验证了认知一致性理论的预测内容，该理论指出，若一个物体不包含令人感到冲突或不协调的元素，个体更倾向于对该物体产生好感，并在多个可选项中选择这一和谐统一的物体。因此，当品牌拥有一致的形象时，积极态度和质量感知的溢出效应更有可能在两个品牌合作伙伴或各自品牌与其品牌联合产品之间转移。对于主品牌制造商来说，这些积极的态度将转化为品牌联合产品更高、更稳定的收益。换句话说，较高的品牌匹配度更加有利于品牌联合结果。

2. 产品层面

品牌联合不同于典型的品牌联盟的关键点在于其会推出新产品。因此，除了品牌层面的影响因素，品牌联合结果的影响因素还有产品层面的影响因素，主要包括品牌联合持续时间（即品牌联合产品存在时间）、产品创新性，以及品牌整合程度。

品牌联合持续时间定义为合作品牌持续的时间长度（Das and Teng，1998；Provan and Gassenheimer，1994）。可以是短期的单个产品（如迪士尼与汉堡王推出的一部电影）或长期的多个产品（如皮克斯与迪士尼合作推出多部电影）或较长的单个产品生命周期（如健怡可乐和 Nutra Sweet）（Webster，1992）。持续时间长的品牌联合使消费者能够观察合作伙伴的品牌，对合作伙伴更熟悉，并更好地衡量重点品牌的表现（Das and Teng，1998）。较长期的安排会使合作品牌反复曝光，在消费者分类结构中加强品牌之间的联系（Alba et al.，1991；Loken et al.，2008）。虽然品牌联合创造的任何额外联系都会增加召回的可能性，从而增加消费者对焦点品牌的考虑，但短期关系意味着这些联系没有很好地建立起来，因为消费者掌握和内化品牌间联系的机会有限。因此，我们通常认为较长的品牌联合关系的持续时间更加有利于品牌联合评价。

既然推出新产品，品牌联合效果的影响因素就必然涉及新产品的创新性。在一项元分析中，Henard 和 Szymanski（2001）发现，平均而言，产品创新性和新产品绩效之间不存在系统关系。然而，Sorescu（2012）观察到，在许多研究中，创新性与业绩（特别是股票业绩）显著相关，但这些研究大多基于高技术产业中高度突出或激进创新的样本。这引发了人们对非高科技行业的产品创新是否会引发股市积极反应的怀疑，特别是因为创新产品会由于市场反应的不确定性而增加其母公司的风险（Sorescu and Spanjol，2008）。然而，通过给这些产品打上两个而不是一个知名品牌的烙印，这种不确定性就减少了（Cao and Sorescu，2013）。这是因为合作品牌能够给这些产品带来积极联想，增加产品新功能的可信度，提升消费者对质量的整体认知，从而转化为更高的股东价值。创新也可能使推出不成功产品的损失最小化。当一个产品品牌扩展失败时，如果该产品与其他公司的相同品牌的产品相似，则母品牌会被稀释(Keller and Aaker, 1992; Loken and John, 1993)。创新产品，尤其是品牌联合的产品，因其与母公司旗下单一品牌的常规产品组合有所差异，在市场表现不佳时，更应注重防范负面联想和品牌形象受损的问题。总体来说，我们预期创新性的品牌联合产品将能够为股东带来更为显著的价值增值效果。

品牌联合还涉及品牌之间的整合程度，即在品牌联合中的合作品牌在实体形式和联合功能上的整合程度（Newmeyer et al.，2014）。换句话说，整合是指合作品牌在形式和功能上相互交织的程度（Newmeyer et al.，2014）。在这种关系中，品牌可以以多种形式呈现，整合程度从非常低的品牌几乎完全独立，在形式和功能上独立（如巴尼斯的星巴克咖啡），到两个品牌完全融合在一起，几乎不可能在形式和功能上分开（如索尼爱立信手机）（Amaldoss and Rapoport，2005）。形式上的整合是指合作品牌在物理上相互交织的程度。品牌在物理上是不可分割的，因此消费者无法分辨每个品牌的贡献从哪里开始或停止。相反，品牌联合可以呈现两种商品，但它们对消费者来说在物理上仍然是独立的。功能上的整合指的是品牌之间如何相互依赖，以使产品正常工作并提供最高水平的效用。在高度整合的条件下，多个品牌组合在一起形成一个完整的产品，品牌联合使用达到最高的效用水平。Park 等（1996）以 Godiva 的快速瘦身蛋糕粉为例，指出其代表了一种新的、共同开发的产品，品牌在形式和用途上完全融合。此外，Venkatesh 和 Mahajan（1997）用“英特尔内部”（Intel Inside）对康柏电脑进行了分析，这两个品牌在物理上可以区分，但在功能上却相互交织。相比之下，低度整合是品牌的联合展示，在很大程度上保持了独立的形式，联合使用可能是可取的，但肯定不是必要的。例如，Hamilton 和 Koukova（2008）研究了包含独立产品的混合包，如戴尔个人电脑和利盟打印机，其中品牌既有个人效用，也有联合效用。Samu 等（1999）

考虑联合促销，如鲜果布衣（Fruit of the Loom）和道奇 Ram 的广告是保持各自独立形式、功能和身份的品牌的联合展示。总的来说，我们可以看出，高度整合的品牌联合更加有利于品牌联合评价。

3. 消费者层面

品牌联合策略的采用是否成功最终还是需要依据于消费者的反应，因此我们进一步讨论了消费者层面的因素。消费者层面的因素是品牌联合研究中较少被讨论的，主要的讨论集中在消费者经验上。根据我们的传统认知，消费者更依赖产品体验提供的信息，而不是从其他来源获得的信息（Kempf and Smith，1998）。具体来说，品牌联合产品的尝试可能会对消费者产生不同的行为溢出效应，这取决于他们之前对主品牌和成分品牌的熟悉程度。在先前未曾使用过该品牌或对该品牌忠诚度不高的消费者群体中，他们对主品牌和合作品牌的认知结构往往不够完整。在这种先验知识较为有限的情况下，品牌联合推出的新产品所提供的信息更具诊断价值，能帮助消费者更好地理解和评估这一新产品（Fazio et al.，1989）。这些更具诊断价值的信息有更强的影响（Anderson，1981），因此，在这一类非用户和非忠实用户中，品牌联合所传递的信息会对参与合作的品牌产生显著的行为溢出效应，即影响他们对该品牌的态度和行为选择。相反，那些已经拥有丰富经验和高度忠诚于母品牌的消费者已形成了较为完善的品牌联想网络（Keller，1993）。因此，在这些消费者中，品牌联合新产品提供的额外信息的诊断价值相对较小，进而导致行为溢出效应的可能性和力度也相对受限。因此，品牌联合产品的试用可能会对主品牌和成分品牌的购买产生显著的行为溢出影响，特别是在主品牌和成分品牌的先前非用户或先前非忠实用户之间。van Osselaer 和 Janiszewski（2001）发现，品牌联合是否会对合作品牌产生有利影响，取决于消费者首先体验的是品牌联合还是合作品牌。Washburn 等（2000）认为，消费者对品牌联合产品的试用可以强化其对品牌联合以及合作品牌的评价。Bengtsson（2002）的研究发现，消费者亲身体验品牌联合有助于其明确察觉到品牌联合进而对联合给予积极的评价。

5.2　物质型和体验型消费

5.2.1　物质型和体验型消费的概念

在消费者行为的研究中，学者将消费者的购买行为分为两类：物质型购买（material purchase）和体验型购买（experiential purchase）。van Boven 和 Gilovich

（2003）将体验型购买定义为以获得生活体验为主要目的而进行的购买，即一个人在生活中经历的一个事件或一系列事件；将物质型购买定义为以获得物质商品为主要目的而进行的购买，即保存在自己手中的有形物品。根据定义，物质型购买和体验型购买的一个重要区别是它们的有形性（Goodman et al.，2016，2019；van Boven and Gilovich，2003）。物质永久存在于物质世界，而体验是短暂的。在这个物质—体验的连续统一体的一端是物质型购买，物质型产品是有形的，物质型购买的目的是获得实物商品；另一端是体验型购买，即人们经历的事件，体验型购买的目的是获得一种体验（Gilovich et al., 2015; Goodman et al., 2019; Nicolao et al.，2009；van Boven and Gilovich，2003）。虽然这两种类型并不可以被消费者精确地区分开，但消费者面对具体的产品时总会有这种分类的直觉，可以很容易地将产品放在物质—体验的连续频谱上的某一处（Gilovich et al., 2015; van Boven and Gilovich，2003）。

除了有形性，体验型和物质型产品在其他几个方面也有所不同。van Boven 和 Gilovich（2003）研究的一个核心挑战是在体验和物质之间划出一个区别，它既在理论上有意义，又在日常生活中产生直觉上的共鸣。一个直观的、易于识别的区别将有助于实现帮助个人决定如何分配其自由支配资源的实际目标。当然，困难在于这种区分并不总是泾渭分明的。几乎每个人都认为在阿尔卑斯雪山滑雪是一种体验，而一只新的劳力士手表则是一种物质上的实体拥有。但是有很多产品存在歧义，如汽车。汽车是体验型的产品还是物质型的产品？这种歧义造成了体验型购买和物质型购买解释上的困难。即使在某些情况下，区分物质型产品和体验型产品变得较为困难，但这并不意味着对两者进行区分失去了意义。就像在黄昏时分，很难分辨到底是白天还是黑夜，但这并不影响昼夜之间的一般区别的效用。

有一项关于物质和体验的研究提出，任何导致消费的购买都可以由消费者沿着两个创造价值的维度来看待和判断，而不是把物质和体验放在一个连续体的相反的两端（Schmitt et al., 2015）。这两个维度分别是：物质主义（materialism）和体验主义（experientialism）。物质主义，即基于对购买和消费的物质和金钱方面的感知为消费者创造的价值；体验主义，即基于对购买的体验方面的感知创造的价值。换句话说，消费者感知的价值既有物质的成分，也有体验的成分。在购买和消费商品或服务时，以及在判断和回忆它们时，消费者可以从物质和体验两方面获得幸福感和相关的心理价值。对于一件消费品（如手表），关注物质维度时，消费者可能会评估他们是否收到了一笔好交易、手表是否具有货币价值、时间是否准确、是否容易转卖或交换。消费者关注的是体验维度时，他们可能会评估设计和它的美学或手表是否是一件精致的工艺品，或者可能会回忆起购买这款手表的特殊时刻。消费者感知的价值可能在两个方面都很低（如这个手表可能只是一块显示时间的普通手表），或者在一个方面很高而在另一个方面很低（如手表时间性能优越但看起来不美观，或者看起来很时尚但是功能单一），或者两个方面都很高（如手表的工艺和美学都很好，转售价值很高）。如果是一项体验型服务，如去三亚度假的体验，在物质维度，消费者可能会判断航班、酒店和餐馆的货币价值；在体验维度，消费者可以考虑景点的景色、沙滩和度假的乐趣。换句话说，并不是某些商品或服务本质上是物质的而构成物质型购买，而其他商品或服务本质上是体验的而构成体验型购买。相反，对消费者来说，这是唯物主义和体验主义的混合，以及这两个维度如何在特定的购买和消费情况下表现自己。

研究者的关键目标是理解物质价值和体验价值是如何独立和共同创造的，而不是让两者相互对立。在这方面，我们预计会有个体特征、环境和文化背景等方面差异。有些人比其他人更追求物质主义，他们从物质财富中获得更多的幸福（Rindfleisch and Burroughs，2004）。死亡显著性是物质主义倾向的先决条件（Arndt et al.，2004；Rindfleisch and Burroughs，2004）。奢侈品可能会比大众市场产品提供更多的体验（Atwal and Williams，2009；Berthon et al.，2009）。此外，某些文化，如佛教文化，可能不如西方文化那么重视物质（Inglehart，1997，2000；Inglehart and Welzel，2005；Rindfleisch and Burroughs，2004）。因此，我们认为将物质和体验看待为完全对立的两个极端是不合适的，将之视为一个连续变量的两端是更合理的。同时，虽然这是一个连续统一体，但研究人员经常将其分为物质型购买和体验型购买，因为消费者可以很容易地将它们区分开来（Gilovich et al.，2015；Nicolao et al.，2009；Pham，2015；van Boven and Gilovich，2003）。

5.2.2　物质型和体验型消费的相关研究

迄今关于物质和体验的研究集中在体验和物质的直接影响上，如体验（如迪士尼乐园）的某些特性可能会以不同于物质（如劳力士手表）的特性的方式影响幸福感知。与物质拥有相比，体验更可能满足心理需求（Howell and Hill，2009），在人们的自我叙述中扮演了更为突出的角色（Carter and Gilovich，2012），具有更持久的享乐性（Nicolao et al.，2009），更倾向于有利的抽象解释（van Boven，2005）。人们的体验倾向于在回忆过程中进行积极的重构（Mitchell et al.，1997）。此外，相关研究表明，与物质拥有相比，体验型消费与一个人的自我认同更紧密地联系在一起（Carte and Gilovich，2012），并且更难与被放弃的替代品进行比较（Carter and Gilovich，2010），更难以被其他选项所替换（Rosenzweig and Gilovich，2012），具有更慢的享乐适应速度（Nicolao et al.，2009），更有可能诱发强烈的情绪（Chan and Mogilner，2017），会经常去与他人进行分享（Caprariello and Reis，2013；Kumar and Gilovich，2015）。总的来说，迄今比较体验型购买和物质型购买的研究主要集中在理解这些购买的结果，如幸福（van Boven and Gilovich，2003）、满意（Carter and Gilovich，2010）、感激（Walker et al.，2016）和遗憾（Rosenzweig and Gilovich，2012），以及它们对人际关系的影响（Chan and Mogilner，2017）。因此，我们主要围绕先前研究中探讨的体验型购买与物质型购买所带来的不同影响进行了系统梳理，涵盖了被广泛讨论的社会性维度上的影响，以及近年来备受关注的时间维度上与抽象和具体维度上的影响。

1. 社会性维度上的影响

最初关于比较物质型购买和体验型购买的研究关注的是其对幸福感的影响。在一系列的开创性研究中，van Boven 和 Gilovich（2003）发现，人们普遍宣称把可支配的钱花在生活体验上比花在物质财富上更幸福。这些研究者将生活体验定义为一个人经历的事件或一系列事件，如出国度假，在镇上度过一个夜晚，或在当地咖啡馆度过一个下午，而不是获得并拥有某项实体的东西。这种效应已经通过实验得到证实，并在其他更加广泛的样本中得到了复制（Howell and Hill，2009；Nicolao et al.，2009）。此外，一个更具有可靠性的实验再次肯定了这个结论，该样本中既有假设的也有实际的购买行为，因此这个结论排除了社会期望偏差（van Boven and Gilovich，2003）。正如 van Boven 和 Gilovich（2003）的结论，如果人们在体验上的花费多于物质财产，他们将更加幸福。

随后，Dunn 等（2011）提出，如果金钱不能让你感到幸福，那么可能是你花钱的方式不对。先前的研究结果显示，金钱和幸福之间只有适度的相关性（Deaton et al.，2008；Diener and Biswas-Diener，2002；Easterlin，1974；Frank，1999；Howell R T and Howell C J，2008；Scitovsky，1976）。体验和物质财富在不同的方面有本质的不同，所有差异都可能导致它们对幸福产生不同的影响（Carter and Gilovich，2010，2012；Howell and Hill，2009；Nicolao et al.，2009；Rosenzweig and Gilovich，2012）。人们对金钱和幸福之间的联系越来越感兴趣，而且某些类型的支出与幸福的联系可能比其他类型的支出更密切。因此，关于什么类型的支出最有可能使人产生幸福感成为研究人员讨论的话题。

基于物质和体验对消费者幸福感的影响差异，研究者开始关注起物质型产品和体验型产品带来的一些有意义的心理差异，这对如何理解消费者花费时间和金钱非常有价值（Pham，2015）。例如，一些研究人员提出了这样一个命题：与物质财产相比，体验可能具有内在的更大的社会性（Howell and Hill，2009；Nicolao et al.，2009），这是影响幸福感的关键机制（van Boven and Gilovich，2003；Carter and Gilovich，2010，2012；Howell and Hill，2009；Nicolao et al.，2009）。此后，更多的学者陆续将关注点扩展到了体验型和物质型购买产生的社会性维度的影响。研究者发现，与物质型购买相比，体验型购买不仅能带来更多的幸福（van Boven and Gilovich，2003），而且往往更具有社会性（Caprariello and Reis，2013），更不具有可比性（Carter and Gilovich，2010），对一个人的身份更重要（Carter and Gilovich，2012），消费者适应得更慢（Nicolao et al.，2009），也不太会被当作礼物送人（Goodman and Lim，2018）。即使在花了钱之后，与体验相比，物质的满足感更有可能因为想到没有购买的东西而被削弱（Carter and Gilovich，2010）和后悔钱是怎么花的（Rosenzweig and Gilovich，2012）。

此外，正如研究人员所表明的，体验被认为具有更大的情感价值（Nicolao et al.，2009；van Boven，2005；van Boven and Gilovich，2003）。相比于体验型产品的社会性本质，物质型产品在本质上更倾向于孤独性，也就是说，大多数物质型购买的目的是单独使用，而不是与他人分享。与独立依存的情境相比，情感价值在相互依存的情境中更容易被放大（Jaremka et al.，2011；Luminet et al.，2000）。例如，在一项经典的研究中，投球手在打出高分全中或空中球后，面对观众时比面对球更容易明显地表达出快乐（Kraut and Johnston，1979）。当人们回忆平凡的一天时，对于涉及亲密关系的经历比当天的其他个人事件的反应更积极，也通常被评为所有日常经历中最积极的体验（Kahneman et al.，2004；White and Dolan，2009）。对非凡体验的定性分析（Abrahams，1986）同样表明，消费者从其体验中获得个人意义的关键在于群体性（Turner V and Turner E，1978）。Arnould 和 Price（1993）对长时间漂流旅行的定性分析表明，参与者与导游和其他参与者新建立的关系是在旅行过程中体验自我更新的基础。其他更多的证据也表明，单独的体验不如与他人一起的体验有价值。换句话说，把自己的主观体验与他人进行分享更能培养联系感，而仅仅是自我分享只能产生孤立感（Pinel et al.，2006）。社会联系与消费者幸福感息息相关（Lyubomirsky et al.，2005）。

体验也往往比物质有更多的叙事结构（van Boven and Gilovich，2003），因此体验更容易被他人谈论。分享的体验有助于在体验后重新进行愉快的社交互动，分享体验型产品比物质型产品更能满足消费者归属感的需要（Howell and Hill，2009），这也是促进幸福感的必要成分（Baumeister and Leary，1995；Ryan and Deci，2000）。在其他条件相同的情况下，社会互动与积极情感相关（Emmons and Diener，1986；Watson et al.，1992）。例如，相比于那些没有发生积极社会互动的日子，人们在经历了发生积极社会互动的日子（如与朋友共享午餐时光）后，会体验到更高的幸福感（Gable et al.，2000；Reis et al.，2000）。而且，这种由社交互动带来的快乐感受，并不受当天个人生活其他积极事件的影响，具有独立性（Nezlek，2002；Nezlek et al.，2001；Reis et al.，2000）。还有研究表明，与他人谈论积极的生活事件可以增加幸福感，并且超过事件本身的情感价值（Gable et al., 2006; Reis et al., 2010）。Caprariello 和 Reis（2013）发现群体性的体验比孤独的个人体验更能让人快乐。

基于以上所述的社会性维度的影响，我们认为，如果体验创造了社会互动的机会，就有理由相信这些互动可能对幸福感产生影响（Gable et al., 2000; Jaremka et al., 2011; Reis et al., 2000）。当然，并不是所有社会互动都是积极的，社会互动中的冲突或其他令人厌恶的品质是不会提高幸福感的（Miller, 1997），但总的来说，社会性的体验更多地倾向于是积极的而非消极的（Reis and Gable, 2003; Watson et al., 1992）。在积极体验的范围内，不同的属性可能对幸福有不同的影响。一个人与他人分享（Pinel et al., 2006），参与新颖刺激、激动人心或富有激情的活动（Aron et al., 2000; Philippe et al., 2010），建立深厚的亲密关系（Reis et al., 2004），甚至仅仅是享受愉悦的社交互动，都有可能极大地提升其幸福感。这种积极情绪反过来又能促进社会联系的建立与发展，强化社会交往与积极情感之间的相互联系（Fredrickson, 2001）。

此外，拥有物质财富也可能会对社会生活产生影响。例如，物质型产品的价值经常会被与其他物质型产品进行比较和评估（Frank, 1999）。自我展示通常会激励人们购买物质型产品，如想要彰显独特性（Berger and Heath, 2007）、地位（Griskevicius et al., 2007）和身份认同（Belk, 1988）或增强自尊（Escalas and Bettman, 2003）。然而，物质财产的分享并非达成自我呈现目的的必备手段，甚至可能事与愿违，因为不慷慨是唯物主义价值观的核心部分（Belk, 1985）。沿着这一逻辑思路，相较于长期倾向于体验主义的人来说，那些相对更偏向物质主义的个体常被认为更加自私和以自我为中心（van Boven et al., 2010）。因此，物质型产品往往不具备体验型产品所固有的核心特质，而恰恰是这些特质使得体验型产品更容易提高幸福感。Caprariello 和 Reis（2013）发现，没有他人参与的体验很可能被认为不比物质财富更有价值，甚至可能更没有价值。谈论自己的体验可以增加积极的影响，超过从体验本身产生的影响（Reis et al., 2010），快乐往往会通过与他人分享这一经历而增强（Jaremka et al., 2011）。因此，把钱花在体验上相对于物质财富的优势可归因于体验的社会性质及其对幸福的影响，而不是体验本身。推而广之，物质财富的价值可以通过他人的参与而提高（Caprariello and Reis, 2013）。

一些物质型产品的设计是为了促进社会互动（如桌游、运动设备和家庭活动室的立体声系统）。社会互动可能是一种概念商品，人们购买它的动机是增加幸福感，高于并超越获得生活体验本身的动机（Ariely and Norton, 2009）。花钱分享体验型产品或物质型产品可能直接转化为与他人关系的心理投资（Belk and Coon,

1993；Dahl et al.，2009），可能增加双方对关系的承诺（Goodfriend and Agnew，2008）。人们可能会根据这一认识策略性地为此目的花钱（如在被拒绝后重新加入）（Mead et al.，2011）。功利的、基于需求的商品比享乐的、自由支配的商品更容易被分享或共同拥有（Belk，2010；Dhar and Wertenbroch，2000）。如果社会交往对幸福感的影响真如众多研究所揭示的那样至关重要，那么将自由支配的物质财富更多地用于增进社交联系，可能比单纯用于个人消费更能提升幸福感。已有研究显示（Dunn et al.，2008），在他人身上花费金钱相较于为自己花费更能使人感受到快乐。尽管有证据表明，金钱问题的思考往往会让人与他人产生心理隔阂（Vohs et al.，2006），但在他人身上投资或是与他人共享消费，却有可能打破这种过度依赖自给自足的心态，提供一条获得持续幸福感的有效途径（Lyubomirsky et al.，2005；Sheldon and Lyubomirsky，2006）。

2. 时间维度上的影响

除了在社会性维度上的影响，随着时间推移，物质型购买与体验型购买的消费模式也有所不同。大多数物质商品（如黑胶唱片或按摩器）有较长的使用时间，而大多数体验（如音乐会或按摩）往往只有较短的使用时间。我们将这种差异称为效用持续时间。虽然物质型产品几乎总是长期存在的（否则它们就会变成一种体验，如吃一顿饭或租一辆跑车一天），但在少数例外情况下，体验也可以持续更久。例如，按摩可以持续一小时，也可以购买长期的按摩会员套餐；去游乐园可以是一次性的活动，也可以购买年度会员资格。简而言之，常见情况是与大多数物质型产品相比，体验往往在较短的时间内提供效用。

大多数物质型产品在一段较长的时间内提供较小的效用，而体验型产品的效用则在更密集但更短的一段时间内体现出来（Shu and Gneezy，2010；Weidman and Dunn，2016）。根据这一差异，消费者发现，当他们重视所购商品的耐用性和使用寿命时，物质型产品的购买更具吸引力（Tully et al.，2015），他们考虑耐久性的话更有可能选择物质型产品，而不是体验型产品（Goodman et al.，2016）。进一步支持这一观点的是，一项追踪短暂快乐的研究发现，体验型购买导致不那么频繁但更强烈的快乐，而物质型购买导致更频繁但不那么强烈的快乐（Weidman and Dunn，2016）。

此外，一些研究对比分析了体验型购买与物质型购买在购买决策前的不同特点（Dai et al.，2020）。研究结果显示，消费者在预想和讨论未来的体验式消费时，能从中获得更大的满足感（Kumar et al.，2014；Kumar and Gilovich，2015），因此在购买体验型产品前，他们往往愿意等待更长的时间，相比之下，对于物质型产品则没有如此高的等待意愿（Kumar and Gilovich，2015）。另外，在经济状况紧张时，消费者会选择购买物质型产品而非体验型产品（Tully et al.，2015），同时，他们在预估哪种消费方式更划算时，往往认为物质型产品是更佳的金钱使用方式（Pchelin and Howell，2014）。此外，尽管人们普遍认为物质型产品作为礼物或许更合适（Goodman and Lim，2018），但在庆祝特定生活事件时，他们又倾向于认为体验型产品更能符合场合需求（Goodman et al.，2016）。

3. 抽象和具体维度上的影响

除了社会性维度和时间维度上的影响，物质型和体验型产品还在具体和抽象解释的维度上有显著差异。物质型产品比体验型产品更具体，而体验型产品更倾向抽象解释（van Boven，2005）。这种无论是表征上（Malkoc and Zauberman，2006）还是解释水平上的（Malkoc et al.，2010）具体性相比于抽象性都会对消费者产生影响。例如，人们可能会认为，物质型产品，即更具体的物品，会比体验型的同类物品表现出更大的折扣（Goodman et al.，2019）。

此外，具体和抽象维度上的影响还表现在消费者对产品的质量评估上。消费者对产品进行评估通常是在比较的情境下进行的（Zeithaml，1988）。同一个物质型产品是经过流水线生产的，对于不同的消费者来说是相同的，而同一个体验型产品对于不同的消费者来说可能是独一无二的（Eliashberg and Sawhney，1994）。例如，同样型号的相机对于不同的消费者而言都是提供相同的功能属性，而同样的迪士尼乐园之旅对于不同的消费者而言可能是完全不同的体验。考虑到虽然价格和个人品位可能会起作用，但影响消费者对购买选择的整体评估的一个关键因素是它的客观质量（Johansson et al.，1985；Zeithaml，1988）。基于质量的评估反映了消费者对产品整体优势的判断（Zeithaml，1988），而产品之间的垂直差异允许客观地对选项进行排名（de Langhe et al.，2016；Tirole，1988）。Spiller 和 Belogolova（2017）的研究发现，个人在质量评估信念上存在很大差异，也就是说，他们对购买的评估在很大程度上是基于其客观质量的信念。例如，当解释他们的选择时，一些人更可能将他们选择的选项描述得比另一个选项更好，并把他们所选择的选项的优越性视为事实。

物质型产品的属性往往更客观和可量化，这有助于消费者从最差的到最好的连续比较选项，而体验型产品的属性往往更主观，这使得它们更难在选项之间进行比较（Holbrook and Hirschman，1982）。例如，热水浴缸是根据加热速度、压力水平、喷嘴数量、材料耐久性等来判断的，根据这些因素可以客观地对选项进行排序和比较。相比之下，人们对温泉疗养地的评价通常是基于装饰、景观、服务等特点，这些都是主观的评价。总的来说，相比于物质型产品，不同消费者、不同时间选择的体验型产品不太具有可比性（Carter and Gilovich，2010；

Rosenzweig and Gilovich，2012）。质量判断往往是依赖于这种可比性来对期望值进行相对排序（de Langhe et al.，2016；Spiller and Belogolova，2017；Zeithaml，1988）。因此，Da 等（2020）的研究提出，相较于物质产品，人们通常认为对体验型产品的评价更多地取决于主观感受，而非产品的客观性能指标。

5.3　奢侈品品牌

5.3.1　奢侈品品牌的概念

基于经济学和社会学角度的焦点差异，奢侈品的定义十分纷杂（van der Veen，2003）。同样由于奢侈品品牌的主观性质，在商业和非商业环境中的奢侈品品牌同样缺乏共识（Kapferer，1997，2012；Kauppinen-Räisänen et al.，2019）。例如，奢侈品的一个传统定义是，仅仅使用或展示某一特定品牌的产品就能带来所有者的声望，而不是任何功能性效用（Grossman and Shapiro，1988）。从消费者的角度来看，奢侈品品牌定义则是基于消费者生活体验的主观感受的，而不是基于产品本身的（Bauer et al.，2011；Kauppinen-Räisänen et al.，2019）。例如，奢侈品品牌被认为是情感上重要的刺激，有能力唤起与之联系的消费者的快乐反应（Hagtvedt and Patrick，2009；Pozharliev et al.，2015），这导致奢侈品品牌研究从传统的特征和效益方法转向更受情感驱动的范式（Atwal and Williams，2009）。

对于研究人员来说，奢侈品品牌目前还没有一个被广泛接受的定义。例如，美国市场营销协会的术语词典中没有奢侈品、奢侈品品牌或奢侈品营销的定义。然而，许多学科的学者试图定义什么是奢侈品品牌，但没有达成明确的共识。奢侈品的定义和衡量是高度主观的，尽管奢侈品本身并不是一个主观的建构（Godey et al.，2012）。一些符号学学者认为，奢侈的某些准则是跨越学科和年龄的、一致的（Larraufie and Kourdoughli，2014），学者们在定义奢侈品品牌时面临许多挑战，包括奢侈品是一个相对概念的事实（Mortelmans，2005），以及对什么构成奢侈品的看法随时间而波动（Cristini et al.，2017）。Miller 和 Mills（2012）指出，由于存在上述以及其他类似的挑战，以往的研究在奢侈品品牌的定义、操纵方式及衡量标准方面普遍存在模糊不清的现象。这一结论呼应了早先研究者对于奢侈品营销领域需确立更精确定义的迫切诉求（Berthon et al.，2009）。

基于对文献的回顾，本章采用 Ko 等（2019）关于奢侈品品牌的定义，即一个品牌是否被认为是奢侈品最终取决于消费者对该品牌的评价。消费者认为奢侈品应具有以下特征：高质量；通过期望的利益提供真实的价值，无论是功能上的还是情感上的；在市场上有良好的形象，如工艺、工艺或服务质量；值得收取高价；能够与消费者产生深刻的联系或共鸣（Ko et al.，2019）。

5.3.2 奢侈品消费的相关研究

文献中一致的主题是，消费者购买奢侈品品牌的动机不同于其他品牌。大量的研究调查了消费者购买或渴望购买奢侈品品牌的原因（Chandon et al.，2016）。从消费者的角度来看，进行奢侈品消费的原因有很多，如提升社会经济地位（Kessous and Valette-Florence，2019；Roux et al.，2017）、社会心理效益（Stathopoulou and Balabanis，2019）、情感价值（Saran et al.，2016）、社会认同（Kauppinen-Räisänen et al.，2018）和大众声望（Paul，2015，2019）等。

奢侈品研究领域中最为人熟知的一个观点是，个人消费奢侈品是为了向他人展示自己的地位。地位需求被定义为一种购买商品和服务的倾向，以获得它们赋予其所有者的地位或社会声望价值（Eastman et al.，1999）。地位起源于古代社会，那时每个人都在社会等级中占有一席之地。财富和社会地位不可分割地联系在一起，经济学家和社会学家凡勃伦（Veblen）在其经典著作《有闲阶级论》中提出，财富的积累并不是真正赋予地位的东西。相反，赋予地位的是财富的证据，这一现象他称之为炫耀性消费，即通过挥霍和不必要的消费行为来展现财富。Veblen（1899）提出，个人以一种高度可见的方式消费，是为了向他人表明自己的财富，而其他人则据此推断其地位和权力。此后，Mauss（1954）将炫耀性消费与礼物赠送联系起来，发现看似非理性的礼物交换是为了在声望经济中获得地位。这一早期关于奢侈品的研究对信号理论产生了影响，具体来说，即个体可能会为了社会声望相关的利益而从事表面上看来代价高昂的行为，如购买奢侈品（Bird and Smith，2005）。已有文献表明，为了地位和价值而消费奢侈品，既能让消费者向社会上重要的人表达自己的身份，也能潜在地提高自身。在一系列实验中，Han等（2010）发现，地位是奢侈品消费的一个关键动机。因此，地位动机是人们对奢侈品偏好的一个关键潜在因素，即消费者通过购买和消费奢侈品向自己和他人传递信息的欲望。具体来说，对这些有声望产品的消费可以向适当的受众（包括自己）传递地位、财富、权力、品位和成就的信号（Berger and Ward，2010；Han et al.，2010；Ko et al.，2019）。

此外，Bearden 和 Etzel（1982）利用凡勃伦的理论进一步发现，在公共场所消费的奢侈品本质上更容易引人注目。这是因为，人们普遍认同，人们会根据他人购买或使用的商品来推断他人（Belk et al.，1982；Burroughs et al.，1991；Richins，1994）。市场营销方面的研究也认识到商品在消费者生活中的象征作用（Belk，1988；Levy，1959；Solomon，1983）。许多奢侈品的衡量方式都将显著性作为奢侈品消费的一个关键维度（Dubois et al.，2001；Vigneron and Johnson，2004）。此外，Richins（1994）指出，可以用某人拥有的东西来衡量他的成功程度。象征成功的物品往往绝对价值计算价格较高，或相对于同类产品的平均成本而言价格昂贵（Fournier and Richins，1991）。Charles 等（2007）认为，有地位的商品出现在高可见度的类别中，在这些类别中，更高的支出通常与更高的收入有关，如汽车（如宾利）、时装（如迪奥）和珠宝（如蒂芙尼）。市场营销人员明白，在平庸的产品中增加有效吸引力的常见方法是附加高价格（Eastman et al.，1999；O'Cass and Frost，2002）。消费者会为功能相当的商品支付更高的价格，因为他们渴望这种物质财富展示所带来的地位（Bagwell and Bernheim，1996）。在某些方面，更高的价格本身会让消费者觉得自己是少数有能力购买产品的人之一（Garfein，1989）。

奢侈品消费动机中另一个流行的理论是社会比较理论，即以他人的推论和感知为中心。社会比较理论被用来解释不同类型的奢侈品消费动机。例如，Wiedmann 等（2009）提出，由于社会比较理论预测人们倾向于遵从其成员群体的多数意见，所以他们可能会使用同一个奢侈品品牌来符合社会标准。Mandel 等（2006）利用社会比较理论假设，与成功的他人进行比较可以使消费者想象自己取得了相似的成功水平，进而改变他们对未来的期望，使他们更喜欢奢侈品品牌。消费者从一个特定的品牌中获得的象征意义通常是基于品牌与其用户或购买该品牌的消费者类型之间的联系（Muniz and O'Guinn，2001）。消费者受群体（Bearden and Etzel，1982；Whittler and Spira，2002）、他们渴望成为的人（Escalas and Bettman，2003，2005）以及他们希望避免与之联系在一起的人的影响（White and Dahl，2006，2007）。换句话说，谁使用一个品牌是品牌形象的组成部分，并有助于解释为什么消费者被某些品牌所吸引，而远离其他品牌（Sirgy，1982）。

另外一种传统观点认为，消费者之所以购买奢侈品是因为它们的独特性和稀有性。Snyder 和 Fromkin（1977）的独特性理论提出，当社会环境中有太多相似之处时，个体会发展出将自己与他人区分开来的需求。Tian 等（2001）的消费者独特性需求概念认为，消费者通过消费追求相对于他人的差异性，目的是发展和提升自我及社会形象。因价格高和分销受限而固有的稀缺性，使奢侈品成为那些试图向他人展示独特性的人的可选品类（Bian and Forsythe，2012）。总的来说，上述理论提供了丰富的概念视角。

此外，在不同的文化背景下，消费者进行奢侈品消费的动机也会有差异。研究人员已经认识到文化背景在影响消费者行为中的作用，包括跨文化观察到的感知和认知差异（Kastanakis and Voyer，2014）。Shukla 和 Purani（2012）通过在印度和英国的商场进行拦截调查，证明了价值感知在影响奢侈品购买意愿方面的作用。研究结果表明，在个人主义市场中的消费者可能难以通过奢侈品消费反映他们的自我形象，而在集体主义文化中，奢侈品被视为获得社会认可的一种手段。

Bian 和 Forsythe（2012）关注个人主义和集体主义这一关键文化差异是否会导致购买奢侈品品牌的动机不同。一项针对美国和中国学生的调查考察了独特性需求、自我监控和社会功能态度对购买意愿的影响。结果表明，对奢侈品的态度具有重要的社会功能，影响着情感和行为。然而，集体主义并不是导致中国学生都渴望同一品牌的力量。此外，Kastanakis 和 Balabanis（2012）发现，具有相互依赖的自我概念的消费者更有可能参与从众奢侈品消费，而独立的自我概念则不鼓励这种行为。消费文化理论（Arnould and Thompson，2005）和 Belk（1988）提出的有关扩展自我的概念为许多研究人员理解奢侈品消费动机提供了依据。扩展的自我有助于解释奢侈品在消费者生活中的象征作用（Han et al.，2010）。消费者使用物质财产来形成和改变他们的身份，以符合他们对自己是谁和希望成为谁的预测（Belk，1988）。拥有和消费奢侈品品牌的价值体现在自我扩展的能力上（Hung et al.，2011）。自我概念理论是学者研究奢侈品消费的一个视角。自我概念与一个人对自己的感觉有关（Gil et al.，2017），是奢侈品消费的潜在动机。奢侈品品牌可以通过拥有或赠送礼物让消费者自我感觉良好来吸引自我概念（Shukla and Purani，2012）。最近的研究还表明，一个人的自我概念取向会影响对某些类型奢侈品的偏好消费。

总的来说，奢侈品消费取决于许多因素。例如，社会和文化因素，如规范性影响（Jain and Khan，2017；Prentice and Loureiro，2018）。还有研究提出，物质主义（Audrin et al.，2017；Kapferer and Valette-Florence，2019）和炫耀性消费（Makkar and Yap，2018；Zhang and Zhao，2019）是影响奢侈品购买态度和行为的主要因素。一些研究还表明，个人因素，如收入（Dubois and Duquesne，1993；Kapferer and Laurent，2016）、知识（Roux et al.，2017；Zhang et al.，2019）、个性（Li et al.，2012；Gil et al.，2017；Kauppinen-Räisänen et al.，2018；Saran et al.，2016；Willems et al.，2012）、自我赠予（Kauppinen-Räisänen et al.，2014）和自我和谐（Janssen et al.，2017；Makkar and Yap，2018）在奢侈品购买和接受度方面发挥着关键作用。奢侈品消费所依赖的其他因素还包括个人价值观（Salehzadeh and Pool，2017）、自我馈赠标准（Kauppinen-Räisänen et al.，2014）、自我成功（Kapferer and Valette-Florence，2019）、遗产（Lacroix and Jolibert，2017），以及消费奢侈品所带来的新鲜感（Kim et al.，2012）及满意度（Prentice and Loureiro，2018；Shimul and Phau，2018）。文献也认为个人特定因素在奢侈品购买决策中会起作用，如年龄（Amatulli et al.，2015；Kapferer and Laurent，2016）、性别（Roux et al.，2017）和自我一致性（Janssen et al.，2017；Makkar and Yap，2018）。Soh 等（2017）还认为，朋友和家庭的角色是影响消费者行为的重要前因。此外，当奢侈品品牌的产品是独家的（Stathopoulou and Balabanis，2019）、正宗的（Cheah et al.，2016）、定制的（Yoo and Park，2016）、创意的（Cheah et al.，2016）、历史悠久的（Kessous and Valette-Florence，2019）和使用创新的营销策略（Janssen et al.，2017）时，消费者购买奢侈品的可能性也会增加。其他因素包括高质量的产品（Soh et al.，2017）、独家奢侈品服务（Shukla et al.，2016）、有吸引力的网站设计（Kim et al.，2015）和品牌资产（Hwang and Han，2014）。奢侈品消费背后的动机是满足功能性、个人、财务和社交需求（Eng and Bogaert，2010）。

5.4　感知经济流动性

5.4.1　感知经济流动性的概念

感知经济流动性指的是个人对于社会能在多大程度上使人们通过自己的努力获得更高的社会经济地位的看法（Kwon and Yi，2019；Yoon and Kim，2016）。社会地位通常被定义为一个人在社会结构中的相对社会经济地位（Bobo and Zubrinsky，1996；Yoon and Kim，2018），相关研究往往通过衡量或操纵社会经济地位，关注一个人与他人的财务安置的差异所带来的影响（Kraus et al.，2010；Mittal and Griskevicius，2014）。拥有更多或更少的社会经济资源决定了一个人在他的生活中选择的数量（Kraus and Stephens，2012）。事实上，社会经济地位高的人有更多的机会积极地塑造他们的生活（如教育、网络），而社会经济地位低的人往往缺乏这样的机会（Lachman and Weaver，1998）。本书关注消费者感知经济流动性，是因为一个人的社会经济地位在现代社会中并不一定是固定的。即使在一个社会中，人们也会感知到不同水平的流动性（Kraus and Tan，2015；Yoon and Kim，2018）。感知经济流动性反映了人们对未来经济结果的信念，取决于实现向上流动的必要步骤，如努力工作（Yoon and Kim，2016）。此外，当人们相信他们有能力纠正他们所认识到的财富差距时，他们会通过传统的积累财富的方式，包括努力工作和储蓄来寻求经济成就（Hafer and Olson，1993；Kwon and Yi，2019）。

感知经济流动性可以被概念化为一种个人信念，即一个社会使其成员在相对地位的经济阶梯向上移动的程度（Davidai and Gilovich，2015；Yoon and Wong，2014）。特别是，感知经济流动性关注的是人们对实现向上流动的必要步骤（如努力工作）所决定的未来经济结果的信念。感知经济流动性高的人可能认为只要努力追求就能获得财务上的成功，而感知经济流动性低的人可能认为很难改变他们与生俱来的经济地位。更具体地说，感知经济流动性高的人认为努力工作等于成功描述了社会的运作方式，社会为那些有动力的人提供足够的机会前进，而感知经济流动性低的人认为孩子获得经济成功的机会与父母的财富有关（Kwon and

Yi，2019）。Kraus 和 Tan（2015）认为，人们被激励去相信经济流动性，以看到他们的社会经济地位是公正的。同样，Davidai 和 Gilovich（2015）认为，人们相信经济流动性是证明社会经济差距的一种方法。这是因为，构建感知经济流动性可以获得这样的信念：努力工作会带来未来的成功，或者延迟的满足会在未来得到回报（Bak and Yi，2020）。它是一个人对社会允许其成员在相对地位上向经济阶梯上升的程度的看法（Davidai and Gilovich，2015；Yoon and Kim，2016；Yoon and Wong，2014）。从本质上讲，由于一个人对经济流动性的认知严重受到自身的政治态度、个人经历和社会化过程的影响，即使在一个社会中，个人对经济流动性的认知也是不同的（Fischer，2009），从而导致不同的行为模式。

5.4.2 感知经济流动性的相关研究

研究感知的（而不是实际的）经济流动性很重要，因为感知的和实际的经济现实之间存在脱节。Yoon 和 Kim（2016）发现感知经济流动性直接影响人们寻求财务成功目标的决心。因此，感知经济流动性越高，人们越有可能为实现财务成功的目标而努力（Kwon and Yi，2019）。此外，还有研究检验了感知经济流动性对主观幸福感（Fischer，2009）、对福利政策的态度（Alesina and la Ferrara，2005）、心理健康或财务状况（Alesina et al.，2004；Fischer，2009）、财务管理（Szendrey and Fiala，2018）和冲动消费（Yoon and Kim，2016）有积极影响。

鉴于人们将流动性等同于精英管理（Davidai，2018；Day and Fiske，2017；Kluegel，1986），高感知经济流动性的人认为人们付出大量努力后才会成功（Wakslak et al.，2007），人们会因为他们的努力而得到奖励（Sawhill and Morton，2007）。高感知经济流动性，意味着感觉与实现成功未来的可能性相联系，激励人们在困难的任务上坚持更长时间（Browman et al.，2019；Markus and Nurius，1986；Oyserman，2007；Oyserman and Destin，2010；Roese and Sherman，2008）。Yoon 和 Kim（2016）发现，当感知到高经济流动性时，物质主义者有更多的长期目标而不是短期目标，因为他们认为可以实现的长期目标能够促进自我调节过程（Bagozzi and Dholakia，1999；Baumeister and Vohs，2007；Yoon and Kim，2016）。因此，努力工作会带来成功，现在的努力会在未来带来足够的回报的信念促进了人们的自我调节过程。Lerner（1980）说，制定长期目标需要目标支持环境，社会公正就是这样的环境之一。换句话说，如果人们认为经济不平等是社会不公平的信号，并认为未来的成功与当前的努力无关，那么人们不仅不会制订长期计划，而且会以当前为导向。基于社会正义与长期目标之间的这种联系，Laurin 等（2011）发展并验证了一种理论，认为社会正义为社会弱势群体成员提供了独特的自我调节利益。从这个角度来看，当人们相信自己的努力会得到公正的回报时，他们会变得更加面向未来（如延迟满足、做出风险较小的行为、制定更遥远的目标）（Davids and Falkof，1975；Klineberg，1968；Rothspan and Read，1996；Strathman et al.，1994）。换句话说，个人越相信今天的努力能带来未来的成功，他们就越有动力去制订长期计划，以在未来获得更大的回报。然而，在高度不平等的条件下，由于人们认为遥远和具有挑战性的目标是难以实现的（Bandura and Schunk，1981；Locke and Latham，2002；Manderlink and Harackiewicz，1984），他们可能会觉得很难爬上一个高度不平等的经济阶梯（Davidai，2018），今天的努力与未来的成功无关，导致失去动力来延迟当前的快乐。

此外，人们对社会机制的理解——即坚信努力工作会导向未来的成功——也可能间接影响他们对待他人的方式，从而波及人际关系。先前的社会学研究警示我们，对未来成功的强烈追求可能导致对其他弱势群体持有消极态度。Dambrun 等（2006）的研究中指出，当个体寄望于在未来获得更高的社会经济地位时，他们对外国移民群体的排斥和压迫行为可能显著加剧。比如，那些渴望提升自身社会经济地位的参与者，被发现表现出更多的偏见（Guimond and Dambrun，2002），并具有明显的意向去压制外来移民群体（Dambrun et al.，2006）。另外，Kwon 和 Yi（2019）的研究进一步提出，个体感知到的经济流动性会加强其在消费行为中的攻击性倾向。

除了对未来满足感的影响，感知到的经济流动性和社会经济地位还会共同影响一个人的个人控制感（Yoon and Kim，2018）。个人控制感通常定义为个人感觉事件受自身行为影响和依赖于自身行为而非外部因素的程度（de Charms，1968）。在这方面，个人控制感是对自己处境的控制，因此它与社会权力的概念有所区别（Cartwright，1959），后者是指对他人行动及其结果的一种不对称控制力（Dépret and Fiske，1993）。现有的研究假设社会经济地位和社会权力之间存在正联系（Rucker and Galinsky，2008），并经常使用与前者相关的变量来评估后者，如工作场所中的职位（如老板和下属）（Rucker et al.，2014）。

具体来说，感知经济流动性可能是低社会经济地位消费者更关心的问题，因为它在决定他们能否摆脱低社会经济地位方面起着关键作用。低收入人群中感知经济流动性较低的人可能会认为他们的向上经济流动能力较低，可能会觉得自己被困在当前的厌恶状态中，这种感觉可能会导致个人控制感较低（Landau et al.，2015；Yoon and Kim，2018）。低收入带来的相对剥夺感，以及通过传统手段获得向上经济流动能力较低的认知，增加了对即时金钱回报的渴望（Callan et al.，2011）。赌博似乎提供了一种立即和戏剧性的方式来纠正人们所认识到的财务差距（Callan et al.，2008），低收入者中感知经济流动性较低的人更有可能因经济利益的动机而陷入赌博（Tabri et al.，2015）。

然而，如果社会经济地位低的消费者相信他们有机会改变目前的社会经济地位，他们可能会有某种控制感。换句话说，在低收入人群中，感知经济流动性越高，人们获得利益的控制力就越强（Yoon and Kim，2018）。这一观点与 Dweck 和 Leggett（1988）的观点是一致的，即如果人们相信这种状态可以改变和改善，即使当前状态不令人满意，也可以存在高度的控制感。在低收入者中，感知经济流动性高的人可能相信他们有或将有能力向经济阶梯的高处移动，因此将他们的努力投入到工作、储蓄和自我发展上。然而，他们的努力可能并不局限于社会可取的手段（Kwon and Yi，2019）。

相比之下，高收入人群已经有了实现财务目标的工具，并且很容易通过传统手段积累财富。因此，感知的经济流动性不太可能影响高社会经济地位消费者的控制感。虽然这些消费者可能会欣赏获得更高的社会经济地位的可能性（Easterlin，2001），但未能实现向更高社会经济地位跃升并不代表他们的个人控制力低。这是因为处于较高社会经济地位的消费者由于其所拥有的经济资源，本身已经具备某种程度的控制力（Chakravarti，2006；Collins，2005）。

综上所述，只有在经济上陷入困境的消费者才会有低控制感。由于个人控制是人类生活的基础（Landau et al.，2015），缺乏控制会导致自我威胁，这是一种消极的心理状态，人们有动机恢复，进而可能触发一种补偿机制（Cutright，2011）。Perry 和 Morris（2005）还发现，对结果的感知控制会影响个人控制支出、储蓄和预算的倾向。

第 6 章　品牌类型与延伸策略对品牌联合评价的影响研究

6.1　理论框架与研究假设

6.1.1　品牌联合类型

品牌联合是指（至少）两个相互独立的品牌（通常是两个品牌）在品牌联合实践中将其品牌名称赋予一个合作的新产品的营销策略（Aaker，2004；Cao and Sorescu，2013；Monga and Lau-Gesk，2007）。在之前关于品牌联合的研究中，品牌联合通常被视为有利于新品牌或不太知名品牌的有效策略（Cunha et al.，2015；James，2005；Keller，2003）。最近的研究讨论了影响品牌联合效果的其他因素。例如，Newmeyer 等（2014）研究了品牌联合整合、排他性和持续时间对品牌联合的影响；Cunha 等（2015）讨论了产品效益信息呈现时间对品牌联合的影响；Monga 和 Lau-Gesk（2007）从品牌个性的角度阐述了消费者自我复杂性对品牌联合评价的影响。在目前的研究中，我们提出还有一些品牌属性会影响品牌联合的有效性，具体来说，即基于物质型产品的品牌或基于体验型产品的品牌会影响品牌联合效果。

物质型购买是指以获得物质物品为目的的购买行为，即拥有有形的东西；体验型购买是指以获得生活体验为目的的购买行为，即体验一个或一系列事件（van Boven and Gilovich，2003；Dai et al.，2020）。因此，在目前的研究中，我们将物质型品牌定义为主要销售物质型产品（即有形的产品）的品牌，而体验型品牌则是指以销售的形式使得消费者体验某一事件（即无形的生活体验）的品牌。例如，迪士尼是一个体验型品牌，而优衣库是一个物质型品牌。需要注意的是，物质和体验的类别并不总是相互对立的（Dai et al.，2020）。例如，星巴克可能对于有的消费者来说是体验型，但对另一部分消费者来说是物质型。但总的来说，在消费者的主观感知方面，消费者往往能够直观且容易地在体验—物质的连续光谱上做出区分（Dai et al.，2020；Gilovich et al.，2015；Goodman et al.，2019；Nicolao et al.，2009），并以同样的方式评估品牌。与此相符合的是，许多学者将产品分为物质和体验两部分进行研究（Dai et al.，2020；Goodman et al.，2019）。

迄今为止，对体验型和物质型产品的研究已经证明了两者在消费心理上的差异。有形性是物质和体验之间最显著的区别。例如，黑胶唱片（即一种物质型产品）存在于物质世界中，而音乐会（即一种体验型产品）是短暂的。体验可能倾向于抽象的解释，而物质项目显得更具体（van Boven，2005；Caprariello and Reis，2013；Goodman et al.，2019）。基于现有的有关物质、体验购买的享乐/效用价值的文献，我们将在后续研究中重点关注与体验型或物质型品牌进行品牌联合如何影响消费者对产品享乐/效用的权衡。

6.1.2 品牌类型对于消费者享乐/效用权衡的影响

到目前为止，还没有研究涉及物质型品牌和体验型品牌对品牌联合的影响。

一般来说，消费者在消费时会考虑产品享乐性和效用性，即他们更关注产品/服务的享乐方面的属性或功能方面的属性（Longoni and Cian，2022）。很多时候，这两个类别不能被清晰地划分，但消费者可以很容易地表达享乐—效用的相对倾向（Kronrod and Danziger，2013）。享乐性消费更感性，享乐价值反映感官享受和情感体验（Batra and Ahtola，1991）。效用性消费更加理性，效用价值反映了其特定的非感官的、可量化的工具价值（Batra and Ahtola，1991）。基于此，我们认为与物质型（体验型）品牌进行品牌联合会使消费者在享乐/效用的权衡中更倾向于效用（享乐）。

我们认为之所以与物质型或体验型品牌进行品牌联合会影响消费者对于品牌联合产品的享乐/效用权衡是因为人们对物质型（与体验型）品牌的不同联想。与物质型产品相比，体验型产品具有更持久的享乐主义品质（Caprariello and Reis，2013；Nicolao et al.，2009）。每当我们回忆起体验型购买（如电影、游乐园之旅等），我们会唤起更多的情感体验，并经常使用情感形容词，如“难忘的”来描述一种体验，而人们对物质型产品的评价比体验型产品更客观（Dai et al.，2020）。相比之下，我们更理性地考虑物质型产品（如食物、衣服等）。这反映在我们经常使用特定的指标来描述物质型产品，如一个 200 卡路里的饼干。由此可见，物质型品牌更容易与理性和客观性联系在一起，而体验型品牌则更容易与情感和主观性联系在一起。

基于前期的学术研究文献（Allison and Uhl，1964），概念预期等因素确实能够左右消费者的体验感知。据此，我们认为在评价物质型品牌所参与的品牌联合产品时，消费者更侧重于考量产品的功能性属性，原因在于物质产品在认知评价体系中往往采用较为客观、具象且基于实证的标准。相反，对于体验型品牌的联合产品，消费者则可能更加强调产品的乐趣和愉悦属性，因为体验类产品往往关联于更为主观、情感化及抽象化的感知评估维度。因此，我们认为品牌联合中品牌所属类型会对消费者对联合产品在享乐属性和实用属性上的感知产生显著影响。基于上述分析，本章提出以下假设。

H6-1：品牌类型会影响消费者对品牌联合产品的享乐属性和效用属性的关注。具体而言，对于与物质型品牌（相比于体验型品牌）进行品牌联合的产品，消费者会更关注联名产品的效用属性，而不是享乐属性。

6.1.3　概念组合理论与品牌延伸策略

接下来，我们基于以上论述，探讨物质型品牌和体验型品牌所引发的这些不同关注对不同延伸策略下的品牌联合产品评价的影响。本章从概念组合的视角来帮助理解消费者对品牌联合的认知。具体而言，概念组合理论关注人们如何将一个概念的意义转移到另一个概念上，即概念组合和加工的过程（Koschmann and Bowman，2018）。品牌联合指的是在品牌的合作营销中有计划地配对和结合两个品牌的过程（Grossman，1997；Nguyen et al.，2018），涉及将两个母品牌的概念转移到品牌联合的新产品上。因此，概念组合理论可以帮助解释品牌联合的结果，以及通过品牌联合塑造这些结果的过程。

概念组合（即结合现有概念创造新概念的能力）是我们认知架构的基本组成部分，在日常交流中很常见（Gill and Dube，2007）。在心理学领域，学者对概念组合进行了广泛的研究，并将其视为创造性认知的基础（Ward et al.，1997）。但在营销领域，包括品牌联盟、品牌延伸以及品牌联合、概念组合都还没有得到充分的讨论（Gill and Dube，2007）。

品牌联合是指在合作营销中有意将两个品牌组合在一起，将两个品牌概念结合在一个新产品中以形成品牌联合产品的概念。例如，在 2019 年，普拉达和阿迪达斯（Adidas）推出了联名系列——Prada For Adidas，将普拉达的奢华质感与阿迪达斯的运动感完美结合在新产品上。通过探究人们整合多种概念的认知过程，有关概念组合的文献能为我们揭示宝贵且引人深思的洞见，让我们了解消费者是如何将两个不同的品牌概念融合在一起的。在本书中，我们正式地对品牌联合中概念组合的过程及其结果进行了详尽考察。

根据概念组合理论（Murphy，1990；Wisniewski，1997），产品可以被认为是“槽”和其“填充物”的结构化列表。具体来说，槽是产品可以拥有的属性，填充物是填充这些属性的特定特征。例如，糖果有口味属性（即槽），可以用水果味或牛奶味（即填充物）填充。基于此，在品牌联合的实践中，品牌策略可以根据推出的新产品的差异分为两类：填充槽策略和新属性策略（Desai and Keller，2002）。填充槽策略是指推出的新产品相比于原产品修改了原产品的属性（即产品的微小变化），而新属性策略是指推出的新产品相比于原产品添加了新属性（即产品的重大变化）（Desai and Keller，2002）。例如，某品牌的橘子味的糖果采取填充槽策略进行品牌联合，即与另一品牌推出牛奶味的糖果；采取新属性策略进行品牌联合，即与另一品牌推出新增加维生素 C 的橘子味的糖果。本章讨论了在主导品牌采取不同的产品策略时，选择进行品牌联合的品牌类型对于联合品牌产品评价的影响。

在新属性策略的情况下，品牌联合产品与原产品相比增加了全新的属性，因此，品牌联合产品可以提供与原产品不同的新属性，如添加了维生素的糖果（以前不存在的一个属性）。这种先前不存在的属性的添加使得联合品牌产品与主品牌产品强烈不一致（Desai and Keller，2002）。换句话说，它标志着一项更实质性的创新，即新产品具有了来自新属性的潜在功能性增益（Ma et al.，2015）。也就是说，联合品牌产品的效用价值比原产品有所提高，满足了消费者的效用预期。因此，我们认为，在采用新的属性策略时，更注重效用属性的物质型品牌的联合品牌产品会比体验型品牌获得更好的评价。

相比之下，在填充槽策略的情况下，与原产品相比，品牌联合产品几乎在功能上没有变化，而只是改变了当前的某一属性，如糖果修改了它的口味（Desai and Keller，2002）。换句话说，填充槽策略的品牌联合产品只是在一个属性维度上提供了额外的选项，增加了多样性。寻求多样性是消费者的一种常见行为，效用动机和享乐动机都会促使消费者寻求多样性（Kim et al.，2021）。因此，我们认为在填充槽策略下，物质型品牌和体验型品牌对品牌联合产品评价的影响不存在显著差异。

因此，本章提出品牌类型（体验型品牌和物质型品牌）和品牌延伸策略（新属性策略和填充槽策略）对联合品牌有效性会产生一个交互作用。基于上述分析，本章提出以下假设。

H6-2：与体验型品牌相比，和物质型品牌进行品牌联合时采用新属性策略（相对于填充槽延伸策略）会获得更高的评价。

6.1.4 品牌类型和品牌延伸策略影响品牌联合评价的过程

我们可以把消费者对品牌延伸或品牌联合的评价看作一个推理过程，在这个过程中，消费者根据品牌信息和延伸信息做出自己的评价（Bridges et al.，2000）。根据以往文献（Aaker and Keller，1990；Keller and Aaker，1992），影响品牌评价的关键预测因素之一是消费者对品牌或制造商生产新产品的能力和知识（即专业知识）的感知。本章提出，感知专业知识的可迁移性充当了一个解释工具，用于阐述品牌类型与品牌延伸策略二者如何交互作用并对品牌联合评价产生影响。

新属性策略下的品牌联合，其中品牌联合的产品相比于原产品有一个实质性的变化，即添加了一个新的组件，消费者将被提示思考是什么导致了这种创新。新属性策略（相对于填充槽延伸策略）诱导了一个基于分段的过程（相对于基于分类的过程），此时影响感知联合匹配度的因素——合作品牌是否具有制造新产品的专业知识——将被重重强调（Desai and Keller，2002）。在这种情境下，品牌联合采取新属性策略，通过添加全新的属性特质为品牌联合产品提供了潜在的效用价值，从而激发了消费者的效用目标。物质型品牌基于其相对客观和可量化的评价标准，被消费者认为在效用方面更有竞争力。因此，在采用新属性策略时，物质型品牌被认为比体验型品牌具有更强的感知专业知识可转移性。

填充槽策略是指新产品在相比于原产品只有轻微变化（如改变颜色）的情况下进行的联合品牌。换句话说，这种策略下的品牌联合产品并没有效用性的显著提升，而是在多样性方面为消费者提供了更多选择。在这种情况下，消费者不会考虑进行联合品牌需要的专业知识，物质型品牌和体验型品牌都能胜任这种增量式创新。因此，在采用填充槽策略时，物质型品牌和体验型品牌被认为具有相似的专业知识可转移性。

根据消费者对联合品牌的推理过程，进行品牌联合的合作品牌越被认为更具有制造联合品牌产品的声誉和专业知识，越有利于提高消费者对品牌联合产品的感知契合度和评价（Aaker and Keller，1990）。在品牌联合的过程中，消费者会将两个品牌相互关联。在此情境下，若主导品牌保持不变，合作品牌的感知专业知识的可转移性将起到决定性作用，影响消费者对联合品牌的评价。基于上述分析，本章提出以下假设。

H6-3：感知专业知识可转移性在品牌类型与延伸策略对消费者态度的交互作用中起中介作用。具体而言，与体验型品牌相比，和物质型品牌进行品牌联合时采用新属性策略（相对于填充槽延伸策略）会使消费者感知到更强的专业知识的可转移性，从而获得更高的评价。

图 6-1 为本章的概念模型。

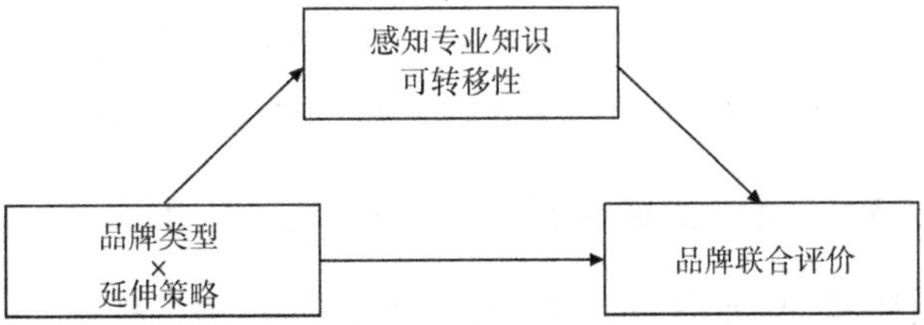

图 6-1　第 6 章的概念模型

6.2 实 验 一

在这项研究中，我们主要检验了品牌类型对消费者享乐/效用权衡的影响。本章虚构了一个品牌（清碧）来模拟品牌联合的实践。物质型品牌被描述为一个家居品牌，体验型品牌被描述为一个温泉品牌。然后，本节叙述了这两个品牌与另一个虚构的食品品牌（轻享）推出了一款品牌联合的巧克力棒。

6.2.1 实验设计和步骤

本节一共招募了 194 名受试者，其中男性 69 名，女性 125 名，平均年龄 30.05 岁。所有参与者都是通过国内专业的在线调查平台问卷星招募的。实验设计为组间设计（物质型品牌和体验型品牌）。

在实验开始前，我们告知所有参与者，实验是匿名进行的，答案没有正确或错误之分，参与者的回答内容将严格保密，所有内容仅用于科学研究。然后，所有参与者被随机分配到两种条件即物质型品牌条件和体验型品牌条件下。

参照先前关于品牌联合的操纵（Monga and Lau-Gesk，2007），参与者在物质型品牌条件下阅读以下内容：清碧是一个家居品牌。参与者在体验型品牌条件下阅读了以下内容：清碧是一个温泉品牌。然后，所有参与者被要求阅读以下内容：请想象一下，现在，轻享（一个食品品牌）和清碧推出了一个联名巧克力棒。之后，参与者被展示了关于享乐/效用权衡的测量题项（Longoni and Cian，2022），包括两个享乐相关题项和两个效用相关题项，分为 7 分制，1=完全不关注，7=非常关注。最后，本节进行了品牌类型的操纵检验，并记录了人口统计信息。

6.2.2 结果分析

1. 操纵检验

单因素组间方差的分析结果表明，本节对品牌类型的操纵是成功的。检验结果支持了品牌类型操纵的成功（$F(1，192)=631.62$；$p < 0.01$），参与者在体验型品牌条件下对于品牌的判断更偏向于体验型（$n=99$；$M_{体验型}=6.04$），而在物质型品牌条件下对于品牌的判断更偏向于物质型（$n=95$；$M_{物质型}=2.26$）。

2. 品牌类型对于消费者享乐/效用权衡的交互作用

正如预期的那样，品牌类型对享乐/效用权衡的影响是显著的（$F(1，192)=5.63$；$p < 0.05$）。相比于体验型品牌条件（$n=99$，$M_{体验型}=3.96$），参与者在物质型品牌

条件下（n=95，$M_{物质型}$=4.18）更关注效用属性而非享乐属性。因此，H6-1 得到了支持。

6.2.3　结果讨论

实验一检验了品牌类型对消费者享乐/效用关注的影响。研究结果表明，相比于和体验型品牌进行品牌联合，和物质型品牌进行品牌联合时消费者更加关注产品的效用属性而非享乐属性。基于此，本章设计了实验二以进一步探究品牌类型和延伸策略对于品牌联合评价的交互作用。

6.3　实　验　二

本节采用了真实品牌来模拟品牌联合的实践。长白山，在物质型品牌条件下被提示为一个矿泉水品牌，在体验型品牌条件下被提示为一个风景名胜。另外，进行品牌联合的主导品牌为美加净，即一个化妆品品牌。然后，我们描述了这两个品牌推出了一款联名护手霜。

6.3.1　实验设计和步骤

本节一共招募 287 名受试者完成实验，其中男性 127 名，女性 160 名，平均年龄 31.12 岁（SD=7.62）。参与者是通过国内专业的在线调查平台问卷星招募的。实验设计为 2（物质型品牌 vs 体验型品牌）×2（新属性策略 vs 填充槽策略）的组间设计。

所有参与者被随机分配到四种条件（物质型品牌条件 vs 体验型品牌条件）×（新属性策略条件 vs 填充槽策略条件）。物质型品牌条件下的参与者阅读如下内容：长白山是中国著名的饮用水品牌，请想象一下，现在，美加净（化妆品品牌）和长白山推出了一款联名护手霜。在体验式品牌情境中，参与者阅读如下内容：长白山是中国著名的风景名胜，请想象一下，现在，美加净（化妆品品牌）和长白山推出了一款联名护手霜。然后，参照 Desai 和 Keller（2002）对于品牌延伸策略的操纵，被分配到新属性策略条件下的参与者阅读以下内容：联名版护手霜与普通版护手霜相比，新增加了乳木果精油。相比之下，被分配到填充槽策略的参与者阅读以下内容：联名版护手霜与普通版护手霜相比，香味由奶香味变为花香味。

随后，参与者被要求在 1～7 分的范围内表明他们对品牌联合的态度：“我认为这个品牌联合是合适的”“我认为这个品牌联合是符合逻辑的”“我认为这个品牌联合的产品是非常好的”“我喜欢这个品牌联合的产品”“我想购买这个品牌联合的产品”“我想搜索这个品牌联合的产品来考虑购买”（1=非常不同意，7=非常同意）。最后，参与者完成了品牌类型的操纵检验。本节先向所有参与者介绍了体验型消费和物质型消费的定义（van Boven and Gilovich，2003；Dai et al.，2020）——物质型消费是指以获得有形物品为目的的购买行为，而体验型消费是指以获得生活体验为目的的购买行为。然后，参与者被要求在 1～7 分的范围中做出他们对所展示品牌的评价，即“你认为长白山这个品牌的类型是什么”（1=物质型品牌，7=体验型品牌）。此外，为了验证我们的品牌策略的操纵是否成功，参与者被要求以 1～7 分的衡量标准表明他们对所展示品牌联合产品的评价，即“该联名版产品与普通版本产品的区分度很大”（1=非常不同意，7=非常同意）。实验还统计了参与者的性别和年龄。

6.3.2 结果分析

1. 操纵检验

单因素被试间方差的分析结果表明，我们对品牌类型和延伸策略的操纵是成功的。品牌类型操纵检验结果显示（$F(1, 285)=9.06$；$p<0.01$），参与者在体验型品牌条件下对于品牌的判断更偏向于体验型（$n=152$；$M_{体验型}=5.07$），而在物质型品牌条件下对于品牌的判断更偏向于物质型（$n=135$；$M_{物质型}=4.53$）。品牌延伸策略的操纵检验结果显示（$F(1, 285)=9.14$；$p<0.01$），参与者在填充槽策略条件下的得分（$n=151$；$M_{填充槽}=4.69$）低于新属性策略条件下的得分（$n=136$；$M_{新属性}=5.18$）。

2. 品牌类型与延伸策略对于消费者态度的交互作用

我们使用双因素方差分析来检验交互作用，将 6 个消费者态度条目的平均值（Cronbach's $\alpha=0.85$）作为因变量。在这个交互作用模型中，我们观察到品牌类型对于消费者态度没有显著影响（$F(1, 283)=0.68$，$p > 0.1$），但延伸策略对于消费者态度的影响显著（$F(1, 283)=0.64$，$p<0.05$）。品牌类型与延伸策略对消费者态度的交互作用显著（$F(1, 283)=4.91$，$p < 0.05$）。具体而言，成对比较的结果显示，在新属性策略条件下，与物质型品牌进行联名条件下的消费者态度显著高于体验型品牌条件下的消费者态度（$M_{物质型}=5.39$ vs $M_{体验型}=5.05$，$F(1,283)=4.41$，$p < 0.05$），如图 6-2 所示。在填充槽策略条件下，品牌类型对于消费者态度的影响不显著（$M_{物质型}=5.05$ vs $M_{体验型}=5.20$，$F(1, 283)=1.02$，$p > 0.1$）。因此，H6-2 得到了支持。

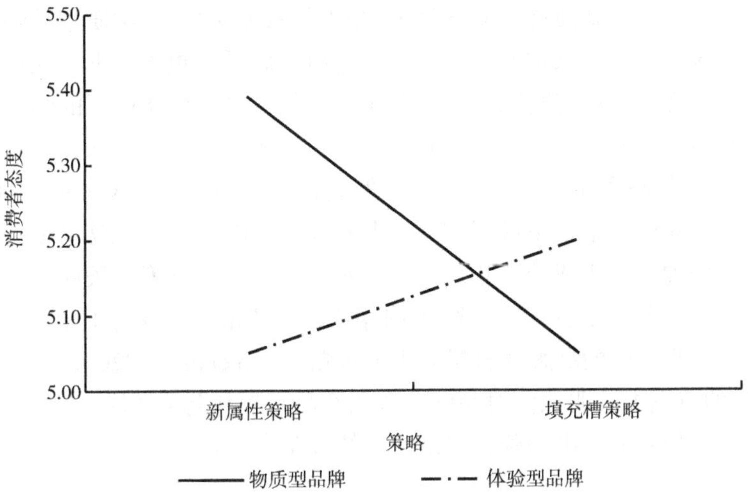

图 6-2　品牌类型与延伸策略对于消费者态度的交互作用

6.3.3　结果讨论

本节验证了品牌类型与延伸策略对品牌联合评价的影响。研究结果表明，与体验型品牌相比，和物质型品牌进行品牌联合时采用新属性策略（相对于填充槽延伸策略）会获得更高的评价。在接下来的实验三中，我们进一步研究了这种相互作用背后的机制。

6.4　实　验　三

本节使用一个真实的主品牌（优衣库），并模拟与另一个虚构品牌（浓情时刻）进行品牌联合的实践。浓情时刻在物质型品牌条件下被提示为一个咖啡机品牌，在体验型品牌条件下被提示为一个关于煮咖啡的电影。然后，叙述了这两个品牌推出了一款品牌联合的 T 恤。在本节中，我们进一步研究了感知专业知识可转移性在品牌类型与延伸策略对于品牌联合评价的交互影响中的中介作用。

6.4.1　实验设计和步骤

本节通过国内专业的在线调查平台问卷星招募了 392 名参与者（49.74%女性，M_{age}=30.69）来完成我们的实验。实验设计为 2（物质型品牌 vs 体验型品牌）×2（新属性策略 vs 填充槽策略）的组间设计。

按照同样的程序，所有参与者被随机分配到四种条件（物质型品牌条件 vs 体验型品牌条件）×（新属性策略条件 vs 填充槽策略条件）。物质型品牌条件下的参与者阅读以下内容：浓情时刻是一个咖啡机品牌，请想象一下，现在，优衣库（一个服装品牌）和浓情时刻推出联名 T 恤。体验型品牌条件下的参与者阅读以下内容：浓情时刻是一部关于煮咖啡的电影，请想象一下，现在，优衣库（一个服装品牌）和浓情时刻推出联名 T 恤。然后，参照 Desai 和 Keller（2002）的操纵，被分配到新属性策略条件下的参与者阅读以下内容：联名版 T 恤与普通版 T 恤相比，新增加了快干成分。相比之下，被分配到填充槽策略条件下的参与者阅读以下内容：联名版 T 恤与普通版 T 恤相比，颜色由白色变为了紫色。

然后，参照之前的品牌联合研究中的策略（Can et al.，2020），参与者被要求在 1～7 分的范围内表明他们对品牌联合的产品兴趣和购买意愿。最后，参与者完成了与实验二相同的操纵检验，以及人口统计学资料。

6.4.2 结果分析

1. 操纵检验

单因素被试间方差分析结果表明，我们对品牌类型和延伸策略的操纵是成功的。品牌类型操纵检验结果显示（$F(1,\ 390)=1450.50$；$p<0.01$），参与者在体验型品牌条件下对于品牌的判断更偏向于体验型（$n=199$；$M_{体验型}=5.94$），而在物质型品牌条件下对于品牌的判断更偏向于物质型（$n=193$；$M_{物质型}=2.27$）。品牌延伸策略的操纵检验结果显示（$F(1,\ 390)=11.93$；$p<0.01$），参与者在填充槽策略条件下的得分（$n=199$；$M_{填充槽}=4.73$）低于新属性策略条件下的得分（$n=193$；$M_{新属性}=5.17$）。

2. 品牌类型与延伸策略对于产品兴趣的交互作用

我们使用双因素方差分析来检验交互作用，将 5 个产品兴趣条目的平均值（Cronbach's $\alpha=0.81$）作为因变量。在这个交互作用模型中，我们观察到品牌类型对于产品兴趣没有显著影响（$F(1,\ 388)=0.48$，$p>0.1$），但延伸策略对于产品兴趣的影响显著（$F(1,\ 388)=6.39$，$p<0.05$）。品牌类型与延伸策略对产品兴趣的交互作用显著（$F(1,\ 388)=5.74$，$p<0.05$）。具体而言，成对比较的结果显示，在新属性策略下，与物质型品牌进行联名条件下的产品兴趣显著高于体验型品牌条件下的消费者态度（$M_{物质型}=5.70$ vs $M_{体验型}=5.45$，$F(1,\ 388)=4.69$，$p<0.05$），如图 6-3 所示。在填充槽策略条件下，品牌类型对于产品兴趣的影响不显著（$M_{物质型}=5.30$ vs $M_{体验型}=5.44$，$F(1,\ 388)=1.48$，$p>0.1$）。因此，H6-2 得到了支持。

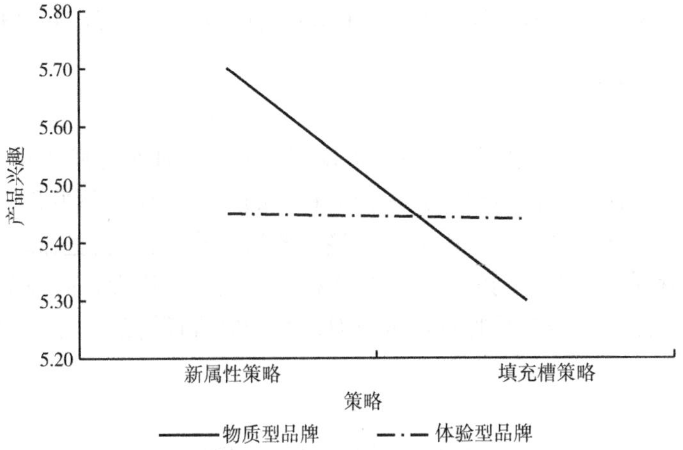

图 6-3　品牌类型与延伸策略对于产品兴趣的交互作用（实验三）

3. 品牌类型与延伸策略对于购买意愿的交互作用

我们使用双因素方差分析来检验交互作用，将 4 个购买意愿条目的平均值（Cronbach's α=0.76）作为因变量。在这个交互作用模型中，我们观察到品牌类型对于购买意愿没有显著影响（$F(1, 388)=0.53$，$p > 0.1$），但延伸策略对于购买意愿的影响显著（$F(1, 388)=5.64$，$p<0.05$）。品牌类型与延伸策略对购买意愿的交互作用显著（$F(1, 388)=5.54$，$p<0.05$）。具体而言，成对比较的结果显示，在新属性策略条件下，与物质型品牌进行联名条件下的购买意愿显著高于体验型品牌条件下的购买意愿（$M_{物质型}=5.61$ vs $M_{体验型}=5.35$，$F(1, 388)=4.68$，$p < 0.05$），如图 6-4 所示。在填充槽策略条件下，品牌类型对于购买意愿的影响不显著

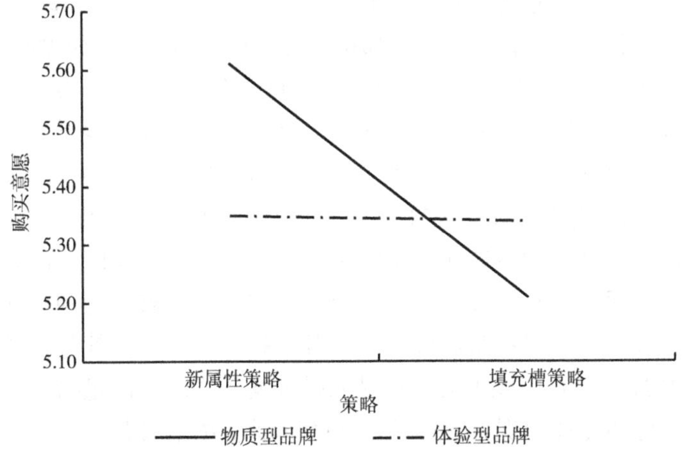

图 6-4　品牌类型与延伸策略对于购买意愿的交互作用（实验三）

（$M_{物质型}$=5.21 vs $M_{体验型}$=5.34，$F(1, 388)=1.35$，$p > 0.1$）。因此，H6-2 得到了支持。

6.4.3　结果讨论

在本节中，研究结果重复了实验二的发现，在与物质型品牌进行品牌联合时，采用新属性策略比填充槽策略更能提升消费者的产品兴趣和购买意愿，而与体验型品牌进行品牌联合则无显著差异。在接下来的实验中，我们全部采用了虚构品牌来模拟品牌联合，在不同的情境下再次检验了我们的假设且验证了感知专业知识可转移性在品牌类型与品牌延伸策略对于品牌联合评价的交互作用中起的中介作用。

6.5　实　验　四

本节使用一个真实的主品牌（高露洁），并模拟与另一个虚构品牌（欢夏）进行品牌联合的实践。欢夏在物质型品牌条件下被提示为一个玩具品牌，在体验型品牌条件下被提示为一个游乐园品牌。然后，本节叙述了这两个品牌推出了一款品牌联合的牙膏。在本节中，我们进一步研究了感知专业知识可转移性在品牌类型与延伸策略对于品牌联合评价的交互影响中的中介作用。

6.5.1　实验设计和步骤

本节通过国内专业的在线调查平台问卷星招募了 403 名参与者（63.52%为女性，M_{age}=30.30）来完成我们的实验。实验设计为 2（物质型品牌 vs 体验型品牌）×2（新属性策略 vs 填充槽策略）的组间设计。

按照同样的程序，所有参与者被随机分配到四种条件（物质型品牌条件 vs 体验型品牌条件）×（新属性策略条件 vs 填充槽策略条件）下。参与者在物质型品牌条件下阅读以下内容：欢夏是一个玩具品牌。参与者在体验型品牌条件下阅读了以下内容：欢夏是一个游乐园品牌。然后，所有参与者被要求阅读以下内容：请想象一下，现在，高露洁和欢夏推出了一个联名牙膏。然后，参照 Desai 和 Keller（2002）的操纵，被分配到新属性策略条件下的参与者阅读以下内容：联名版牙膏与普通版牙膏相比，新增加了美白成分。相比之下，被分配到填充槽策略条件下的参与者阅读以下内容：联名版牙膏与普通版牙膏相比，外包装颜色由白色变为了红色。随后，参与者完成了对于产品兴趣和购买意愿的测量（Can et al., 2020）。本节还测量了感知专业知识可转移性，“在我看来，浓情时刻这个品牌拥有制造高质量品牌联合产品的人员、设施和技能”（1=非常不同意，7=非常同意）。最后，参与者完成了操纵检验，以及人口统计学信息的记录。

6.5.2　结果分析

1. 操纵检验

单因素方差分析的结果表明，我们对品牌类型和延伸策略的操纵是成功的。品牌类型操纵检验结果显示（$F(1, 401)=1456.99$；$p<0.01$），参与者在体验型品牌条件下对于品牌的判断更偏向于体验型（$n=204$；$M_{体验型}=6.16$），而在物质型品牌条件下对于品牌的判断更偏向于物质型（$n=199$；$M_{物质型}=2.43$）。品牌延伸策略的操纵检验结果显示（$F(1, 401)=10.53$；$p < 0.01$），参与者在填充槽策略条件下的得分（$n=201$；$M_{填充槽}=4.56$）低于在新属性策略条件下的得分（$n=202$；$M_{新属性}=4.99$）。

2. 品牌类型与延伸策略对于产品兴趣的交互作用

我们使用双因素方差分析来检验交互作用，将 5 个产品兴趣条目的平均值（Cronbach's $\alpha=0.87$）作为因变量。在这个交互作用模型中，我们观察到品牌类型（$F(1, 399)=0.50$，$p > 0.1$）和延伸策略（$F(1, 399)=0.67$，$p > 0.1$）对于产品兴趣都没有显著影响。品牌类型与延伸策略对产品兴趣的交互作用显著（$F(1, 399)=6.19$，$p < 0.05$）。具体而言，成对比较的结果显示，在新属性策略条件下，与物质型品牌进行联名条件下的产品兴趣显著高于体验型品牌条件下的消费者态度（$M_{物质型}=5.57$ vs $M_{体验型}=5.26$，$F(1, 399)=5.12$，$p < 0.05$）。在填充槽策略条件下，品牌类型对于产品兴趣的影响不显著（$M_{物质型}=5.25$ vs $M_{体验型}=5.42$，$F(1, 399)=1.58$，$p > 0.1$），如图 6-5 所示。因此，H6-2 得到了支持。

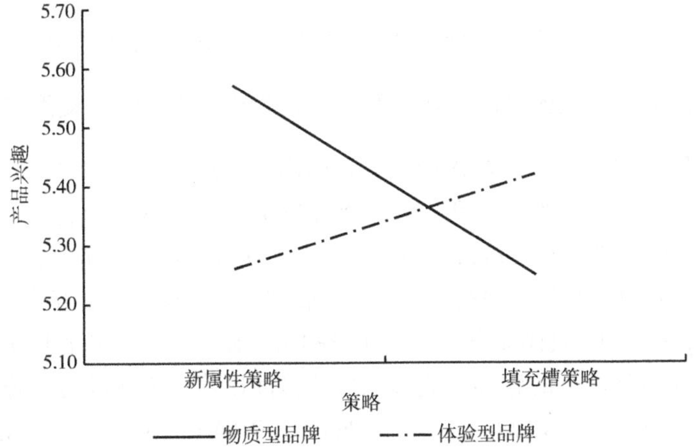

图 6-5　品牌类型与延伸策略对于产品兴趣的交互作用（实验四）

3. 品牌类型与延伸策略对于购买意愿的交互作用

我们使用双因素方差分析来检验交互作用，将 4 个购买意愿条目的平均值（Cronbach's α=0.85）作为因变量。在这个交互作用模型中，我们观察到品牌类型（$F(1, 399)=0.75$，$p > 0.1$）和延伸策略（$F(1, 399)=3.50$，$p > 0.1$）对于购买意愿都没有显著影响。品牌类型与延伸策略对购买意愿的交互作用显著（$F(1, 399)=4.46$，$p < 0.05$）。具体而言，成对比较的结果显示，在新属性策略条件下，与物质型品牌进行联名条件下的购买意愿显著高于体验型品牌条件下的消费者态度（$M_{物质型}=5.46$ vs $M_{体验型}=5.16$，$F(1, 399)=4.45$，$p< 0.05$）。在填充槽策略条件下，品牌类型对于购买意愿的影响不显著（$M_{物质型}=5.06$ vs $M_{体验型}=5.18$，$F(1, 399)=0.78$，$p > 0.1$），如图 6-6 所示。因此，H6-2 得到了支持。

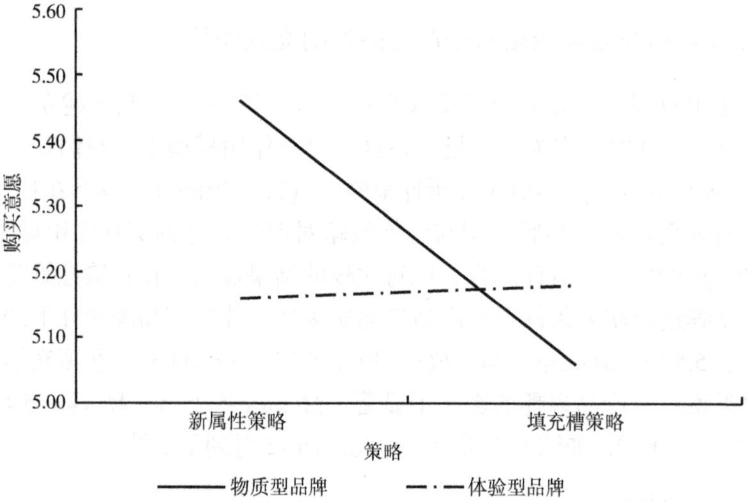

图 6-6　品牌类型与延伸策略对于购买意愿的交互作用（实验四）

4. 品牌类型与延伸策略对于感知专业知识可转移性的交互作用

我们使用双因素方差分析来检验交互作用，以感知专业知识可转移性为因变量。在这个交互作用模型中，我们观察到品牌类型对于感知专业知识可转移性没有显著影响，但延伸策略（$F(1, 399)=7.40$，$p < 0.01$）对于感知专业知识可转移性有显著影响。品牌类型与延伸策略对感知专业知识可转移性的交互作用显著（$F(1, 399)=4.65$，$p<0.05$）。具体而言，成对比较的结果显示，对于新属性策略，与物质型品牌进行联名条件下的感知专业知识可转移性显著高于体验型品牌条件下的消费者态度（$M_{物质型}=5.38$ vs $M_{体验型}=5.03$，$F(1, 399)=4.18$，$p< 0.05$）。在填充槽策略条件下，品牌类型对于感知专业知识可转移性的影响不显著（$M_{物质型}=4.79$ vs $M_{体验型}$

=4.96，$F(1, 399)=1.01$，$p>0.1$）（图 6-7）。

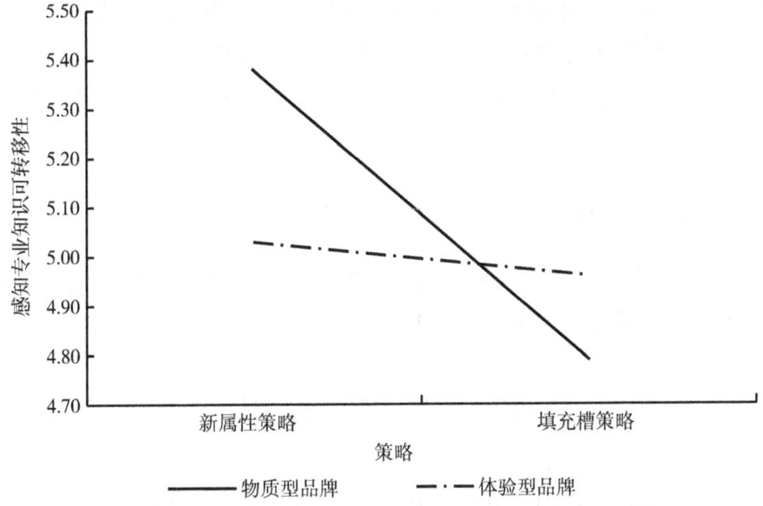

图 6-7　品牌类型与延伸策略对于感知专业知识可转移性的交互作用

5. 被调节的中介作用

为了检验感知专业知识可转移性是否在品牌类型与延伸策略对消费者态度的交互作用中起中介作用，我们选用 Bootstrap 方法的模型 7 进行分析（Hayes，2013）。我们以延伸策略为自变量（填充槽策略=1；新属性策略=0），品牌类型为调节变量（体验型品牌=1；物质型品牌=0），感知专业知识可转移性为中介变量。结果表明，品牌类型与延伸策略之间的交互项显著正向影响感知专业知识可转移性（$\beta=0.52$，SE=0.24；$p<0.05$），感知专业知识可转移性显著正向影响产品兴趣（$\beta=0.30$，SE=0.04；$p<0.01$）。控制中介路径时，延伸策略对产品兴趣的直接影响不显著（$\beta=0.04$，SE=0.09；$p>0.1$）。在新属性策略条件下，品牌类型通过感知专业知识可移转性对产品兴趣的条件具有间接效应且显著（$\beta=0.10$，95%CI=[0.01，0.22]），而在填充槽策略条件下不显著（$\beta=-0.05$，95%CI=[−0.17，0.04]）。与我们的预测一致，感知专业知识可转移性在延伸策略与产品兴趣之间起中介作用，但仅对新属性策略有效，对填充槽策略无效。此外，显著的模型指标（$\beta=0.16$，95%CI=[0.02，0.34]）也进一步支持了我们的结论。

此外，我们还在购买意愿上发现了同样的结果。结果表明，品牌类型与延伸策略之间的交互项显著正向影响感知专业知识可转移性（$\beta=0.52$，SE=0.24；$p<0.05$），感知专业知识可转移性显著正向影响购买意愿（$\beta=0.30$，SE=0.04；$p<0.01$）。控制中介路径时，延伸策略对购买意愿的直接影响不显著（$\beta=0.06$，SE=0.10；$p>0.1$）。而在新属性策略条件下，品牌类型通过感知专业知识可移转性对购买意愿的条件间接效应显著（β=0.10，95%CI=[0.01，0.21]），而在填充槽策略条件下不显著（β=–0.05，95%CI=[–0.17，0.05]）。与我们的预测一致，感知专业知识可转移性在延伸策略与购买意愿之间起中介作用，但仅对新属性策略有效，对填充槽策略无效。此外，显著的模型指标（95%CI=[0.02，0.32]）也进一步支持了我们的结论。综上所述，结果支持了 H6-3。

6.5.3 结果讨论

本节的结果表明，品牌类型与延伸策略对于品牌联合评价起到交互作用，且感知专业知识可转移性在其中起中介作用。

6.6 本章小结

在一系列的四个实验中，我们一致发现品牌类型和延伸策略交互影响品牌联合评价。实验一发现，相比于体验型品牌，与物质型品牌进行品牌联合时消费者更加关注产品的效用属性而非享乐属性。实验二进一步验证了品牌类型和延伸策略对于品牌联合评价的交互影响。在实验三中，我们在不同的情境下重复了我们的发现，并进一步研究了上述交互作用潜在的机制。具体来说，本章检验了消费者感知专业知识可转移性在品牌类型与延伸策略对于品牌联合评价的交互影响中起到的中介作用。实验四进一步研究了上述交互作用潜在的机制。具体来说，本章检验了消费者感知专业知识可转移性在品牌类型与延伸策略对于品牌联合评价的交互影响中起到的中介作用。

第7章 位置关系与产品品类对奢侈品品牌联合的影响研究

7.1 理论框架与研究假设

7.1.1 奢侈品品牌及品牌联合中的位置

个人奢侈品市场正在迅速扩张，正在以每年3%～5%的速度增长，到2025年将从3200亿欧元增加到3650亿欧元（D'Arpizio et al.，2019）。奢侈品市场的构成也在发生重要的变化。中等收入群体正在成为这个市场的重要力量。因此，奢侈品品牌面临着一个矛盾的挑战，即在保持独特性光环的同时瞄准新兴的有消费力的群众（Chandon et al.，2016）。为了保持声誉，同时吸引更广泛的受众，一些知名品牌选择了品牌联合策略，如2022年LV与耐克（Nike）推出的联名。

营销研究人员将奢侈品品牌定义为品牌类别中的顶级品牌（Dubois and Duquesne，1993；Goor et al.，2020），即那些仅仅展示或使用它们就能使消费者获得一定声望的品牌（Han et al.，2010；Wang and Griskevicius，2014；Wiedmann et al.，2009）。标志奢侈品品牌这种品牌身份的一个直接方法是它的标志（Berger and Ward，2010；Han et al.，2010；Moreau et al.，2020）。广告中通常使用特定的品牌元素，如品牌标识和名称，帮助消费者识别品牌（Riaz and Ahmed，2016），更好地接收广告信息（Kohli et al.，2002；Rossiter and Percy，2017）。一些奢侈品品牌，如LV和香奈儿，长期以来广泛推广带有突出的标志的产品和广告，以便大多数消费者可以很容易地识别品牌及其产品（Amatulli et al.，2020；Uggla，2017）。品牌显著性高意味着其品牌标志在营销方案中是响亮的和显眼的（Amatulli et al.，2020；Han et al.，2010）。

从视觉感知的角度来看，影响品牌显著程度的因素主要分为明度、表面形状、颜色、物质性和位置（Sample et al.，2020）。位置包含四个方面：位置关系、方向、间距和物体相对于区域内其他物体的运动（Sample et al.，2020）。其中，位置关系被定义为一个图形在区域内的位置或与另一个物体相对的位置（Sample et al.，2020）。本章主要研究在品牌联合过程中，一个奢侈品品牌与另一个非奢侈品品牌之间的位置关系对奢侈品品牌评价的影响。

位置关系的隐喻性关联在消费者行为学、神经科学和心理学等领域都被深入研究过。根据概念隐喻理论，人们通过更具体的知识领域来理解抽象的领域（Lakoff，1999；Landau et al.，2010）。换句话说，人们可以通过从一个更直观、更抽象的领域汲取具体的知觉来学习和强化一个概念（Landau et al.，2010）。一个简单的例子是，消费者通过方向来理解数量的增加或减少，如价格的上升或下降（Landau and Hoffman，2005）。

在品牌联合中，两个品牌标志的位置关系主要分为垂直位置关系（即两个品牌呈上下排列）和水平位置关系（即两个品牌呈左右排列）。根据以往对位置的研究，这两种位置关系会导致不同的隐喻联想。水平或横向所对应的隐喻多与时间有关，如横轴从左到右，在文化观念的影响下象征过去和未来（Chae and Hoegg，2013）。垂直的隐喻通常是更高的垂直位置代表更积极的概念，如幸福、地位和权力（Meier and Robinson，2004；Schubert，2005；Sundar and Noseworthy，2014）。因此，我们认为，在品牌联合中，位于顶部的品牌会被认为比位于底部的品牌具有更高的地位。这是因为地位或权力的抽象概念是通过与垂直位置关系的隐喻联系来理解的，就像权力越大的人通常被认为身体位置越高一样（Giessner and Schubert，2007），而水平位置关系没有这样显著的隐喻关联。

在此基础上，我们提出当一个奢侈品品牌与另一个品牌（即非奢侈品品牌）推出联名产品时，垂直位置关系比水平位置关系更有利于对该奢侈品品牌的评价。这是因为在两个品牌进行品牌联合时，一个奢侈品品牌在消费者感知中的品牌价值、地位、权力明显高于另一个非奢侈品品牌。当采用垂直的位置时，奢侈品品牌的标志被放置在另一个品牌的上方，这使得人们能够更快地识别权力符号（Schubert，2005）。也就是说，消费者可以更快、更容易地认识到奢侈品品牌的主导地位，这有利于消费者对奢侈品品牌的评价。

相比之下，奢侈品品牌的标志在水平位置关系的情况下位于另一个品牌的左侧。虽然由于阅读顺序的关系，人们也可以先识别奢侈品品牌，但同样高度的两个品牌仍然是相对平等的。这样的情况并不符合消费者对奢侈品品牌排他性的认知。基于上述分析，本章提出以下假设。

H7-1：位置关系会影响消费者对品牌联合中的奢侈品品牌的评价。具体而言，当一个奢侈品品牌与另一个非奢侈品品牌进行品牌联合时，采取垂直位置关系相对于水平位置关系会让人对奢侈品品牌有更积极的评价。

7.1.2　联名产品品类的调节作用：奢侈品品牌的核心品类与非核心品类

先前的研究表明，消费者更喜欢通过类别标签（而不是特征相似性）来推断新产品（Gelman and Markman，1986；Moreau et al.，2001）。当一个新产品被归类为一个现有的产品品类时，关于该类别的知识和信息被转移到新产品（Moreau et al.，2001；Waldmann et al.，1995）。因此，品牌在推出联名产品时也需要考虑产品品类。不同类别的联名产品可能对消费者产生不同的影响。在现实生活中，奢侈品品牌通常会先推出核心品类的产品，然后再推出一些非核心品类的产品，如 LV 和 Supreme 联合推出了核心品类（如手提包）和非核心品类的产品。

直觉上，消费者更倾向于期望奢侈品核心品类的联名产品。这是因为这些品牌通常以其核心产品[如 LV 的手提包或保时捷（Porsche）的汽车]而闻名。品牌通过选择与其核心产品相似的扩展类别，通过影响消费者感知的相似性（Bridges et al.，2000）或通过强调共同兴趣（Boush，1993），可以将核心产品功能集成到新产品中。也就是说，当推出的联名产品属于奢侈品品牌的核心品类时，消费者更有可能将奢侈品品牌核心产品的特点和优势转移到联名产品上。因此，属于奢侈品品牌核心品类（相对于非核心品类）的联名产品与奢侈品品牌的关联度更高。但是，为了扩大市场，越来越多的品牌也会选择非核心品类延伸策略（Albrecht et al.，2013）。

本章的目的是探讨在不同产品品类的品牌联合中，位置关系对奢侈品品牌评价的影响是否存在差异。就核心品类而言，奢侈品品牌的核心品类延伸会导致联名产品与奢侈品的感知相似度和关联度更高；从分类过程来看，消费者对产品品类中已有的品牌有认知和期望，进而自发形成品类规范（Loken et al.，2008）。基于此，在核心品类的品牌联合中，奢侈品品牌将被认为或被期望对品牌联合的产品更负责任和占主导地位。在品牌联合中，奢侈品品牌可以通过垂直位置关系（相对于水平位置关系）使品牌更加突出，从而传达地位。因此，我们认为在核心品类的品牌联合中，垂直（相对于水平）位置关系更符合消费者对奢侈品品牌地位的认知，有利于提升消费者对奢侈品品牌的态度。

相比之下，奢侈品品牌非核心品类的延伸降低了联名产品与奢侈品的相关性。在这种情况下，消费者不会自然地将联名产品的所有期望都归于奢侈品品牌，也不会期望奢侈品品牌完全占据主导地位。品牌联合中垂直位置关系所体现的权力和地位符号并不会更符合消费者的认知，甚至消费者可能更喜欢水平位置关系所表达的相对平等。因此，我们认为在非核心品类的品牌联合中，位置关系对奢侈品品牌评价的影响将会消失甚至逆转。基于上述分析，本章提出以下假设。

H7-2：进行品牌联合时，产品品类在位置关系对奢侈品品牌评价的影响中起调节作用。具体而言，对于奢侈品核心品类中的联名产品，两个品牌在广告中的垂直位置关系相对于水平位置关系会让消费者对奢侈品品牌有更好的评价；对于奢侈品非核心品类中的联名产品，其位置关系与奢侈品品牌评价的关系消失甚至相反。

7.1.3 利益理解的中介作用

利益理解在产品创新的研究中经常被提及（Ma et al.，2015）。这是因为创新产品通常与现有产品不一致，这种不一致会使消费者难以理解新产品所提供的好处或利益（Hoeffler，2003；Jhang et al.，2012；Ma et al.，2015；Moreau et al.，2001）。此外，研究表明，更好地理解利益可以提高消费者对产品的评价和购买意愿（Jhang et al.，2012）。在本章的背景下，两个品牌的联名产品也会不同于单一品牌的现有产品。消费者如何理解品牌联合产品提供的好处（利益理解）是至关重要的。

根据 Vershofen（1959）的利益理论，产品提供给消费者的利益可以分为两类：一类是基本利益，即产品的功能利益；另一种是附加利益，即非产品实际功能的其他利益。对奢侈品的研究表明，与非奢侈品品牌相比，奢侈品品牌传递了更多的额外利益（Albrecht et al.，2013），如显著性、声望、独特性、社会价值、情感价值、享乐价值（Vigneron and Johnson，2004；Wiedmann et al.，2009）。因此，在奢侈品与另一个非奢侈品品牌的品牌联合中，由位置关系引发的附加价值感知（如权力和地位的隐喻）会通过影响消费者对利益的理解来影响奢侈品品牌的评价。

根据概念隐喻理论，垂直位置关系（相比于水平位置关系）意味着奢侈品品牌在品牌联合中地位和权力更高（Schubert，2005），这种奢侈品的位置关系联系着的主导地位与消费者对奢侈品的品牌认知是一致的（Albrecht et al.，2013）。因此，当奢侈品品牌与另一个非奢侈品品牌进行品牌联合时采用垂直位置关系，可以使消费者更容易认识奢侈品品牌进行品牌联合的合理性，理解品牌联合产品给奢侈品品牌所能带来的利益。也就是说，消费者认为奢侈品品牌和另一个（非奢侈）品牌即使以合作的形式出现也有足够的区分度。相对于水平位置关系，这种垂直位置关系带来的利益理解的提升，也进一步提升了消费者对奢侈品品牌的评价。

此外，我们认为联合品牌产品的产品品类会通过利益理解来调节位置关系对奢侈品评估的影响。一方面，当品牌联合产品属于奢侈品的核心品类时，品牌联合产品与奢侈品现有产品更为相似（如 LV 和 Supreme 推出的联名手提包）。在这种情况下，现有类别的属性更容易映射到新产品（品牌联合产品）上，即实现知识转移（Gentner and Markman，1997；Moreau et al.，2001），这种情况下消费者更倾向于将品牌联合产品归类为奢侈品品牌的产品。此外，垂直位置关系在品牌联合中带来的显著性或是地位感知（附加利益）比水平位置关系更符合奢侈品品牌的身份认同。因此，奢侈品品牌在其核心业务领域的品牌联合，可以通过垂直定位关系体现出其优势地位，能够帮助消费者更好地理解品牌联合为奢侈品品牌所带来的益处，进而提升消费者对奢侈品品牌的整体评价。另一方面，当联名产品属于奢侈品的非核心品类时，联名产品与奢侈品品牌现有产品的差异较大（如 LV 和 Supreme 推出的联名卫衣）。在这种情况下，一个奢侈品品牌在一个与自己不太相关（往往与另一个品牌更相关）的产品品类中占据绝对优势（即垂直位置关系）似乎不是必然的。因此，垂直位置关系既不能提供足够利益的理解，也不能提高奢侈品的评价。基于上述分析，本章提出以下假设。

H7-3：进行品牌联合时，利益理解在位置关系与产品品类对奢侈品品牌评价的交互影响中起中介作用。具体而言，对于属于奢侈品品牌核心品类中的联名产品，两个品牌在广告中采用垂直位置关系相对于水平位置关系会让消费者对奢侈品品牌有更好的利益理解从而提升品牌评价；对于属于奢侈品品牌非核心品类中的联名产品，其位置关系与利益理解和奢侈品品牌评价的关系消失甚至相反。

图 7-1 为本章的概念模型。

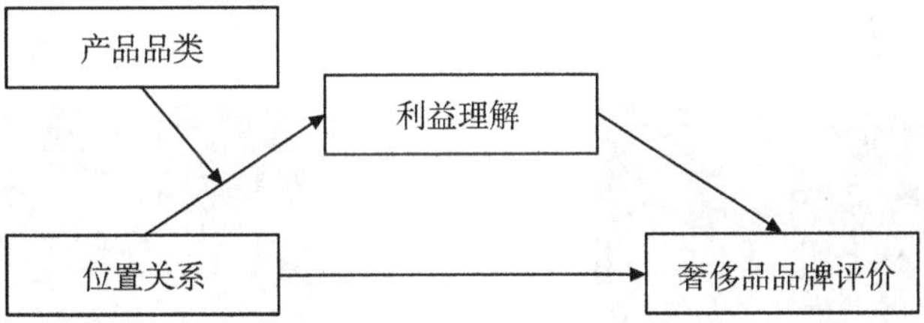

图 7-1　第 7 章的概念模型

7.2　实　验　一

本章以 LV 与 Supreme 之间的真实品牌联合实践作为实验材料。在这项实验中，我们主要检验了 H7-1。

7.2.1　实验设计和步骤

我们招募了 133 名参与者（94 名女性）完成实验，平均年龄 31.2 岁（SD=8.6）。参与者通过国内专业的在线调查平台问卷星招募。研究设计为组间设计。

在实验开始前，我们告知所有参与者，实验是匿名进行的，答案没有正确或错误之分，参与者的回答内容将严格保密，所有内容仅用于科学研究。所有参与者被随机分配到两种位置关系条件：垂直位置关系和水平位置关系。参照之前的品牌联合操纵（Monga and Lau-Gesk，2007），参与者读到以下内容：最近，LV和 Supreme 推出了一系列联名产品，图 7-2 是其中一款联名产品的广告，请仔细阅读。然后，向垂直组和水平组的参与者展示各自的广告。接下来，为了加强操纵，要求参与者回答几个与品牌联合相关但与我们的真正研究目标无关的问题。之后，参与者被要求在 1 ~ 7 分的范围内表明他们对 LV（即品牌联合中的奢侈品品牌）的评价。题项为我认为 LV：完全没有吸引力/非常有吸引力；敌意/友好；好/坏；非常消极/非常积极；没价值/有价值；令人不愉快/令人愉快。最后，参与者完成了位置关系的操纵检验。参与者被要求指出两个品牌在品牌联合广告中的位置关系（0=垂直位置关系，1=水平位置关系）。我们记录了每个参与者的性别与年龄。

图 7-2　实验一刺激物

7.2.2　结果分析

1. 操纵检验

组间卡方检验的结果表明我们的操纵是成功的（$\chi^2(1)=89.51$，$p < 0.001$）。具体而言，在品牌联合广告的垂直位置关系条件下的参与者中，选择看到两个品牌之间垂直位置关系的人（87.5%）多于选择水平位置关系的人（5.8%）；在品牌联合广告的水平关系位置条件下的参与者中，选择水平位置关系的人（94.2%）多于

选择垂直位置关系的人（12.5%）。

2. 位置关系对奢侈品品牌评价的影响

我们使用单因素方差分析来检验位置关系对奢侈品品牌评价的影响，以 6 个奢侈品品牌评价条目的平均值（Cronbach's α=0.90）为因变量。正如预期的那样，位置关系对奢侈品品牌评价的主效应是显著的。参与者在垂直位置关系的条件下的评价（n=64，$M_{垂直}$=5.20）好于水平位置关系的条件下的态度（n=69，$M_{水平}$=4.65；$F(1，131)$=5.47；$p < 0.05$）。因此，H7-1 得到了支持。

7.2.3　结果讨论

本节的结果证实了我们的主要假设，当奢侈品品牌与另一非奢侈品品牌进行品牌联合时，双方采取垂直位置关系时消费者对奢侈品品牌的态度好于水平位置关系。在实验二中，我们旨在探索产品品类的调节作用。

7.3　实　验　二

本节采用了另一个真正的品牌联合的例子——GUCCI 和 NY Yankees 作为实验材料。在本节中，我们进一步研究了产品品类的调节作用。

7.3.1　实验设计和步骤

我们招募了 254 名参与者（58.3%为女性，平均年龄 31.03 岁）完成实验。参与者通过国内专业的在线调查平台问卷星招募。实验设计为 2（位置关系：垂直 vs 水平）×2（产品品类：核心 vs 非核心）组间设计。

按照同样的程序，所有参与者被随机分配到四种条件中的一种。参考之前的品牌联合操纵（Monga and Lau-Gesk，2007），参与者读到以下内容："最近，GUCCI 和 NY Yankees 推出了一系列联名产品。下图是其中一款联名产品的广告。请仔细阅读。" 然后，向四个不同组的参与者展示他们各自的广告（图 7-3）。接下来，为了加强操纵，要求参与者回答几个与品牌联合相关但与我们的真正研究目标无关的问题。之后，参与者被要求在 1～7 分的范围内表明他们对 GUCCI（即品牌联合中的奢侈品品牌）的评价。题项为我认为 GUCCI：完全没有吸引力/非常有吸引力；敌意/友好；好/坏；非常消极/非常积极；没价值/有价值；令人不愉快/令人愉快。最后，参与者完成了位置关系操纵检验。参与者被要求指出两个品牌在品牌联合广告中的位置关系（0=垂直位置关系，1=水平位置关系）。此外，为了检验产品品类操纵是否成功，要求参与者指出“棒球帽/钱包是 GUCCI 的核心产品品类”（1=非常不同意，7=非常同意）。我们记录了每个参与者的性别与年龄。

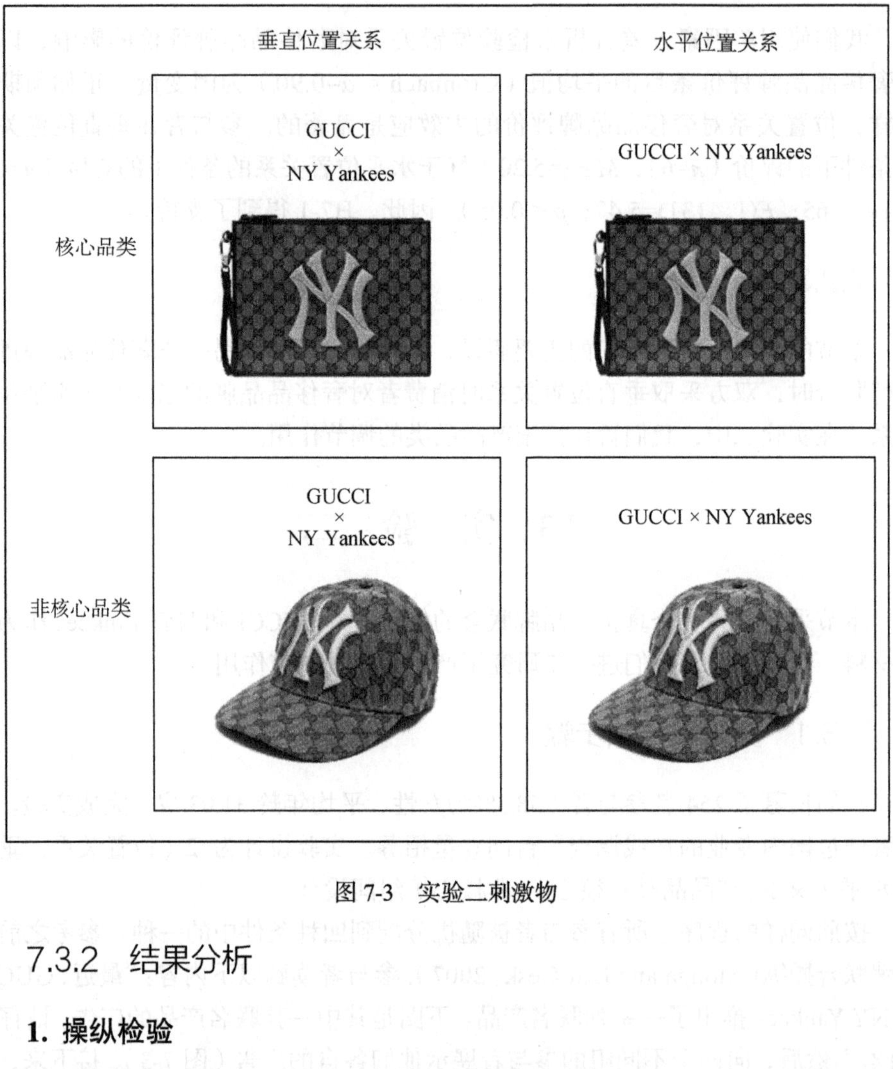

图 7-3　实验二刺激物

7.3.2　结果分析

1. 操纵检验

组间卡方检验的结果表明我们对位置关系的操纵是成功的（$\chi^2(1)=89.51$，$p<0.001$）。具体而言，在品牌联合广告的垂直位置关系条件下的参与者中，选择垂直位置关系的人（87.5%）多于选择水平位置关系的人（5.8%）；在品牌联合广告的水平位置关系条件下的参与者中，选择水平位置关系的人（94.2%）多于选择垂直位置关系的人（12.5%）。此外，单因素方差分析结果表明，我们对产品品类的操纵是成功的。检验结果支持了产品品类的操纵（$F(1, 252)=9.54$，$p<0.01$），参

与者认为钱包（n=122，$M_{核心}$=5.26）相比于棒球帽（n=132，$M_{非核心}$=4.71）是 GUCCI 更核心的产品品类。

2. 位置关系与产品品类对奢侈品品牌评价的交互作用

我们使用 ANCOVA（analysis of covariance，协方差分析）来检验调节效应，以 6 个奢侈品品牌评价条目的平均值（Cronbach's α=0.90）为因变量。我们观察到位置关系对奢侈品品牌评价没有显著影响（$F(1, 250)=1.30$，$p > 0.1$），但产品品类对奢侈品品牌评价有显著影响（$F(1, 250)=3.67$，$p < 0.1$）。位置关系与产品品类对奢侈品品牌评价的交互作用同样显著（$F(1, 250)=9.12$，$p < 0.01$）。通过成对比较发现，对于核心产品品类，垂直条件下的消费者的奢侈品品牌评价显著高于水平条件下的消费者（$M_{垂直}$=5.39 vs $M_{水平}$=4.72，$F(1, 250)=8.26$，$p < 0.01$）。对非核心产品品类，位置关系对奢侈品品牌评价没有显著影响（$M_{垂直}$=4.60 vs $M_{水平}$=4.90，$F(1, 250)=1.86$，$p > 0.1$），如图 7-4 所示。因此，H7-2 得到了支持。

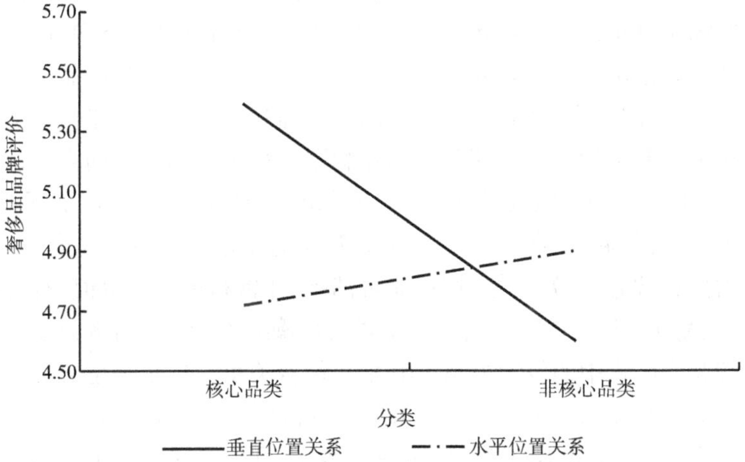

图 7-4　位置关系与产品品类对奢侈品品牌评价的交互作用（实验二）

7.3.3　结果讨论

在实验二中，研究结果表明，在奢侈品品牌的核心品类中，采用垂直位置关系比水平位置关系使消费者对奢侈品品牌的评价更好。在非核心品类中，位置关系对奢侈品品牌评价的影响差异不显著。在接下来的实验中，我们在另一种奢侈品类别中重复了我们的发现，以增强结果的可靠性。

7.4 实　验　三

在这个实验中，我们借用了真实品牌——希尔顿酒店和观夏，来模拟这两个品牌进行品牌联合。值得注意的是，现实中，奢侈品品牌酒店——半岛酒店在 2020 年与 Hello Kitty 推出了联名下午茶。此外，在奢侈品研究中，酒店也经常被认为是操纵体验式购买的常见选项（Goor et al.，2020）。因此，与实验一和实验二的时尚品牌的奢侈品品牌不同，我们在奢侈品酒店品牌情境下进行了实验三。

7.4.1　实验设计和步骤

我们通过国内专业的在线调查平台问卷星招募了 306 名参与者（63.4%为女性，平均年龄 31.08 岁）来完成我们的实验。实验设计为 2（位置关系：垂直 vs 水平）×2（产品品类：核心 vs 非核心）组间的设计。

按照同样的程序，所有参与者被随机分配到四种条件中的一种。参照之前的品牌联合操纵（Monga and Lau-Gesk，2007），参与者读到以下内容："最近，希尔顿酒店和观夏推出了一系列联名产品。下图是其中一款联名产品的广告。请仔细阅读。"然后，向四个不同组的参与者展示他们各自的广告（图 7-5）。接下来，为了加强操纵，要求参与者回答几个与品牌联合相关但与我们的真正研究目标无关的问题。之后，参与者被要求在 1 ~ 7 分的范围内表明他们对希尔顿酒店（即品牌联合中的奢侈品品牌）的评价。题项为我认为希尔顿酒店：完全没有吸引力/非常有吸引力；敌意/友好；好/坏；非常消极/非常积极；没价值/有价值；令人不愉快/令人愉快。最后，他们完成了位置关系操纵检验。参与者被要求指出两个品牌在品牌联合广告中的位置关系（0=垂直位置关系，1=水平位置关系）。此外，为了检验产品品类操纵是否成功，要求参与者指出"下午茶/香氛是希尔顿酒店的核心产品品类"（1=非常不同意，7=非常同意）。我们记录了每个参与者的性别与年龄。

7.4.2　结果分析

1. 操纵检验

组间卡方检验表明我们对位置关系的操纵是成功的（χ^2（1）=89.51，$p<0.001$）。具体而言，在品牌联合广告的垂直位置关系条件下的参与者中，选择看到两个品牌之间垂直位置关系的人（87.5%）多于选择水平位置关系的人（5.8%）；而在品牌联合广告的水平位置关系条件下的参与者中，选择水平位置关系的人（94.2%）

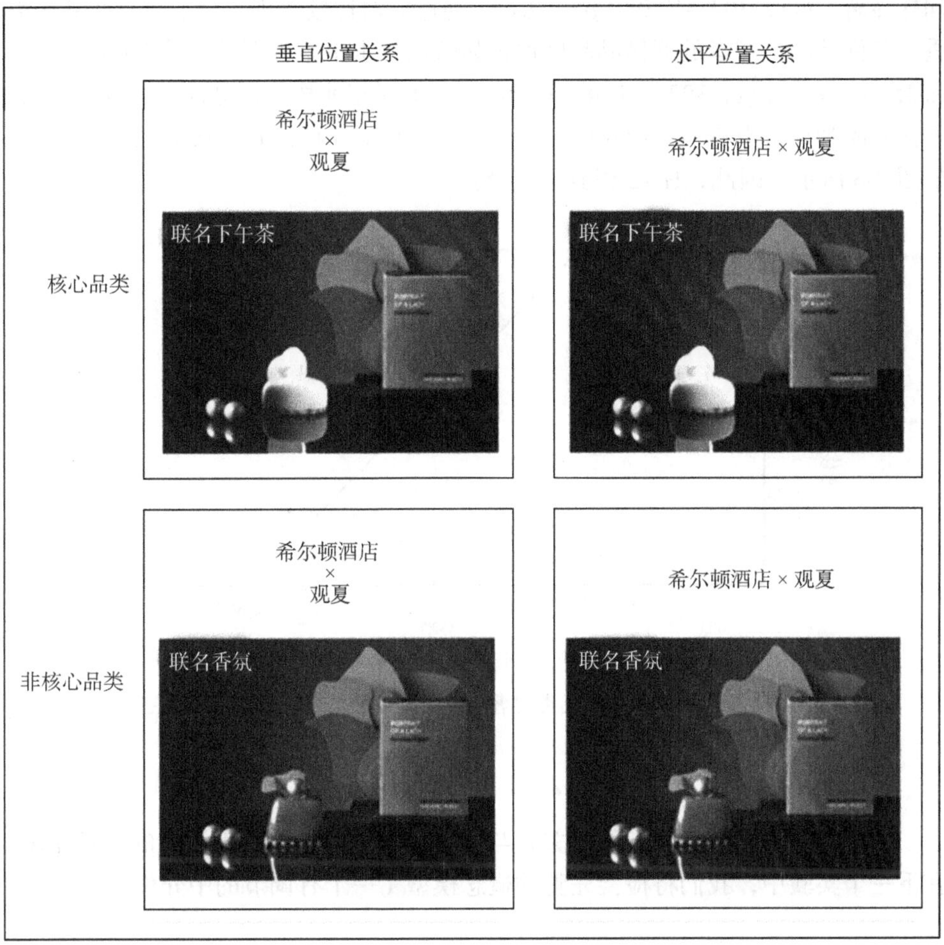

图 7-5　实验三刺激物

多于选择垂直位置关系的人（12.5%）。此外，单因素方差分析结果表明，我们对产品品类的操纵是成功的。检验结果支持产品品类操纵的成功（$F(1, 304)=7.00$；$p < 0.01$），参与者认为下午茶（$n=122$，$M_{核心}=5.26$）相比于香氛（$n=132$，$M_{非核心}=4.71$）是希尔顿更核心的产品品类。

2. 位置关系与产品品类对奢侈品品牌评价的交互作用

我们使用 ANCOVA 来检验调节效应，以 6 个奢侈品品牌评价条目的平均值（Cronbach's $\alpha=0.92$）为因变量。我们观察到位置关系对奢侈品品牌评价有显著影响（$F(1, 302)=7.18$，$p < 0.01$），产品品类对奢侈品品牌评价有显著影响（$F(1, 302)=12.64$，$p < 0.1$）。位置关系与产品品类对奢侈品品牌评价的交互作用

同样显著（$F(1, 302)=17.98$，$p < 0.01$）。通过成对比较发现，对于核心产品品类，垂直条件下的消费者的奢侈品品牌评价显著高于水平条件下的消费者（$M_{垂直}=6.37$ vs $M_{水平}=5.06$，$F(1, 302)=21.68$，$p < 0.01$）。而对于非核心产品品类，位置关系对奢侈品品牌评价没有显著影响（$M_{垂直}=4.90$ vs $M_{水平}=5.13$，$F(1, 302)=1.36$，$p > 0.1$），如图 7-6 所示。因此，H7-2 得到了支持。

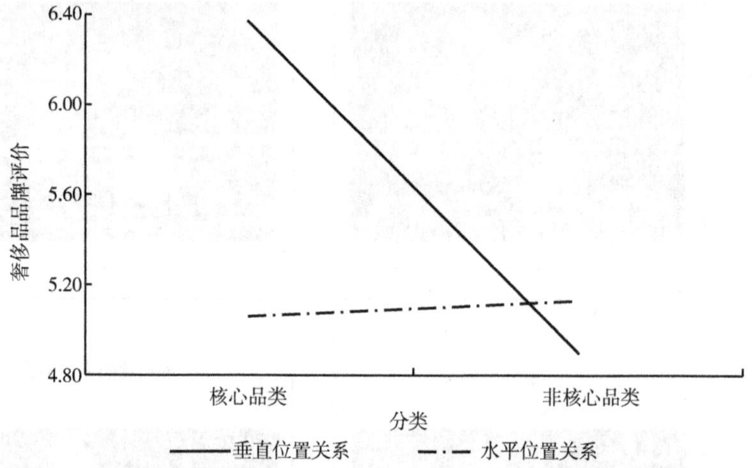

图 7-6　位置关系与产品品类对奢侈品品牌评价的交互作用（实验三）

7.4.3　结果讨论

本节的结果再次证明了位置关系与产品品类对奢侈品品牌评价的交互作用。在下一个实验中，我们将检验完整的概念模型（一个有调节的中介作用）。

7.5　实　验　四

为了进一步拓展本章研究结果的概括性，本节采用了一个新的奢侈品类——汽车。与实验三相似，我们采用了完全真实的品牌——保时捷和阿迪达斯，但虚构了他们之间的品牌联合的做法。在本节中，我们旨在探讨在利益理解的中介作用下，位置关系与产品品类对奢侈品评价的交互作用。

7.5.1　实验设计和步骤

本节通过国内专业的在线调查平台问卷星招募了 449 名参与者（57.2%为女性，平均年龄 30.56 岁）来完成我们的实验。实验设计为 2（位置关系：垂直 vs 水平）×2（产品品类：核心 vs 非核心）组间的设计。

按照同样的程序，所有参与者被随机分配到四种条件中的一种。参照之前的品牌联合操纵（Monga and Lau-Gesk，2007），参与者读到以下内容："最近，保时捷和阿迪达斯推出了一系列联名产品。下图是其中一款联名产品的广告。请仔细阅读。"然后，向四个不同组的参与者展示各自的广告（图 7-7）。接下来，为了加强操纵，要求参与者回答几个与品牌联合相关但与我们的真正研究目标无关的问题。之后，参与者被要求在 1～7 分的范围内表明他们对保时捷（即品牌联合中的奢侈品品牌）的态度。题项为我认为保时捷：完全没有吸引力/非常有吸引力；敌意/友好；好/坏；非常消极/非常积极；没价值/有价值；令人不愉快/令人愉快。然后，参与者完成了利益理解的测量[改编自 Ma 等（2015）]，"你认为保时捷和阿迪达斯的合作有意义吗？"（1=完全没有意义，7=非常有意义），"保时捷和阿迪达斯的合作对你来说合理吗？"（1=完全不合理，7=非常合理），"你在多大程度上认同保时捷和阿迪达斯品牌联合？"（1=完全不认同，7=完全认同）。最后，他们完成了位置关系操纵检验。参与者被要求指出两个品牌在品牌联合广告中的位置关系（0=垂直位置关系，1=水平位置关系）。此外，为了检验产品品类操纵是否成功，要求参与者指出"跑车/运动鞋是保时捷的核心产品品类"（1=非常不同意，7=非常同意）。我们记录了每个参与者的性别与年龄。

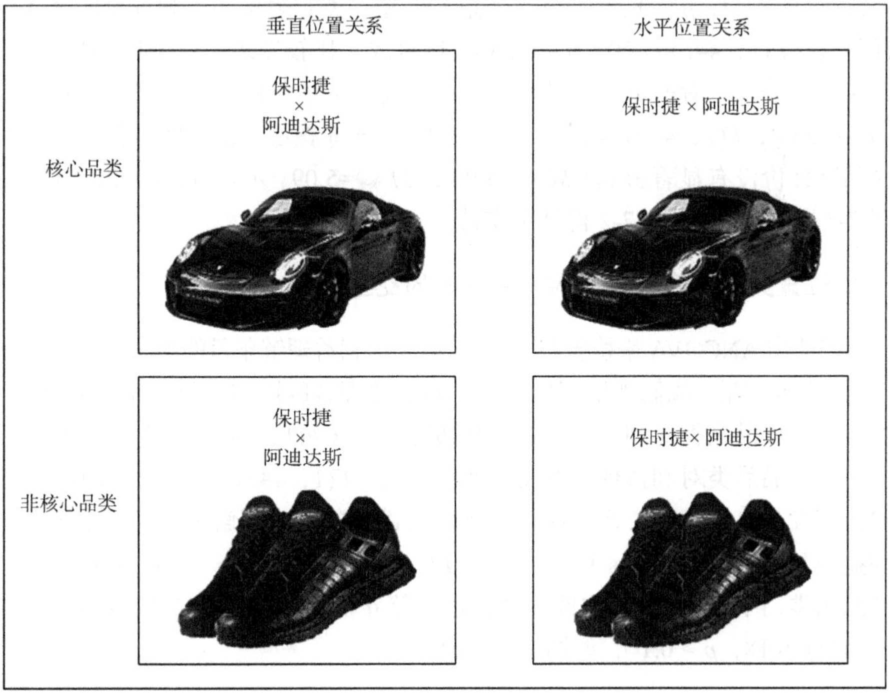

图 7-7　实验四刺激物

7.5.2 结果分析

1. 操纵检验

组间卡方检验表明我们对位置关系的操纵是成功的（$\chi^2(1)=89.51$，$p < 0.001$）。具体而言，在品牌联合广告的垂直位置关系条件下的参与者中，选择看到两个品牌之间垂直位置关系的人（87.5%）多于选择水平位置关系的人（5.8%）；而在品牌联合广告的水平位置关系条件下的参与者中，选择水平位置关系的人（94.2%）多于选择垂直位置关系的人（12.5%）。此外，单因素方差分析结果表明，我们对产品品类的操纵是成功的。检验结果支持产品品类操纵的成功（$F(1，252)=9.54$；$p < 0.01$），参与者认为跑车（$n=122$，$M_{核心}=5.26$）相比于运动鞋（$n=132$，$M_{非核心}=4.71$）是保时捷更核心的产品品类。

2. 位置关系与产品品类对奢侈品品牌评价的交互作用

我们使用 ANCOVA 来检验调节效应，以 6 个奢侈品品牌评价条目的平均值（Cronbach's $\alpha=0.91$）为因变量。我们观察到位置关系对奢侈品品牌评价没有显著影响（$F(1，445)=0.53$，$p > 0.1$），产品品类对奢侈品品牌评价有显著影响（$F(1，445)=4.74$，$p < 0.05$）。位置关系与产品品类对奢侈品品牌评价的交互作用同样显著（$F(1，445)=5.20$，$p < 0.05$）。通过成对比较发现，对于核心产品品类，垂直条件下的消费者的奢侈品品牌评价显著高于水平条件下的消费者（$M_{垂直}=5.46$ vs $M_{水平}=5.08$，$F(1，445)=4.57$，$p < 0.05$）。对于非核心产品品类，位置关系对奢侈品品牌评价没有显著影响（$M_{垂直}=4.90$ vs $M_{水平}=5.09$，$F(1，445)=1.20$，$p > 0.1$），如图 7-8 所示。因此，H7-2 得到了支持。

3. 位置关系与产品品类对利益理解的交互作用

我们使用 ANCOVA 来检验调节效应，以 3 个利益理解条目的平均值（Cronbach's $\alpha=0.84$）为因变量。我们观察到位置关系对利益理解的影响显著（$F(1，445)=6.67$，$p < 0.05$），产品品类对利益理解的影响边际显著（$F(1，445)=3.32$，$p < 0.1$）。位置关系与产品品类对利益理解的交互作用显著（$F(1，445)=3.90$，$p < 0.05$）。通过成对比较发现，对于核心产品品类，垂直条件下的利益理解显著优于水平条件下的利益理解（$M_{垂直}=5.62$ vs $M_{水平}=5.15$，$F(1，445)=10.52$，$p < 0.01$）。而对于非核心产品品类，两种位置关系之间的利益理解差异不显著（$M_{垂直}=5.23$ vs $M_{水平}=5.17$，$F(1，445)=0.18$，$p > 0.1$），如图 7-9 所示。

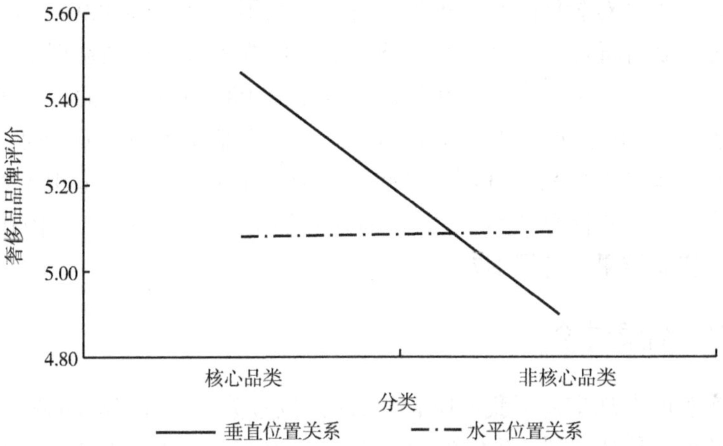

图 7-8　位置关系与产品品类对奢侈品品牌评价的交互作用（实验四）

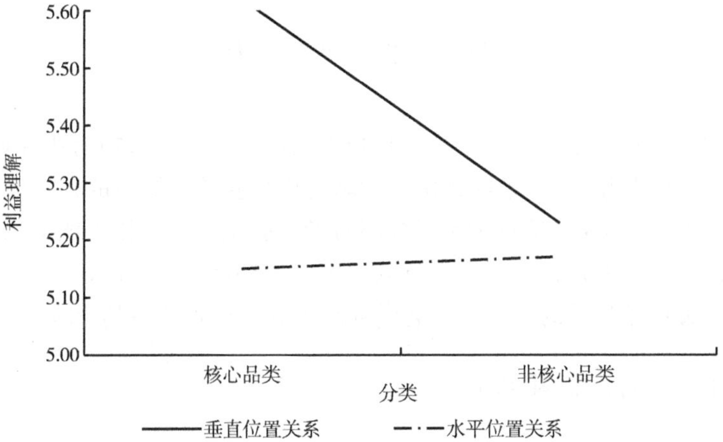

图 7-9　位置关系与产品品类对消费者利益理解的交互作用

4. 中介调节作用

为了检验利益理解是否在位置关系和产品品类对奢侈品品牌评价的交互作用中起中介作用，我们选用 Bootstrap 方法的模型 7 进行分析（Hayes，2013），样本量选择 5000。我们以位置关系作为自变量（垂直位置关系=1；水平位置关系=0），奢侈品品牌评价为因变量，产品品类为调节变量（核心品类=1；非核心品类=0），利益理解作为中介变量。正如我们所预期的那样，位置关系和产品品类对利益理解有显著的正向交互作用（β=0.41，SE=0.21；$p < 0.05$），利益理解对奢侈品品牌评价有正向的显著影响（β=0.44，SE=0.05；$p < 0.01$）。就直接影响而言，控制中

介路径时位置关系对奢侈品品牌评价的直接影响不显著（β=–0.03，SE=0.12；p > 0.1）。就间接影响而言，在核心品类条件下，位置关系通过利益理解对奢侈品品牌评价的条件间接影响显著（β=0.21，95%CI=[0.08，0.36]），而在非核心品类条件下不显著（β=0.03，95%CI=[–0.10，0.17]）。与我们的预测一致的是，利益理解在品牌位置关系与奢侈品品牌评价之间起到中介作用，但这只适用于奢侈品核心品类，而非奢侈品非核心品类。此外，有显著的调节指标（95%CI=[0.01，0.38]）。综上所述，实验结果支持了 H7-3。

7.5.3 结果讨论

这项实验的发现支持了我们所有的假设（位置关系对奢侈品品牌评价的影响、产品品类的调节作用、利益理解的中介作用）。在接下来的实验中，我们使用信息干预来进一步检验我们的理论和概念框架。

7.6 实 验 五

以上四项实验的结果表明，品牌联合中的位置关系会影响消费者对奢侈品品牌的评价。我们认为，这一效应是由品牌联合中位置关系隐喻的相对地位引起的。在这个实验中，我们通过信息干预引导消费者克服位置关系作为地位代表的偏见，来进一步证实我们的理论。根据本章的逻辑，如果消费者切断这种隐喻联系，那么消费者对奢侈品品牌的态度就不会受到品牌联合位置关系的影响。

7.6.1 实验设计和步骤

本节通过国内专业的在线调查平台问卷星招募了 541 名参与者（69.7%为女性，平均年龄 30.39 岁）完成实验。实验设计为 2（位置关系：垂直 vs 水平）×2（产品品类：核心 vs 非核心）×2（信息干预：消除偏见 vs 控制）组间设计。

按照同样的程序，所有参与者被随机分配到八种条件中的一种。首先，参照之前的信息干预方法（Sussman et al.，2021），在消除偏见条件下的参与者被要求阅读一篇学术研究文章，该文章解释了垂直位置关系并不隐喻权力或地位。这段话指导参与者不单纯地从品牌联合广告中两个品牌的位置关系来推断品牌地位。接下来，为了加强操纵，参与者被要求回答一个问题。在阅读两个品牌的品牌联合广告时：①品牌地位不应该通过两个品牌的位置关系来判断；②品牌地位可以通过两个品牌的位置关系来判断；③我不确定。然后，参照之前的品牌联合操纵（Monga and Lau-Gesk，2007），参与者读到以下内容：“最近，LV 和 Supreme

推出了一系列联名产品。下图是其中一款联名产品的广告。请仔细阅读。”然后，向不同组的参与者展示他们各自的广告（图 7-10）。为了加强操纵，要求参与者回答几个与品牌联合相关但与我们的真正研究目标无关的问题。之后，参与者被要求在 1 ~ 7 分的范围内表明他们对 LV（即品牌联合中的奢侈品品牌）的态度。题项为我认为 LV：完全没有吸引力/非常有吸引力；敌意/友好；好/坏；非常消极/非常积极；没价值/有价值；令人不愉快/令人愉快。然后，参与者完成了与实验四相同的利益理解的测量。最后，他们完成了位置关系操纵检验。参与者被要求指出两个品牌在品牌联合广告中的位置关系（0=垂直位置关系，1=水平位置关系）。为了验证产品品类操纵是否成功，参与者被要求指出“手袋/卫衣是 LV 的核心产品品类”（1=非常不同意，7=非常同意）。为了验证信息干预是否成功，参与者被要求指出“LV 主导品牌联合”（1=非常不同意，7=非常同意）。我们记录了每

图 7-10　实验五刺激物

个参与者的性别与年龄。

7.6.2 结果分析

1. 操纵检验

组间卡方检验表明我们对位置关系的操纵是成功的（$\chi^2(1)=89.51$，$p < 0.001$）。具体而言，在品牌联合广告的垂直位置关系条件下的参与者中，选择看到两个品牌之间垂直位置关系的人（87.5%）多于选择水平位置关系的人（5.8%）；而在品牌联合广告的水平位置关系条件下的参与者中，选择水平位置关系的人（94.2%）多于选择垂直位置关系的人（12.5%）。此外，单因素被试间方差分析结果表明，我们对产品品类的操纵是成功的。检验结果支持产品品类操纵的成功（$F(1, 252)=9.54$；$p < 0.01$），参与者认为手提包（$n=122$；$M_{核心}=5.26$）相比于连帽衫（$n=132$；$M_{非核心}=4.71$）是 LV 更核心的产品品类。

2. 对奢侈品品牌评价的三项交互作用

我们选用 Bootstrap 方法的模型 3（Hayes，2013）分析位置关系（垂直位置关系=1；水平位置关系=0）、产品品类（核心品类=1；非核心品类=0）、信息干预（消除偏见=1；控制=0）对奢侈品品牌评价的三项交互作用，样本量选择 5000。我们以奢侈品品牌评价（Cronbach's $\alpha=0.90$）为因变量。结果发现，位置关系、产品品类与信息干预之间存在显著的三项交互作用（$\beta=-0.92$，SE=0.44；$p < 0.05$）。

具体而言，在控制条件下，研究结果与之前的研究结果一致，位置关系与产品品类之间的交互作用正向影响奢侈品品牌评价（$\beta=0.81$，95%CI=[0.20，1.43]）。分析结果显示，对于核心品类条件下的参与者而言，垂直位置关系比水平位置关系使其对奢侈品的评价更佳（$\beta=0.53$，SE=0.22；$p < 0.05$）。对于非核心品类条件下的消费者而言，品牌位置关系对其奢侈品评价的影响并不显著（$\beta=-0.29$，SE=0.22；$p > 0.1$）。

更重要的是，在消除偏见的条件下，位置关系和产品品类之间的交互作用不再显著（$\beta=-0.10$，95%CI=[−0.70，0.49]）。分析结果显示，对于核心品类条件下的参与者，正如我们预期的那样，位置关系对奢侈品品牌评价没有显著影响（$\beta=-0.26$，SE=0.21；$p > 0.1$）。而对于非核心品类条件下的消费者而言，品牌位置关系对其奢侈品品牌评价也没有影响（$\beta=-0.16$，SE=0.21；$p > 0.1$）。信息干预、位置关系与产品品类对奢侈品品牌评价的三项交互作用如图 7-11 所示。

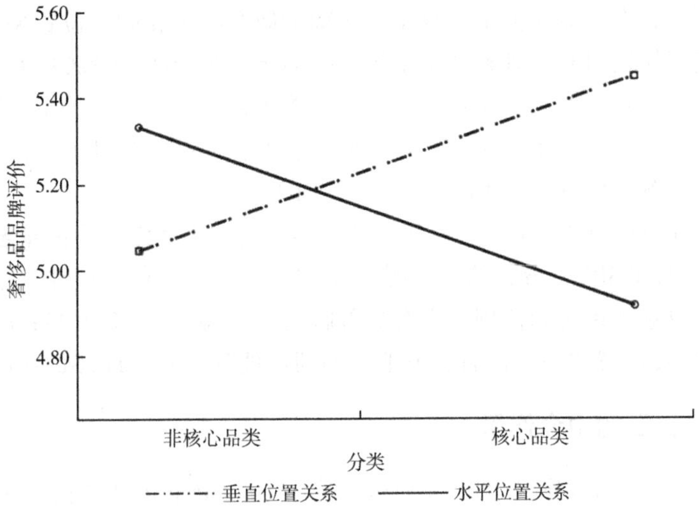

（a）控制组

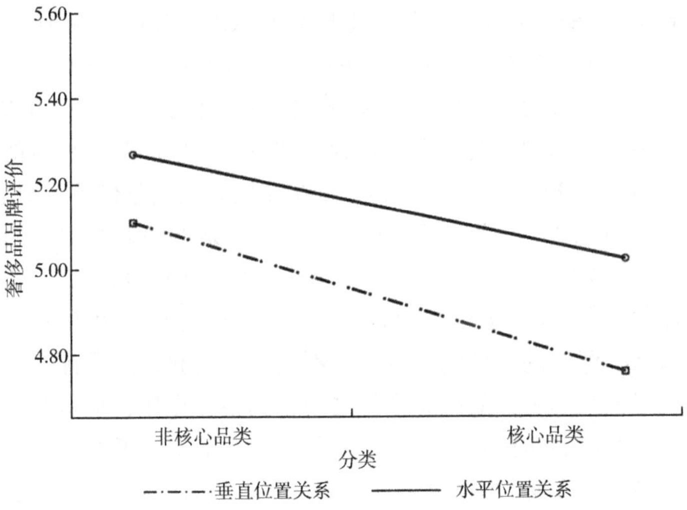

（b）信息干预组

图 7-11　信息干预、位置关系与产品品类对奢侈品品牌评价的三项交互作用

3. 对利益理解的三项交互作用

我们选用 Bootstrap 方法的模型 3（Hayes，2013）分析位置关系（垂直位置关系=1；水平位置关系=0）、产品品类（核心品类=1；非核心品类=0）、信息干预（消除偏见=1；控制=0）对利益理解的三项交互作用，样本量选择 5000。我们以利益理解（Cronbach's α=0.77）为因变量。结果发现，位置关系、产品品类和信息干预之间对利益理解存在显著的三项交互作用（β=–0.79，SE=0.34；$p < 0.05$）。

具体而言，在控制条件下，结果与之前的研究结果相同，位置关系和产品品类之间的交互作用对利益理解产生了积极的影响（β=0.62，95%CI=[0.14，1.10]）。分析结果显示，在核心品类条件下，垂直位置关系比水平位置关系更能提高被试的利益理解（β=0.38，SE=0.18；$p < 0.05$）。在非核心品类条件下，位置关系并不影响其利益理解（β=–0.25，SE=0.17；$p > 0.1$）。

在消除偏见条件下，位置关系和产品品类之间的交互作用不再显著（β=–0.17，95%CI=[–0.63，0.30]）。分析结果表明，与我们预期的一样，对于核心品类条件下的参与者，位置关系对利益理解没有显著影响（β=–0.28，SE=0.17；$p > 0.1$）。对于非核心品类，位置关系也没有影响他们的利益理解（β=–0.11，SE=0.17；$p > 0.1$）。

4. 三项交互的中介作用

我们进行了一个有调节的中介分析，选用 Bootstrap 方法的模型 11 进行分析（Hayes，2013），样本量选择 5000。利益理解为中介变量，奢侈品品牌评价为因变量。结果显示，该模型有显著的调节指标（95%CI=[–1.02，－0.10]）。具体而言，在控制条件下，研究结果与以往研究结果一致，发现利益理解在产品品类与位置关系对奢侈品品牌评价的交互作用中起中介作用（95%CI=[0.10，0.76]）。此外，在核心品类条件下，品牌位置关系通过利益理解对奢侈品品牌评价的条件间接效应为正显著（β=0.26，95%CI=[0.06，0.47]），在非核心品类条件下不显著（β=–0.17，95%CI=[–0.43，0.08]）。在消除偏见的条件下，有条件的调节中介的指标不显著（95%CI=[–0.43，0.22]）。在核心品类条件下（β=–0.19，95%CI=[–0.43，0.04]）和非核心品类条件下（β=–0.08，95%CI=[–0.31，0.14]），品牌位置关系通过利益理解对奢侈品品牌评价的条件间接效应均不显著。与我们的预测一致的是，利益理解在品牌位置关系与奢侈品品牌评价之间起到中介作用，但这只适用于奢侈品核心品类，而非奢侈品非核心品类。综上所述，结果支持了 H7-3。

本节分析进一步表明，当信息干预限制了位置关系与地位之间的隐喻联系时，品牌联合中的位置关系并不会影响消费者对奢侈品的态度。

7.7　本章小结

本章探讨了在品牌联合的实践中，一个奢侈品品牌和另一个非奢侈品品牌之间的位置关系，如何、何时和为什么影响奢侈品品牌评价。实验一表明，品牌联合中的垂直位置关系（相对于水平位置关系）有利于奢侈品品牌的评价。实验二、实验三、实验四进一步通过三个不同类别的奢侈品品牌检验了位置关系与产品品类对奢侈品品牌评价的交互作用。实验结果表明，当联名产品属于奢侈品品牌的核心品类时，消费者在垂直位置关系（相对于水平位置关系）条件下对奢侈品品牌的态度更好。相反，当品牌联合产品属于非核心品类时，这种影响就消失了。利益理解是上述这种影响的解释机制（实验四）。实验五通过信息干预进一步支持利益理解的中介作用。实验结果表明，当我们操纵消除消费者对位置关系和品牌地位之间关联的信念时，调节作用和中介作用都消失了。总的来说，当消费者从视觉线索中感知到奢侈品品牌的主导地位时，他们更有可能理解品牌联合的好处，而非核心品类（相对于核心品类）负向调节这种影响。

第 8 章　品牌联合类型和感知经济流动性对品牌联合的影响研究

8.1　理论框架与研究假设

8.1.1　消费者感知经济流动性与远端品牌联合

为了寻找新的增长途径，品牌经常与“遥远”的品牌进行品牌联合。例如，肯德基与六神花露水推出联名咖啡。这种“遥远”是根据感知契合度来定义的，即品牌与品牌之间的整体相似性（Keller and Aaker，1992；Su et al.，2021；Völckner and Sattler，2006）。与自身品牌在产品品类上相似的近端品牌联合被认为是高度契合的（如肯德基和避风塘），而远端品牌联合则与自身品牌存在内在的不一致甚至矛盾（如肯德基和六神）。“遥远”的品牌延伸，代表着对立元素一起呈现的不一致甚至矛盾（如肯德基的产品都是食物可以吃，但六神花露水不能吃；六神生产有驱蚊效果的产品，但肯德基没有）。

根据先前的文献，消费者对品牌延伸的评价很大程度上取决于母品牌和延伸之间的感知契合度（Aaker and Keller，1990；Völckner and Sattler，2006）。如果消费者感知到品牌延伸与其母品牌之间非常契合，他们对品牌延伸的反应会更积极（Aaker and Keller，1990）。根据上述研究结论，相比于远端品牌联合，消费者显然会对近端品牌联合有更高的评价，那么为什么近年来还会有越来越多的品牌进行远端品牌联合呢?

事实上，2016 年戴森超音速吹风机的推出让此前主要专注于吸尘器的戴森品牌实现了产品的多元化，并增加了 28%的收入，达到 44 亿欧元（Chandler，2019）。同样，拉夫劳伦从服装和香水远端扩展到酒店的行为帮助公司通过品牌的体验和独特的表达激起了更多消费者的兴趣。一方面，这种远端延伸和联合提供了多重好处，如允许消费者在品牌内寻求多样化，保持消费者之间的相关性，增加更多的收入，并分散销售风险（Chun et al.，2015；Parker et al.，2018）。另一方面，尽管这种契合度较低的延伸在市场上有一些成功的案例，但总的失败率惊人地高达 80% ~ 90%（Duckler，2018）。

因此，在品牌延伸的相关研究中，学者已将一部分注意力转移到“遥远”的品牌延伸上，即被认为与品牌现有核心产品线不太匹配或不太契合的延伸上（Chun et al.，2015；Cutright et al.，2013；Johnson et al.，2019；Meyvis et al.，2012；Monga and John，2007；Parker et al.，2018）。类似地，为了寻找新的增长途径，品牌经常与“遥远”的品牌进行品牌联合，而关于远端品牌联合的研究还相当有限。

在品牌联合中，品牌联合的感知契合度和评价会受母品牌或消费者的特征的影响。例如，情境性或长期性消费者特征，包括情绪状态（Barone et al.，2000）、控制感（Cutright et al.，2013）和文化思维风格（Monga and John，2007）都会影响消费者的感知契合度和评价。基于此，本章提出，消费者感知经济流动性可能会影响消费者对于品牌联合尤其是远端品牌联合的评价。

本章重点关注的是个体对经济流动性的感知，即个人对于社会是否能让其成员凭借自身行动获得更好社会经济地位的信念（Davidai and Gilovich，2015；Yoon and Kim，2016）。其中，地位通常被定义为一个人在社会结构中的相对社会经济地位（Bobo and Zubrinsky，1996），先前研究往往衡量或操纵社会经济地位，关注一个人与他人的财产和经济状况（Kraus et al.，2010；Mittal and Griskevicius，2014）。然而，一个人的社会经济地位在现代社会中并不一定是固定的，在现代社会中，个人有跨阶层流动的潜力，因此需要关注的是经济流动性。因为即使在一个社会中，人们也会感知到不同水平的流动性（Kraus and Tan，2015）。

构建感知经济流动性可以获得这样的信念：努力工作会带来未来的成功，或者延迟的满足会在未来得到回报。高感知经济流动性意味着个体感受到与实现美好未来可能性之间的紧密联系（Browman et al.，2019；Markus and Nurius，1986；Oyserman，2007；Oyserman and Destin，2010；Roese and Sherman，2008）。因此，高感知经济流动性的人认为，努力工作会带来预期的成功，这种现在的努力会在未来带来足够的回报的信念促进了人们的自我调节过程。从这个角度来看，感知经济流动性高的人认为，现在的努力一步一步促成将来的社会经济地位，即用更加联系、发展、整体的眼光来看待事物。低感知经济流动性的人认为，今天的努力与未来的成功无关，会用更加独立的眼光来看待事物。因此，我们认为，对于低感知契合度的远端品牌联合，联系、发展的眼光可以调和品牌与品牌之间存在的不一致和矛盾的因素，使品牌联合有更高的感知契合度，从而对品牌联合有更有利的评价。对于近端的品牌延伸，消费者很容易感知品牌联合之间的契合度，而不需要联系、发展的眼光，从而减弱了消费者感知经济流动性对品牌联合反应的影响。基于上述分析，本章提出以下假设。

H8-1：品牌联合类型与消费者感知经济流动性交互影响品牌联合评价。具体而言，高感知经济流动性的消费者比低感知经济流动性的消费者对远端品牌联合的评价更好；这种影响将在近端（即常规）品牌联合中被减弱。

8.1.2 思维方式的中介作用

思维方式可以被分为两类：整体性思维和分析性思维。整体性思维被定义为对环境或区域的整体定位，包括关注焦点对象和区域之间的关系，以及倾向于在这种关系的基础上解释和预测事件（Nisbett et al.，2001）。分析性思维包括将目标对象从其上下文环境中分离出来，倾向于关注目标对象的本身属性，将其分配到特定类别中，并使用关于类别的规则来解释和预测目标对象的行为（Nisbett et al.，2001）。分析性思维的特点是认为世界是由孤立的元素组成的，而整体性思维的特点是认为世界是由相互联系的元素组成的（Lalwani and Shavitt，2013；Masuda and Nisbett，2001；Monga and John，2007，2008；Nisbett et al.，2001）。例如，当面临嵌入图形测试时，整体性思维者由于其习惯于整体把握和处理信息，往往难以从嵌入的背景环境中剥离出各个独立元素；相反，分析性思维方式的个体则能较好地做到这一点（Monga and John，2007）。先前的研究表明，分析性思维者和整体性思维者在分类上存在根本性分歧（Choi et al.，1999；Escalas and Bettman，2005；Markus and Kitayama，1991）。整体性思维者在描述对象时倾向于将其与上下文联系起来，而分析性思维者则可以进行独立于上下文的思考（Masuda and Nisbett，2001）。此外，当被问及目标对象之间的关联程度时，整体性思维者报告的关联程度高于分析性思维者（Ji et al.，2000）。在本章中，我们聚焦于思维方式在消费者感知经济流动性对于远端品牌联合评价的影响中所起的中介作用。

对于高感知经济流动性人们，当他们相信自己的努力会得到公正的回报时会变得更加面向未来（如延迟满足、做出风险较小的行为、制定更遥远的目标）（Davids and Falkof，1975；Klineberg，1968；Rothspan and Read，1996；Strathman et al.，1994）。换句话说，个人越相信今天的努力能带来未来的成功，他们就越有动力去制订长期计划，以在未来获得更大的回报，即联系的思维。然而，在低感知经济流动性的条件下，由于人们认为遥远和具有挑战性的目标是难以实现的（Bandura and Schunk，1981；Locke and Latham，2002；Manderlink and Harackiewicz，1984），他们会觉得很难爬上一个高度不平等的经济阶梯（Davidai，2018），今天的努力与未来的成功无关，即孤立的思维。因此，我们认为，感知经济流动性会影响消费者的思维方式。具体来说，高感知经济流动性的人会更加偏向于整体性思维，而低感知经济流动性的人更加偏向于分析性思维。

此外，整体性与分析性思维还会进一步影响消费者对于品牌联合的评价。分析性思维者和整体性思维者认知的离散性和联系性对消费者决策会产生不同的影响。这种对联系和分离的关注，根植于整体性与分析性思维中，也反映在消费者的对于品牌联合的评价中。整体性思维涉及对环境或区域作为一个整体的定位，而分析性思维涉及将目标对象从其环境中分离出来，并关注目标对象自身属性。本章认为，这种思维方式的差异影响了消费者判断品牌联合匹配度的方式，从而影响了品牌联合评价。具体来说，对于远端品牌联合而言，相对于分析性思维者，整体性思维者能更好地调和品牌联合双方存在的不一致和矛盾的因素，使品牌联合有更高的感知契合度，从而对品牌联合有更有利的评价。与这种想法一致的是，先前的一项研究结果表示，整体性思维者，相对于分析性思维者，认为母品牌和延伸产品品类之间有更高的感知契合度（Monga and John，2007）。综上所述，我们认为，感知经济流动性会通过影响个体的思维方式，进而影响他们对品牌延伸策略的评价。基于上述分析，本章提出以下假设。

H8-2：思维方式中介了消费者感知经济流动性对于远端品牌联合评价的影响。具体而言，高感知经济流动性的消费者更偏向于整体性思维，从而对远端品牌联合有更好的评价；低感知经济流动性的消费者更偏向于分析性思维，从而对远端品牌联合的评价更差。

8.1.3　品牌参与自我概念的调节作用

品牌参与自我概念是指消费者倾向于将品牌视作他人对自己看法的一部分，这种倾向体现出个体间的认知差异（Sprott et al.，2009）。这一概念的构建依托于自我图式理论框架，旨在深入探究品牌在个体自我概念形成和表达过程中的作用。自我概念可以理解为一种内在的自我图式，它构成了关于个体自我稳定的知识架构，并对所有关于自我的输入的信息进行有序组织，进而帮助个体在不同情境中更好地认识自我（Markus，1977）。每个个体在形成特定自我图式的倾向上各有不同，这种差异性导致了他们对这些图式相关的事物表现出不同的态度和行为反应（Markus，1983；Markus et al.，1982）

过去的研究揭示了消费者在将自我概念与品牌相结合方面的个体差异。例如，有研究指出，儿童与青少年在自我与品牌关联的数量和性质上表现出显著的区别（Chaplin and John，2005）。此外，对于部分消费者来说，在个人网页上展示品牌信息更能实现自我形象的拓展（Schau and Gilly，2003）。研究也表明，人们通过加入品牌社区实现的身份构建和表达的倾向各有不同（Muniz and O'Guinn，2001）。进一步的证据还显示在利用钟爱品牌塑造自我发展的过程中，消费者之间存在着个性化差异；在不同的细分市场中，一些消费者更倾向于将品牌标志作为识别品牌身份的一种手段。

品牌参与自我概念定义为消费者在自我概念中加入他们喜爱的品牌的一般倾向（Sprott et al.，2009）。品牌参与自我概念结构的基本假设是，消费者拥有品牌相关图式的倾向各不相同。虽然一些消费者可能会形成他们所使用和喜欢的品牌如何与自己相关的自我图式，但另一些消费者可能不会形成这样的图式。与其他图式一样，我们预测品牌参与自我概念的差异与品牌相关认知、知觉和行为的差异（如对于品牌联合的态度）相关。具体来说，我们提出品牌参与自我概念调节了消费者感知经济流动性通过思维方式对于远端品牌联合评价的影响。

自我概念中的品牌参与（品牌参与自我概念）是一种关于品牌与自我关系的广义观点，消费者将重要品牌纳入自我概念的倾向各不相同。它捕捉了消费者对品牌的总体参与度，预测了消费者对他们最喜欢的品牌的不同关注、记忆和偏好。品牌参与自我概念水平会影响消费者对品牌的关注（Sprott et al.，2009）。具体来说，品牌参与自我概念较高的消费者（相对于品牌参与自我概念较低的消费者）不需要额外的认知努力就能将注意力集中在品牌上。在这种情况下，可能是更高水平的品牌参与自我概念导致消费者对环境中的品牌刺激更轻松、自动地注意，而消费者没有意识到这个过程。例如，在品牌联合产品的背景下，不同品牌参与自我概念程度的消费者对品牌刺激的关注度和可见度有很大差异。此外，品牌参与自我概念还会影响消费者对于品牌标志和符号的关注（Sprott et al.，2009）。品牌参与自我概念较高的消费者会更加欣赏和购买具有明显品牌识别的品牌产品；对于品牌参与自我概念较低的消费者来说，这类产品可能不太有吸引力。品牌联合策略即利用双方品牌标识去合作推出一个联名产品。因此，我们认为，由于品牌参与自我概念较高的消费者更容易关注到品牌联合中的双方品牌，因此消费者的思维方式对于品牌联合评价的影响在这一类消费者身上被放大。换句话说，对于品牌参与自我概念较高的消费者而言，他们越运用整体性思维（vs 分析性思维），就会越喜欢远端品牌联合；对于品牌参与自我概念较低的消费者而言，由于较少将注意力放在品牌上，思维方式对于远端品牌联合评价的影响被大大削弱。基于上述分析，本章提出以下假设。

H8-3：品牌参与自我概念调节了消费者感知经济流动性通过思维方式对于远端品牌联合评价的影响。具体而言，品牌参与自我概念越高，消费者的思维方式对于远端品牌联合评价的影响越强。

图 8-1 为本章的概念模型。

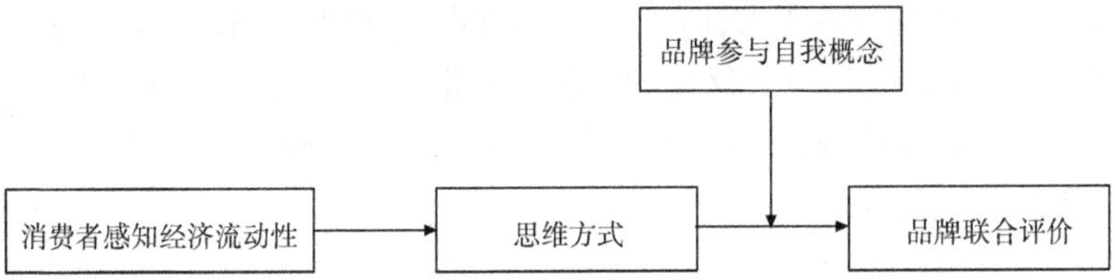

图 8-1　第 8 章的概念模型

8.2 实验一

8.2.1 实验设计和步骤

我们招募了 270 名参与者（173 名女性）完成实验，平均年龄 29.97 岁（SD=6.51）。参与者通过国内专业的在线调查平台问卷星招募。实验设计为 2（品牌联合类型：常规品牌联合 vs 远端品牌联合）组间设计。

在实验开始前，我们告知所有参与者，实验是匿名进行的，答案没有正确或错误之分，内容将严格保密，所有内容仅用于科学研究。所有参与者被随机分配到常规品牌联合和远端品牌联合两种品牌联合类型中。参照之前的品牌联合操纵（Monga and Lau-Gesk，2007），我们操纵了品牌联合类型（常规品牌联合和远端品牌联合）。被分配到常规品牌联合情境的参与者读到以下内容："拉面说，是一个拉面品牌。五芳斋是一个粽子品牌。现在，拉面说与五芳斋推出联名款拉面。下图是该联名产品的广告，请仔细阅读。"被分配到远端品牌联合情境的参与者读到以下内容："拉面说，是一个拉面品牌。999 感冒灵是一个医疗药品品牌。现在，拉面说与 999 感冒灵推出联名款拉面。下图是该联名产品的广告，请仔细阅读。"然后，我们向常规品牌联合情境和远端品牌联合情境的参与者展示各自的广告（图 8-2）。接下来，为了加强操纵，要求参与者回答几个与品牌联合相关但与我们的真正研究目标无关的问题。之后，参与者被要求在 1～7 分的范围内表明他们对品牌联合的态度："我认为上述联名（1=非常差，7=非常好；1=非常不利，7=非常有利）""我喜欢这个联名""我认为这个联名很有吸引力""我想要购买这个联名""我会向别人推荐这个联名"（1=非常不同意，7=非常同意）。然后，参与者被要求回答对联名品牌的态度"对于五芳斋/999 感冒灵的态度是（1=非常差，7=非常好）"。参照先前的研究（Su et al.，2021），参与者完成了关于品牌联合类型（常规品牌联合和远端品牌联合）的操纵检验。具体来说，参与者被要求指出两个品牌在品牌联合广告中的相似程度（1=一点也不相似，7=非常相似）。参照先前的研究（Yoon and Kim，2018），我们测量了参与者的感知经济流动性，参与者被要求针对以下描述的同意程度进行 1 ~ 7 评分，“无论出生环境如何，每个人获得巨大财富的可能性都很高”“每个人都有公平的机会去努力获得更高的社会经济地位”（1=非常不同意，7=非常同意）。最后，我们记录了每个参与者的性别与年龄。

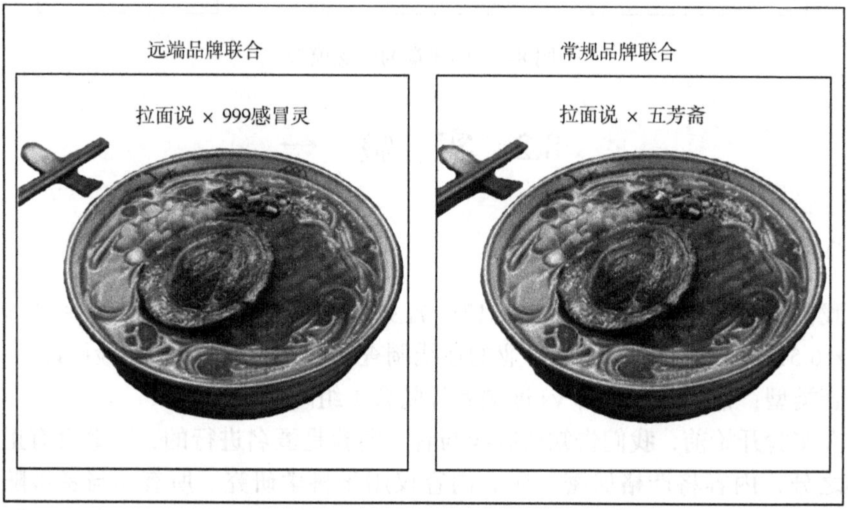

图 8-2　实验一刺激物

8.2.2　结果分析

1. 操纵检验

单因素组间方差分析结果表明，我们对品牌联合类型的操纵是成功的。操纵检验的结果支持品牌联合类型的操纵（$F(1，268)=10.80$；$p<0.01$），参与者在远端品牌联合情境下对进行品牌联合的两个品牌相似度的评价低于常规品牌联合情境下的评价（$n=127$，$M_{远端}=3.93$；$n=143$，$M_{常规}=4.59$）。

2. 品牌联合类型对于品牌联合评价的影响

正如预期的那样，品牌联合类型对品牌联合评价的影响是显著的。相比于常规品牌联合情境下的被试，在远端品牌联合情境下的被试对于品牌联合的评价更低（$M_{远端}=4.36$ vs $M_{常规}=5.16$；$F(1，268)=24.73$；$p<0.01$）。

3. 品牌联合类型与消费者感知经济流动性对于品牌联合评价的交互作用

我们进行了一个调节分析，选用 Bootstrap 方法的模型 1 进行分析（Hayes，2013），样本量选择 5000，品牌联合类型（虚拟变量，远端品牌联合=1；常规品牌联合=0）和消费者感知经济流动性（连续变量）为自变量（Cronbach's α=0.78），品牌联合评价为因变量（Cronbach's α=0.92）。结果显示，品牌联合类型显著负向影响品牌联合评价（β=−2.08，SE=0.67；$p < 0.01$），消费者感知经济流动性对于品牌联合评价的影响不显著（β=−0.07，SE=0.67；$p > 0.05$）。品牌联合类型与消费者感知经济流动性的交互作用显著正向影响品牌联合评价（β=0.26，SE=0.13；$p < 0.05$）。具体而言，对于远端品牌联合类型，消费者感知经济流动性正向影响消费者对于品牌联合的态度（β=0.45，SE=0.09；$p < 0.01$；95%CI=[0.27，0.64]）。对于常规品牌联合类型，消费者感知经济流动性的影响显著降低（β=0.19，SE=0.09；$p < 0.05$；95%CI=[0.02，0.36]）。品牌联合类型与消费者感知经济流动性对于品牌联合评价的交互作用如图 8-3 所示。综上所述，结果支持了 H8-1。

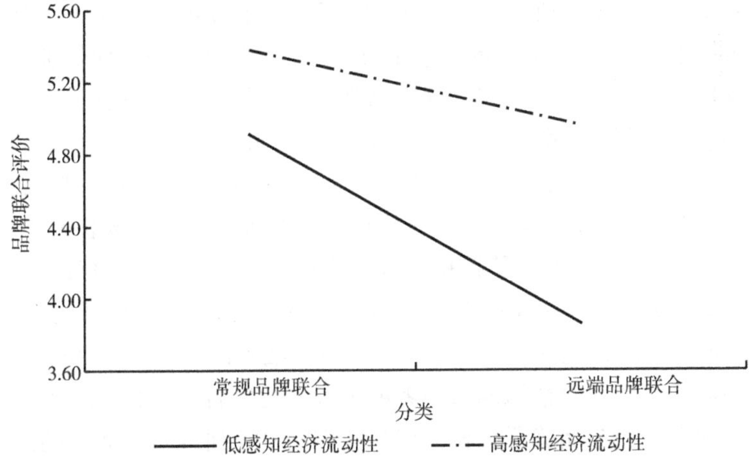

图 8-3　品牌联合类型与消费者感知经济流动性对于品牌联合评价的交互作用（实验一）

8.2.3　结果讨论

本节探讨了品牌联合类型与消费者感知经济流动性对于品牌联合评价的影响。研究结果表明，与常规品牌联合类型相比，消费者的感知经济流动性显著正向影响消费者对于远端品牌联合类型的评价。在接下来的实验二中，我们通过操纵消费者感知经济流动性的方法进一步验证了这种相互作用。

8.3 实 验 二

8.3.1 实验设计和步骤

我们招募了 230 名参与者（145 名女性）完成实验，平均年龄 29.94 岁（SD=7.31）。参与者通过国内专业的在线调查平台问卷星招募。研究设计为 2（品牌联合类型：常规品牌联合 vs 远端品牌联合）×2（消费者感知经济流动性：低 vs 高）组间设计。

在实验开始前，我们告知所有参与者，实验是匿名进行的，没有正确或错误的答案，内容将严格保密，所有内容仅用于科学研究。与实验一类似，所有参与者被随机分配到四种情境中。我们使用与 Yoon 和 Kim（2016）相同的方法来操纵消费者的感知经济流动性。参与者首先阅读了一个说明："每个人都有公平的机会在经济阶梯上上升。"在高（低）感知的经济流动性条件下，他们被要求写了三个论点来支持（反对）它。参照之前的品牌联合的操纵（Monga and Lau-Gesk，2007），我们操纵了品牌联合类型（常规品牌联合和远端品牌联合）。被分配到常规品牌联合情境的参与者读到以下内容："拉面说，是一个拉面品牌。五芳斋是一个粽子品牌。现在，拉面说与五芳斋推出联名款拉面。下图是该联名产品的广告，请仔细阅读。"被分配到远端品牌联合情境的参与者读到以下内容："拉面说，是一个拉面品牌。999 感冒灵是一个医疗药品品牌。现在，拉面说与 999 感冒灵推出联名款拉面。下图是该联名产品的广告，请仔细阅读。"然后，我们向常规品牌联合情境和远端品牌联合情境的参与者展示各自的广告。接下来，为了加强操纵，要求参与者回答几个与品牌联合相关但与我们的真正研究目标无关的问题。

之后，参与者被要求在 1～7 分的范围内表明他们对品牌联合的态度："我认为上述联名（1=非常差，7=非常好；1=非常不利，7=非常有利）""我喜欢这个联名""我认为这个联名很有吸引力""我想要购买这个联名""我会向别人推荐这个联名"（1=非常不同意，7=非常同意）。然后，参与者被要求回答对联名品牌的态度"对于五芳斋/999 感冒灵的评价是（1=非常差，7=非常好）"。最后，他们完成了关于品牌联合类型（常规品牌联合和远端品牌联合）和消费者感知经济流动性的操纵检验。具体来说，参照先前的研究（Su et al.，2021），参与者被要求指出两个品牌在品牌联合广告中的相似程度（1=一点也不相似，7=非常相似）。并且，参照先前的研究中关于消费者感知经济流动性的操纵检验（Yoon and Kim，2016），参与者被要求针对以下描述进行评分，"1=我未来的经济地位是由环境所决定的，7=我未来的经济地位是由我自己的努力所决定的""1=我未来的社会经济地位取决于我的出生，7=我未来的社会经济地位取决于我现在的行动"。我们记录了每个参与者的性别与年龄，以及消费者现在的社会经济地位（1=非常低，7=非常高）。

8.3.2　结果分析

1. 操纵检验

单因素组间方差分析结果表明，我们对品牌联合类型和消费者感知经济流动性的操纵是成功的。操纵检验的结果支持品牌联合类型的操纵（$F(1, 228)=18.26$；$p < 0.01$），参与者在远端品牌联合情境下对进行品牌联合的两个品牌相似度的评价低于常规品牌联合情境下的评价（$n=115$，$M_{远端}=3.85$；$n=115$，$M_{常规}=4.83$）。操纵检验的结果同样支持消费者感知经济流动性的操纵（$F(1, 228)=10.27$；$p < 0.01$），参与者在低感知经济流动性条件下对于感知经济流动性的测量条目的平均得分低于高感知经济流动性条件下的平均得分（$n=115$，$M_{低感知经济流动性}=4.78$；$n=115$，$M_{高感知经济流动性}=5.33$）。

2. 品牌联合类型与消费者感知经济流动性对于品牌联合评价的交互作用

我们使用双因素方差分析来检验调节效应。品牌联合类型（虚拟变量，远端品牌联合=1；常规品牌联合=0）和消费者感知经济流动性（虚拟变量，高感知经济流动性=1；低感知经济流动性=0）为自变量，品牌联合评价为因变量（Cronbach's $\alpha=0.93$）。在这个调节模型中，品牌联合类型显著负向影响品牌联合评价（$F(1, 226)=13.87$；$p < 0.01$），消费者感知经济流动性显著正向影响品牌联合评价（$F(1, 226)=5.39$；$p < 0.05$）。品牌联合类型与消费者感知经济流动性的交互作用显著正向影响品牌联合评价（$F(1, 226)=4.33$；$p < 0.05$）。具体而言，成对比较发现，对于远端品牌联合类型，消费者感知经济流动性正向影响的消费者对于品牌联合的评价（$M_{高感知经济流动性}=4.61$ vs $M_{低感知经济流动性}=3.80$；$F(1, 226)=9.70$；$p < 0.01$）。对于常规品牌联合类型，消费者感知经济流动性的影响不显著（$M_{高感知经济流动性}=4.90$ vs $M_{低感知经济流动性}=4.86$；$F(1, 226)=0.03$；$p > 0.05$）（图 8-4）。综上所述，结果支持了 H8-1。

此外，我们还排除了参与者现在的社会经济地位的影响。实验结果显示，当我们控制参与者现在的社会经济地位时，品牌联合类型与消费者感知经济流动性对于品牌联合评价的交互作用的显著性不变。参与者现在的社会经济地位与感知经济流动性不相关（$p=0.34$）。在调节模型中，品牌联合类型显著负向影响品牌联合评价（$F(1, 226)=15.63$；$p < 0.01$），消费者感知经济流动性显著正向影响品牌联合评价（$F(1, 226)=4.45$；$p < 0.05$）。品牌联合类型与消费者感知经济流动性的交互作用显著正向影响品牌联合评价（$F(1, 226)=4.70$；$p < 0.05$）。具体

而言，成对比较发现，对于远端品牌联合类型，消费者感知经济流动性正向影响消费者对于品牌联合的评价（$M_{高感知经济流动性}=4.57$ vs $M_{低感知经济流动性}=3.84$；$F(1, 226)=9.14$；$p < 0.01$）。而对于常规品牌联合类型，消费者感知经济流动性的影响不显著（$M_{高感知经济流动性}=4.87$ vs $M_{低感知经济流动性}=4.88$；$F(1, 226)=0.01$；$p > 0.05$）。

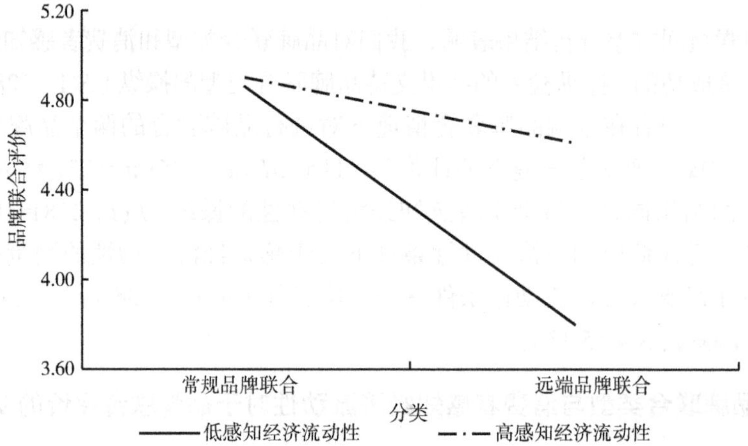

图 8-4　品牌联合类型与消费者感知经济流动性对于品牌联合评价的交互作用（实验二）

8.3.3　结果讨论

本节验证了品牌联合类型与消费者感知经济流动性对于品牌联合评价的影响。通过对消费者感知经济流动性的操纵，我们发现，与常规品牌联合类型相比，消费者的感知经济流动性显著正向影响消费者对于远端品牌联合类型的评价。在接下来的实验三中，我们将重点放在远端品牌联合类型上，并进一步研究了这种相互作用背后的机制。

8.4　实　验　三

8.4.1　实验设计和步骤

我们招募了 151 名参与者（91 名女性）完成实验，平均年龄 30.87 岁（SD=6.90）。参与者通过国内专业的在线调查平台问卷星招募。研究设计为 2（消费者感知经济流动性：低 vs 高）组间设计。

在实验开始前，我们告知所有参与者，实验是匿名进行的，答案没有正确或错误之分，内容将严格保密，所有内容仅用于科学研究。与实验一类似，所有参与者被随机分配到高感知经济流动性和低感知经济流动性两种条件下。首先，我们使用与 Yoon 和 Kim（2016）相同的方法来操纵消费者感知经济流动性。参与者阅读了一个说明："每个人都有公平的机会在经济阶梯上上升。"在高（低）感知的经济流动性条件下，他们被要求写了三个论点来支持（反对）它。参照之前的品牌联合的操纵（Monga and Lau-Gesk，2007），参与者读到以下内容："乐事，是一个食品品牌。UGG 是一个鞋履品牌。现在，乐事与 UGG 推出联名款薯片。下图是该联名产品的广告，请仔细阅读。"然后，我们向参与者展示品牌联合的广告（图 8-5）。接下来，为了加强操纵，要求参与者回答几个与品牌联合相关但与我们的真正研究目标无关的问题。

远端品牌联合

图 8-5　刺激物（实验三）

之后，参与者被要求在 1～7 分的范围内表明他们对品牌联合的评价："我认为上述联名（1=非常差，7=非常好；1=非常不利，7=非常有利）""我喜欢这个联名""我认为这个联名很有吸引力""我想要购买这个联名""我会向别人推荐这个联名（1=非常不同意，7=非常同意）"。然后，参照先前的研究中关于思维方式（整体性思维 vs 分析性思维）的测量（Monga and John，2010），参与者被要求针对以下描述的同意程度进行评分，"整体大于部分之和""关注整体比关注局部更加重要""为了理解一种现象，应该考虑整体，而不是它的各个部分""注意上下文情境比注意细节更加重要"（1=非常不同意，7=非常同意）。参与者被要求回答对联名品牌的态度"对于五芳斋/999 感冒灵的态度是（1=非常差，7=非常好）"。然后，他们完成了消费者感知经济流动性的操纵检验（Yoon and Kim，2016）。具体来说，参照先前的研究中关于消费者感知经济流动性的操纵检验，参与者被要求针对以下描述进行评分，“1=我未来的经济地位是由环境所决定的，7=我未来的经济地位是由我自己的努力所决定的”“1=我未来的经济地位取决于我的出生，7=我未来的经济地位取决于我现在的行动”。最后，我们记录了每个参与者的性别与年龄，以及消费者现在的社会经济地位（1=非常低，7=非常高）。

8.4.2 结果分析

1. 操纵检验

单因素组间方差分析结果表明，我们对于消费者感知经济流动性的操纵是成功的。操纵检验的结果支持消费者感知经济流动性的操纵（$F(1, 149)=5.77$；$p < 0.02$），参与者在低感知经济流动性条件下对于感知经济流动性的测量条目的平均得分低于高感知经济流动性条件下的平均得分（$n=74$，$M_{低感知经济流动性}=5.04$；$n=77$，$M_{高感知经济流动性}=5.53$）。

2. 消费者感知经济流动性对于远端品牌联合评价的影响

正如预期的那样，消费者感知经济流动性对于远端品牌联合评价的影响是显著的。相比于低感知经济流动性条件下的被试，在高感知经济流动性条件下的被试对于品牌联合的评价更高（$M_{低感知经济流动性}=4.79$ vs $M_{高感知经济流动性}=5.26$；$F(1, 149)=4.45$；$p < 0.05$）。因此，H8-1 得到了支持。

3. 消费者感知经济流动性对于思维方式的影响

正如预期的那样，消费者感知经济流动性对于思维方式的影响是显著的。相比于低感知经济流动性条件下的被试，在高感知经济流动性条件下的被试更偏向于整体性思维（相对于分析性思维）（$M_{低感知经济流动性}=5.10$ vs $M_{高感知经济流动性}=5.60$；$F(1, 149)=9.61$；$p < 0.05$）。

4. 思维方式在消费者感知经济流动性对于远端品牌联合评价的影响中的中介作用

为了验证思维方式是否在消费者感知经济流动性对于远端品牌联合评价的影响中起中介作用，我们利用 Bootstrap 方法的模型 4 进行了中介分析（Hayes，2013）。我们以消费者感知经济流动性（高感知经济流动性=1；低感知经济流动性=0）为自变量，以远端品牌联合评价（Cronbach's $\alpha=0.93$）为因变量，以思维方式（Cronbach's $\alpha=0.79$）为中介变量。结果表明，消费者感知经济流动性显著正向影响思维方式（β=0.50，SE=0.16；$p < 0.01$），思维方式对消费者远端品牌联合评价有显著的正向影响（β=0.37，SE=0.11；$p < 0.01$）。当控制中介路径时，消费者感知经济流动性对消费者远端品牌联合评价的直接影响不显著（β=0.29，SE=0.22；$p > 0.1$）。消费者感知经济流动性对消费者远端品牌联合评价的间接影响显著且方向为正（β=0.18，95%CI=[0.06，0.37]）。与我们的预测一致的是，思维方式在消费者感知经济流动性对远端品牌联合评价的影响中起到中介作用。综上所述，结果支持 H8-2，即思维方式中介了消费者感知经济流动性对于远端品牌联合评价的影响。

8.4.3 结果讨论

本节的结果表明，消费者感知经济流动性越高，整体性思维（vs 分析性思维）越强，从而对远端品牌联合的评价越好。由此可见，思维方式在消费者感知经济流动性对于远端品牌联合评价的影响中起着中介作用。在接下来的研究中，我们进一步验证了该影响的边界条件。

8.5 实 验 四

8.5.1 实验设计和步骤

我们招募了 257 名参与者（159 名女性）完成实验，平均年龄 29.81 岁（SD=7.42）。参与者通过国内专业的在线调查平台问卷星招募。研究设计为 2（消费者感知经济流动性：低 vs 高）组间设计。

在实验开始前，我们告知所有参与者，实验是匿名进行的，没有正确或错误的答案，内容将严格保密，所有内容仅用于科学研究。与实验一类似，所有参与者被随机分配到高感知经济流动性和低感知经济流动性两种条件下。我们使用与 Yoon 和 Kim（2016）相同的方法来操纵消费者的感知经济流动性。参与者阅读了一个说明——每个人都有公平的机会在经济阶梯上上升。在高（低）感知经济流动性条件下，他们被要求写了三个论点来支持（反对）它。

参照之前的品牌联合的操纵（Monga and Lau-Gesk，2007），参与者读到以下内容："乐事，是一个食品品牌。UGG，是一个鞋履品牌。现在，乐事与 UGG 推出联名款薯片。下图是该联名产品的广告，请仔细阅读。"然后，我们向参与者展示品牌联合的广告。接下来，为了加强操纵，要求参与者回答几个与品牌联合相关但与我们的真正研究目标无关的问题。

之后，参与者被要求在 1 ~ 7 分的范围内表明他们对品牌联合的态度：“我认为上述联名（1=非常差，7=非常好；1=非常不利，7=非常有利）”“我喜欢这个联名”“我认为这个联名很有吸引力”“我想要购买这个联名”“我会向别人推荐这个联名”（1=非常不同意，7=非常同意）。

然后，参照先前的研究中关于消费者思维（整体性思维 vs 分析性思维）的测量（Monga and John，2008），参与者被要求针对以下描述的同意程度进行评分，“世间的万事万物都是相互关联的”“宇宙中任何元素的微小变化都可能导致其他元素的重大变化”“任何现象的产生都是有原因的，尽管有些原因尚不清楚”“任何现象都有可能导致一些结果，尽管有些结果是未知的”“没有什么是孤立存在的”“全局考虑才能更好地理解各个部分”“整体大于它的部分之和”“关注整体比关注局部更重要”“好的建筑的一个标准就是它能够与周围的建筑和谐地融合在一起”“有时候，一幅画中的留白和主体一样重要”（1=非常不同意，7=非常同意）。

参照先前研究中关于品牌参与自我概念的测量（Sprott et al.，2009），参与者被要求针对以下描述的同意程度进行评分，“我和我喜欢的品牌有一种特别联系”“我认为我最喜欢的品牌是我自己的一部分”“我经常感觉到我和我的品牌之间有一种个人联系”“我生活中重要的品牌定义了一部分的我”“我感觉我与自己最喜欢的品牌有着紧密的个人联系”“我能识别出我生活中重要的品牌”“我喜欢的品牌与我如何看待自己之间存在联系”“我最喜欢的品牌是我是谁的重要象征”（1=非常不同意，7=非常同意）。然后，参与者被要求回答对联名品牌的态度“对于五芳斋/999 感冒灵的态度是（1=非常差，7=非常好）”。最后，他们完成了消费者感知经济流动性的操纵检验。具体来说，参照先前的研究中关于消费者感知经济流动性的操纵检验（Yoon and Kim，2016），参与者被要求针对以下描述进行评分，“1=我未来的社会经济地位是由环境决定的，7=我未来的社会经济地位是由我自己的努力决定的”“1=我未来的社会经济地位取决于我的出身，7=我未来的社会经济地位取决于我现在的行动”。我们记录了每个参与者的性别与年龄。

8.5.2 结果分析

1. 操纵检验

单因素组间方差分析结果表明，我们对于消费者感知经济流动性的操纵是成功的。操纵检验的结果支持消费者感知经济流动性的操纵（$F(1, 255)=7.46$；$p < 0.01$），参与者在低感知经济流动性条件下对于感知经济流动性的测量条目的平均得分低于高感知经济流动性条件下的平均得分（$n=123$，$M_{低感知经济流动性}=5.02$；$n=134$，$M_{高感知经济流动性}=5.42$）。

2. 消费者感知经济流动性对于远端品牌联合评价的影响

正如预期的那样，消费者感知经济流动性对于远端品牌联合评价的影响是显著的。相比于低感知经济流动性条件下的被试，在高感知经济流动性条件下的被试对于品牌联合的评价更高（$M_{低感知经济流动性}$=4.55 vs $M_{高感知经济流动性}$=4.96；$F(1, 255)=5.53$；$p < 0.05$）。因此，H8-1 得到了支持。

3. 消费者感知经济流动性对于思维方式的影响

正如预期的那样，消费者感知经济流动性对于思维方式的影响是显著的。相比于低感知经济流动性条件下的被试，在高感知经济流动性条件下的被试更偏向于整体性思维（相对于分析性思维）（$M_{低感知经济流动性}$=5.47 vs $M_{高感知经济流动性}$=5.67；$F(1, 255)=4.80$；$p < 0.05$）。

4. 思维方式在消费者感知经济流动性对于远端品牌联合评价的影响中的中介作用

为了验证思维方式是否在消费者感知经济流动性对于远端品牌联合评价的影响中起中介作用，我们利用 Bootstrap 方法的模型 4 进行了中介分析（Hayes，2013）。我们以消费者感知经济流动性（高感知经济流动性=1；低感知经济流动性=0）为自变量，以远端品牌联合评价（Cronbach's α=0.93）为因变量，以思维方式（Cronbach's α=0.82）为中介变量。结果表明，消费者感知经济流动性显著正向影响思维方式（β=0.20，SE=0.09；$p < 0.05$），思维方式对消费者远端品牌联合评价有显著的正向影响（β=0.57，SE=0.12；$p < 0.01$）。当控制中介路径时，消费者感知经济流动性对消费者远端品牌联合评价的直接影响不显著（β=0.30，SE=0.12；$p > 0.1$）。消费者感知经济流动性对消费者远端品牌联合评价的间接影响显著且方向为正（β=0.11，95%CI=[0.02，0.24]）。与我们的预测一致的是，思维方式在感知经济流动性对消费者远端品牌联合评价的影响中起到中介作用。综上所述，结果支持 H8-2，即思维方式中介了消费者感知经济流动性对于远端品牌联合评价的影响。

5. 品牌参与自我概念的调节作用

我们利用 Bootstrap 方法的模型 14 进行了一个有调节的中介分析，样本量选择 5000（Hayes，2013）。我们以消费者感知经济流动性（高感知经济流动性=1；低感知经济流动性=0）为自变量，以远端品牌联合评价为因变量，以思维方式为中介变量，以品牌参与自我概念（Cronbach's α=0.89）为调节变量。正如我们所预期的那样，结果表明，消费者感知经济流动性显著的正向影响消费者的思维方式（β=0.20，SE=0.09；$p < 0.05$），思维方式和品牌参与自我概念的交互项对消费者远端品牌联合评价有显著的正向影响（β=0.26，SE=0.12；$p < 0.05$）。在高品牌参与自我概念条件下，感知经济流动性通过思维方式对远端品牌联合评价产生的条件间接效应为正，且显著（β=0.09，95%CI=[0.01，0.27]），而在低品牌参与自我概念条件下不显著（β=−0.02，95%CI=[−0.10，0.03]）。与我们的预测一致的是，思维方式在感知经济流动性对消费者远端品牌联合评价的影响中起到中介作用，但这只适用于高品牌参与自我概念条件，而不适用于低品牌参与自我概念条件。此外，还要有显著的调节指标（β=0.05，95%CI=[0.01，0.14]）。综上所述，结果支持 H8-3，即品牌参与自我概念调节了消费者感知经济流动性通过思维方式对于远端品牌联合评价的影响。

8.5.3 结果讨论

本节的结果表明，品牌参与自我概念越高，消费者感知经济流动性通过思维方式对远端品牌联合评价的正向影响越强。

8.6 本章小结

本章探讨了在品牌联合的实践中，消费者特征（即消费者感知经济流动性）如何、何时和为什么影响品牌评价。实验一和实验二分别通过测量和操纵的方式验证了品牌联合类型与消费者感知经济流动性对于品牌联合评价的交互作用。具体来说，对于远端品牌联合类型，消费者感知经济流动性正向影响消费者对于品牌联合的评价。对于常规品牌联合类型，消费者感知经济流动性的影响不显著。实验三和实验四进一步讨论了远端品牌联合条件下，消费者感知经济流动性对于品牌联合评价影响的背后机制和边界条件。实验三的结果表明，消费者感知经济流动性越高，整体性思维（vs 分析性思维）越强，对远端品牌联合的态度越好。此外，实验四还验证了品牌参与自我概念的正向调节作用。

第四篇

老字号品牌跨品类延伸策略

第 9 章　老字号品牌跨品类延伸文献回顾与研究综述

9.1　老字号品牌

9.1.1　老字号品牌定义

为保护和扶持老字号品牌发展，2006 年商务部发布“中华老字号”认定规范，明确中华老字号定义为：历史悠久，拥有世代传承的产品、技艺或服务，具有鲜明的中华民族传统文化背景和深厚的文化底蕴，取得社会广泛认同，形成良好信誉的品牌。

“中华老字号”的认定条件如下。①拥有商标所有权或使用权。②品牌创立于 1956 年（含）以前。③传承独特的产品、技艺或服务。④有传承中华民族优秀传统的企业文化。⑤具有中华民族特色和鲜明的地域文化特征，具有历史价值和文化价值。⑥具有良好信誉，得到广泛的社会认同和赞誉。⑦国内资本及港澳台地区资本相对控股，经营状况良好，且具有较强的可持续发展能力。

商务部于 2006 年、2011 年两次进行中华老字号认定工作，截至 2023 年共计有 1128 个经过官方认定的中华老字号。从行业属性看，中华老字号集中在食品加工业、餐饮住宿业、商业和医疗卫生业，其中“酒类”“餐饮”“药品”三个细分类目占有较大比重，也拥有众多知名老字号品牌，与酒行业相关的中华老字号有 129 个，如茅台、泸州老窖、青岛啤酒等；与餐饮相关的中华老字号有 125 个，如全聚德、稻香村等；与药业相关的中华老字号有 118 个，如王老吉、云南白药、同仁堂等（企查查，2020），可见由于起源较早，历史悠久，中华老字号大多为贴近消费者生活的产品。本篇将采用商务部的认定规则，研究所涉及的真实老字号品牌均为商务部认定的中华老字号品牌。

9.1.2 老字号品牌研究概述

与新兴品牌相比，老字号品牌具有其他品牌难以比拟的独特优势：①老字号品牌凝结着特有的历史文化，蕴含着极大的文化价值（Rose et al.，2016）；②老字号品牌长期高质量的产品和服务已经培育了较高的品牌知名度和美誉度（Hudson and Balmer，2013）；③老字号品牌具有排他性的品牌形象和品牌特质（Napoli et al.，2014）。消费者对老字号品牌的记忆不仅来自品牌本身，还离不开历史上代代相传的品牌故事（朱丽叶，2008）。用户消费老字号品牌的过程也是体验历史文化的过程（徐伟等，2015）。

虽然老字号品牌拥有一定的品牌资产，但并非所有老字号品牌都能将品牌优势转化为发展动力，有统计显示仅10%的老字号企业发展情况良好，大部分企业处于惨淡经营甚至亏损破产的情况。

国内对中华老字号品牌发展现状的研究有很多，归纳起来造成老字号品牌处于发展困境的原因主要有以下几个。①缺乏品牌运作，品牌效用发挥有限。②品牌创新能力不足：老字号品牌拥有悠久的历史和丰富的文化内涵，是一种资本，但也给老字号品牌带来了陈旧、过时的刻板印象，大部分老字号品牌的创新能力不足，无法改变品牌原有形象，使得老字号品牌难以顺应时代需求。③品牌保护缺失：许多老字号品牌是从手工作坊起家的，缺乏品牌保护意识，导致假冒伪劣泛滥。④缺乏有效传播：老字号品牌的营销能力弱，传统口碑传播限制了老字号品牌传播的广度和速度（冷志明，2004）。为了探寻老字号品牌发展的出路，许多学者对典型老字号品牌进行案例分析，总结经验和教训。例如，全聚德的连锁经营模式和体验营销值得其他餐饮老字号品牌学习（张永和张浩，2012）；同仁堂等中药老字号在保留医药同馆的模式下，从顾客角度提供创新、个性化的服务（孙妍和茅宁莹，2018）。

创新发展是老字号品牌试图摆脱当前所面临生存困境的必经之路，但是大部分老字号品牌没能掌握创新和传承之间的平衡。老字号品牌的特性之一就是“老”，如果不传承原有特点则会失去在消费者心中原有的品牌影响力，但是如果不创新又无法吸引年轻消费者（徐伟等，2015）。因此老字号品牌面临传承还是创新的两难境地，既需要保持老字号品牌原有的清晰的品牌内涵，又要通过创新来迎合消费者喜好的变化，同时老字号品牌的创新行为不能破坏老字号品牌的品牌形象（Brown et al.，2003；何佳讯等，2007）。如何化解传承和创新之间的矛盾，学者也提出了不同的建议。Romaniuk等（2014）认为通过非产品因素也能从消费者感知的角度影响老字号品牌活化，可以通过消费者情感联结和怀旧倾向构建消费者与老字号品牌的关系，从而进行品牌活化。Kapferer（1992）提出老字号品牌的传承式创新应该在保持老字号品牌核心价值的基础上，通过产品、营销、目标市场等方面的创新来实现。Park 等（2010）也有类似的观点，重建品牌资产可以利用丰富的营销手段，从而更新消费者认知中的品牌知识，引导建立新的品牌感知，重塑品牌形象。Beverland 等（2015）认为传承和创新并不是完全对立的两个概念，而是矛盾统一，相克共存的。许晖等（2018）则提出可以通过传承老字号品牌的真实性来活化老字号品牌。

9.2 品牌延伸

9.2.1 品牌延伸定义

21 世纪以来，80%以上的新产品诞生是品牌延伸的产物（Ahluwalia，2008），品牌延伸策略的广泛运用引起了众多学者关注。Tauber（1981）是最早开始研究品牌延伸的学者之一，他利用是否推出新产品品类、是否使用消费者已经熟知的品牌名称两个维度，将企业发展路线划分为四大类：如果企业以全新品牌在原有的产品品类外推出新产品，则称为新产品发展路线；如果企业创立新品牌，但生产现有产品品类，则称为侧翼品牌路线；如果企业不改变原品牌，在现有产品品类下创新产品尺寸、风味、设计等，则称为产品线延伸发展路线；如果在消费者所熟悉的现有品牌下，推出新产品，则称为品牌延伸。类似地，科特勒（2003）从品牌名称和产品品类两个维度对品牌策略进行划分，将其分为新品牌策略、多品牌策略、品牌延伸策略和产品线延伸策略。凯勒（2009）在《战略品牌管理》中将品牌延伸分为两大类：产品线延伸和品类延伸。产品线延伸是将母品牌应用于原品类的新细分市场，以现有品牌推出相同种类商品，如可口可乐推出新口味的饮料。品类延伸是指将品牌应用于与原品类不同的其他品类，以现有品牌推出不同品类的商品，如可口可乐推出化妆品。两者的核心都是原品牌推出新产品，统称为品牌延伸。虽然对于品牌延伸的定义有很多，但核心概念保持一致，即品牌延伸是指将原有品牌名称运用于新产品中。本篇研究的重点是跨品类延伸，即利用现有品牌推出与原有产品品类不同的其他品类产品。

9.2.2 品牌延伸研究概述

由于品牌延伸的类型众多，不同学者对品牌延伸有不同的分类方法。根据品牌原产品和延伸产品之间相似度的高低，品牌延伸可以分为相近品牌延伸、中度品牌延伸和远距离品牌延伸（Keller and Aaker，1992）。如果延伸产品与现有产品相似度很高，则称为典型性延伸，否则可以称为非典型性延伸（Loken and John，1993）。按照延伸方向的不同，品牌延伸还可以划分为水平延伸和垂直延伸，水平延伸是指将母品牌名称运用在新产品上，水平延伸包括产品线延伸和品类延伸（Park et al.，1991；Dawar and Anderson，1994）；垂直延伸则是母品牌进入原有主营业务品类的不同价格水平的细分市场（Keller and Aaker，1992），如华为手机针对不同类型消费者，推出不同价位的产品系列，就属于垂直延伸。

品牌延伸作为常用的营销策略，其优点很明显：可以利用消费者对母品牌原有的认知和态度，降低新产品上市的市场风险，提高新产品的成功率（Aaker and Keller，1990），并且能够降低营销成本。有数据表明，新品牌的广告支出占产品收入的 19%，而延伸品牌的花费仅占 10%，明显低于推出新品牌；除此之外，品牌延伸还能提高促销投入的效率，丰富原有品牌的形象，为后续发展奠定基础（Smith and Park，1992）。作为品牌常用的营销策略，对大多数公司而言，所面临的选择不是是否应该进行品牌延伸，而是如何恰当地、高效率地进行品牌延伸，如何为品牌带来效益最大化（凯勒，2009）。

同时，也有研究指出品牌延伸可能造成负面影响，当延伸产品与原品牌契合度低时，会影响消费者对原品牌的产品认识，进而稀释消费者对母品牌的品牌联想（Loken and John，1993）。如果消费者对延伸产品产生了负面的评价，也会影响原品牌的其他产品（Aaker and Keller，1990）。即便延伸产品取得了成功，也可能会直接抢占母品牌其他产品的市场，或者通过削弱母品牌与原有产品品类的关联，间接影响母品牌其他产品的销量（凯勒，2009）。

消费者对品牌延伸的评价是影响品牌延伸能否获得成功的关键（Aaker and Keller，1990）。关于品牌延伸的学术研究主要集中在影响消费者对品牌延伸产品进行评估的因素上，可以归纳为三大类。①原品牌的特点，包括品牌质量、品牌类型、品牌原有产品的多样性等；②延伸产品的特点，如延伸产品与品牌当前产品的相似性、产品评估方式、引入市场时间长短和推广力度、信息加工流畅性等；③延伸产品的市场特性，包括竞争情况、消费者对产品的了解程度、消费者思考的角度等（Aaker and Keller，1990；吴川等，2012；单从文等，2020）。

薛可和余明阳（2003）提出决定品牌资产价值受品牌知名度、美誉度、适应度、市场资源四个因子影响，品牌延伸过程中母品牌的品牌资产价值会向延伸产品转移，形成消费者评估品牌延伸的依据。通过品牌延伸进入新的市场可以实现原品牌的价值迁移（Vukasovič，2012），因此老字号品牌独特的品牌资产为品牌延伸提供了基础。陶骏和李善文（2012）发现原有产品范围窄、声望高的老字号品牌适合延伸到与现有产品相似的品类，产品范围宽且功能性强的老字号品牌则更适合进行远延伸。但是老字号品牌的产品线往往很窄，大多集中在单一产品或服务的运作上，品牌联想与单一品类结合得非常紧密，为了吸引年轻消费者，老字号品牌往往需要向相似度低的品类进行延伸，"狗不理"面膜、999 感冒灵秋裤、风油精卫衣等意想不到的跨界组合频频出现在消费者视野之中，本篇着重关注此类相似度低的跨品类延伸对老字号独特的品牌资产产生的影响。

9.3 规范信念

9.3.1 规范信念定义

社会规范是特定情境下人们普遍接受的行为，本篇关注的重点不是规范本身，而是每个人所持有的规范信念。规范信念存在于每个个体脑海中，每个个体衡量事物的规范信念存在一定差异（Göckeritz et al.，2010）。规范信念分为描述性规范信念和指令性规范信念两大类。描述性规范是指人们认为大多数人在特定条件下会实施的行为，可以为人们采取有效的适应性行为提供证据和激励。有研究表明，对其他人行为的感知会影响被试的行为，哪怕是没有具体意义的行为（Cialdini et al.，1990），如当发现街上有人抬头望天，路过的人大部分也会不自觉地跟着抬头看（Milgram et al.，1969）；指令性规范是指人们赞成或反对他人的行为，规定应该或不应该做的事，如不应该乱扔垃圾就是一个社会普遍赞同的指令性规范（Cialdini et al.，1990）。本篇着重研究消费者对老字号品牌存在的固有的指令性规范信念。因为在消费者心中，老字号品牌不仅仅是一个商业品牌，还承载着强烈的文化内涵，因此比起新兴品牌，消费者可能对老字号品牌有着更强的指令性规范信念，认为老字号品牌应该专注于原有的业务，不应该进行品牌延伸。

9.3.2 规范信念研究概述

许多研究揭示了规范信念与个体行为之间的关系。然而，这些研究大多侧重于规范信念对环境保护和健康行为的影响，Staats 等（1996）的研究显示被试自我报告的个人对防止全球变暖作出的贡献（如乘坐公共交通工具而不是汽车出行）与被试对其他人所做行为的规范性信念密切相关。也就是说，相信他人经常从事这些环境保护行为与自己从事这些行为之间显著正相关。Nolan 等（2008）的研究也有类似的发现，规范信念是被试在家中节约能源的最有力的预测因子之一。这些发现说明了规范信念对人的行为意图和实际行为有很强的预测力。

除了在环保领域被广泛研究，规范信念还被运用于青少年霸凌行为、网络暴力的研究，攻击行为规范信念能够显著预测青少年欺负他人行为（孙晓娟等，

2019）。Hilvert-Bruce 和 Neill（2020）的研究表明，在网络游戏情境下，人们的攻击行为规范信念比在现实生活中更强。

在品牌延伸的背景下延伸产品与品牌原型的契合度是规范信念的一种表现，即品牌延伸与一般品牌形象之间的一致性水平，如耐克推出延伸产品护膝和耐克"运动"的原型概念契合，符合消费者对耐克的规范信念（Mao and Krishnan，2006）。本篇研究的规范信念是针对消费者对品牌延伸这一行为的看法，即消费者是否赞同品牌进行品牌延伸行为。

9.4 内隐人格理论

9.4.1 内隐人格理论定义

内隐人格理论是在内在理论基础上发展形成的，是指人们所持有的对人的基本特质或周围世界可变性的看法，根据对人的特性是固定不变的还是可塑变化的不同看法可以将人划分为实体理论和渐变理论两种不同类型（Dweck and Leggett，1988）。

具有实体理论取向的个体相信人的基本特质是固定不变的，不易受到内外各类因素的影响，而被归类为渐变理论取向的个体则认为人是可变的，可塑造的，更容易受到各种因素的影响。例如，一个人是否善良、是否聪慧，实体理论者认为这些个人内在特质是静止不变的，渐变理论者则相反，认为人是可以通过学习和发展，改变内在特质的（Hong et al.，1999）。每一个个体都会长期稳定地倾向实体理论或渐变理论的某一端。内隐人格会构建人们的思维方式，并引导着人们的行为和决策（Dweck，2006）。

9.4.2 内隐人格理论研究概述

个体内隐人格的差异不仅会影响其对周围人事物的看法，也会影响个体行为的方方面面，实体理论和渐变理论被学者用来解释人类的认知和行为。不同的内隐人格取向会形成消费者不同的价值追求，实体理论者认为人的能力是固定不变的，所以需要向大众展现自己的能力，因此实体理论者更偏向表现导向，会更努力地向他人展示自己的成果；渐变理论者相信能力可以通过努力提升，因此表现出学习导向（Blackwell et al.，2007）。在消费领域，两种不同导向有不同的行为表现，实体理论者更喜欢有助于自我显示的品牌（Park and John，2010），渐变理论者更看重产品对自身能力的提升和改善作用。因此在广告中强调商品能够展示消费者的美好特性更能吸引实体理论者，而强调自我提升更能吸引渐变理论者（Park and John，2012）。

实体理论者更在意消费结果，关注产品是什么；渐变理论者更在意过程，产品如何为消费者带来益处（Mathur et al.，2016）。Gervey 等（1999）的研究表明实体理论者更关注消费结果，不会考虑产品服务过程中可能影响服务结果的偶然因素和环境因素；渐变理论者更在意消费的全过程，会更多地结合外部因素考虑整个产品和服务。实体理论者会更在意消费造成的负面结果，倾向于认为是企业自身原因造成的负面结果，因此会引发更强烈的投诉行为，而渐变理论者则相反，他们会考虑具体情况和多种因素，而不是简单认定为商家的问题。在乘坐飞机时，如果航空公司弄丢了一位旅客的行李，如果这位旅客是实体理论者，则他会要求退还机票费用，不接受该航空公司提供优惠代金券作为补偿，如果这位旅客是渐变理论者，则他愿意相信航司的道歉和承诺，并接受代金券作为补偿（Haselhuhn et al.，2010）。虽然渐变理论者会结合多方因素考虑，但这并不代表他们比较不苛刻，渐变理论者更在意过程公平，实体理论者更在意结果公平。如果消费结果是公平的，但消费过程中令消费者感知到了程序上的不公平，实体理论者不会进行投诉，而渐变理论者更容易针对程序不公平发起投诉（Mathur et al.，2016；李爱梅等，2016）。

实体理论者和渐变理论者对努力的认知也存在差异。由于实体理论者认为一个人的能力是固定不变的，因此对实体理论者而言，付出努力是能力不足的表现，他们认为不付出努力而获得的成功才能证明人的能力和价值；渐变理论者更愿意付出努力，因为他们认为付出努力是提升自我的表现（Murphy and Dweck，2016）。因此定位为简单易用、快速见效的产品更能引起实体理论者的喜爱，如迅速清洁的威猛先生；定位为需要付出努力才能获益的产品更能吸引渐变理论者的喜爱，如益智类游戏（John and Park，2016）。

内隐人格理论也被应用到品牌延伸研究中，其会影响品牌个性的可塑性感知。不同人格理论的个体对母品牌个性会有不同的判断。当母品牌的品牌个性突出，延伸产品与母品牌个性不匹配时，渐变理论者对品牌主要特性的印象会显著增强，而实体理论者对品牌的印象不会受到明显影响（Mathur and Jain，2012）。

9.5　感知契合度

9.5.1　感知契合度定义

在众多影响消费者对延伸产品评估的因素中，影响作用最为突出的是延伸品类与原产品品类的感知契合度，感知契合度的表述有很多种形式：相似性、一致性、典型性等（Park et al.，1991）。

不同学者对感知契合度的定义有所差异，Tauber（1988）提出契合度是延伸产品与母品牌的关联程度。Aaker 和 Keller（1990）在契合度前加入“感知”概念，认为感知契合度是消费者从产品方面出发考虑延伸产品与母品牌原产品之间的相似程度。

也有些学者将感知契合度的概念从感知产品相关特性的契合度，扩展到感知品牌相关特性的契合度，Gürhan-Canli 和 Maheswaran（1998）提出契合度是产品品类能够代表品牌家族形象的程度。Park 等（1991）的研究中将感知契合度的概念一分为二，认为感知契合度包含两个方面：延伸产品与原产品之间的相似程度、延伸产品与母品牌之间的契合程度。相似地，Bhat 和 Reddy（2001）也认为消费者感知延伸产品的契合度是由延伸产品与原产品的相似度和延伸产品与母品牌形象的相似度共同组成。综上所述，虽然各个学者的表述不同，但感知契合度的核心本质是相同的，都是表达母品牌与延伸产品之间的相似性。

Aaker 和 Keller（1990）将感知契合度的衡量分为三个维度：产品互补性、产品可替代性和技术可转移性。产品互补性是指消费者感知延伸产品和母品牌原产品之间互为互补品的程度，互补品是必须相互配合才能产生作用的产品，如钢笔和墨水就是一组互补品，缺一不可；产品可替代性是指消费者感知延伸产品和母品牌原产品之间互为替代品的程度，替代品是指两种产品存在相互替代的关系，如猪肉和牛肉互为替代品；技术可转移性是指母品牌能否将原本用来制造原产品的技术运用到生产新的延伸产品上，如喜茶最初是生产奶茶饮料的，推出了一系列延伸产品，如冰淇淋、面包等都获得了成功，因为消费者认为喜茶生产奶茶的技术能力可以转移到制造冰淇淋、面包等食品上。

9.5.2　感知契合度研究概述

影响消费者对品牌延伸评价的因素有很多，前文也有提及，但品牌延伸契合度是消费者对品牌延伸效果最直观的感受，也是影响消费者对品牌延伸评价和品牌延伸的重要因素（Tauber，1988）。消费者在对延伸产品感知契合度高的情况下，对延伸产品和母品牌的评价也更积极。Keller 和 Aaker（1992）的研究表明当延伸品类与原品类相似度高时品牌延伸更容易成功，Broniarczyk 和 Alba（1994）的研究也佐证了这一观点，在消费者对延伸产品感知契合度高的情况下，品牌延伸带来的消费者评价更正面。之所以延伸产品的高契合度能带来有利的消费者反馈，是因为当品牌与延伸产品契合度较高时，消费者更容易从延伸产品上获取母品牌的相关联想，对母品牌的喜爱也能够更直接地转移到延伸产品上（Aaker and

Keller，1990），消费者会比较愿意尝试延伸产品（Broniarczyk and Alba，1994）。相反，在品牌延伸契合度较低的情况下，消费者不容易从延伸产品中获得对母品牌的相关联想，对母品牌的原有印象难以转移到延伸产品上（林少龙等，2014）。

延伸产品的高契合度除了能从产品与原产品、母品牌的强联结上提升消费者对延伸产品的评价，还可以减少消费者对新产品的不确定性，从而降低消费者对延伸产品的感知风险，提高消费者尝试延伸产品的可能性（DelVecchio，2000），因此高契合度的品牌延伸在市场占有率和广告效果上都有较好的表现（Smith and Park，1992）。

消费者对感知契合度的判断受到消费者特质的影响，不同消费者对感知契合度的判断存在差异。不同自我构建的消费者对延伸契合度的感知不同，研究表明，拥有依存型自我构建的消费者使用相关性信息获取方式，容易察觉延伸产品与母品牌之间的关联性，从而会产生较高的感知契合度；拥有独立型自我构建的消费者则使用分类性信息获取方式，会关注到延伸产品与母品牌之间更多的差异性，从而产生较低的感知契合度（Ahluwalia，2008）。不同思维方式的消费者对感知契合度的判断也不同，拥有整体性思维的消费者能够发现更多母品牌与延伸产品之间的相似性，提高感知契合度；拥有分析性思维的消费者看待事物更加独立，因此感知契合度较低（Monga and John，2007）。解释水平理论也影响了感知契合度的作用，高解释水平的消费者，在进行品牌延伸评价时更在乎感知契合度的情况，因为他们的思维方式比较抽象；但是对于解释水平较低的消费者，在进行品牌延伸评价时，感知契合度的影响不显著，因为他们的思维方式更加具象化（Kim and John，2008）。

不少研究关注如何通过广告等信息传递方式提升消费者的感知契合度，产品传播的不同媒介方式会影响消费者的感知契合度（Tsimonis and Dimitriadis，2014）。传播内容也会影响消费者对感知契合度的判断，如通过精细加工的广告能够提升消费者的感知契合度（Dens and de Pelsmacker，2016）。

在品牌延伸评价中，感知契合度并不是唯一的评价依据，对于多样化需求高的消费者，感知契合度能够显著提高消费者对品牌延伸的正向评价；但是对于多样化需求低的消费者，感知契合度的影响并不明显（Chintagunta，1999；林少龙等，2014）。目前关于品牌延伸的研究多集中在实物商品上，有研究表明，消费者评估服务商品的品牌延伸时，比起感知契合度，产品质量更为重要（Ramanathan and Velayudhan，2015）。

9.6 联合延伸

9.6.1 联合延伸定义

联合延伸即品牌联合，学者对品牌联合的定义有所不同。Grossman（1997）提出所有两个品牌共同进行的营销活动都可以归为品牌联合行为，包括但不限于广告、产品、产品陈列等形式。Simonin 和 Ruth（1998）将品牌联合分为有形的和无形的两类，有形的品牌联合是指将品牌名称、logo 等其他品牌资产相结合；无形的品牌联合是指广告等宣传方式的结合。Park 等（1996）则认为品牌联合需要有两个品牌相结合，利用新的组合品牌名称推出新产品。同样，Leuthesser 等（2003）提出类似的观点，在保持原品牌特性的前提下，两个或以上品牌共同创造新产品或服务。虽然各方学者对品牌联合的定义存在一定差异，但究其根本，学者对品牌联合的核心概念——品牌联合需要有两个或以上品牌来创造新产品或服务，已经基本达成一致。

由于市场上的品牌数量繁多，各种不同类型的品牌排列组合，会形成不同类型的品牌联合模式，许多学者对品牌联合的不同模式进行了定义。根据品牌联合行为中所参与的品牌数量多少，可以将品牌联合简单地分为多品牌联合（三个及以上）和双品牌联合（Voss and Gammoh，2004）。根据品牌联合中所涉及品牌原本生产的产品所属类别是否相同，可以将品牌联合分为同类品牌联合和异类品牌联合。根据联合品牌本身的质量差异，可以将品牌联合划分为高质量品牌联合、低质量品牌联合和混合质量品牌联合（Fang and Mishra，2022）。品牌联合不仅仅是品牌和品牌的合作，根据合作对象的性质不同，可以划分为企业之间的联合、企业与非营利组织的联合、企业与公众人物的联合（Lafferty et al.，2004）。依据以上品牌联合模式，本篇研究的是双品牌、跨品类的企业之间的品牌联合。

9.6.2 联合延伸研究概述

许多学者关注品牌联合对品牌产生的影响及市场和消费者对品牌联合的反应。品牌进行品牌联合的重要目的之一是借用合作品牌的影响力，提升自身的品牌影响力。许多研究也验证了这一点，品牌联合能够有效提升原品牌和新的联合品牌的品牌知名度，因为进行品牌联合后，联合品牌双方共同宣传，原品牌和联合品牌能够直接触达合作品牌的主要消费者，并借助合作品牌在原有消费者之中的影响力和信赖度，快速扩大品牌认知（Leuthesser et al.，2003；Blackett and Russell，2000）。在两个品牌产品具有互补性的情况下进行品牌联合，能够让联合品牌快速获得市场认同和较高的品牌认知，当两个品牌产品互补性低时，消费者则要花费更多的努力来建立品牌联想，从而造成一定的认知损失（Samu et al.，1999）。品牌知名度低的参与品牌对品牌联合效果的助力也较少，但是它们能获得更多的品牌联合带来的积极影响（Voss and Gammoh，2004；Fang and Mishra，2022）。因此许多品牌选择与高知名度的国际大品牌进行合作，因为大品牌会让联合品牌获得更高的品牌认同（Vaidyanathan and Aggarwal，2000；Mccarthy and Norris，1999）。

除了对品牌知名度的积极效应，品牌联合还可以显著提升消费者对产品质量的感知。因为相较于单个品牌独自向消费者传达品牌信息，品牌联合涉及两个或多个品牌，能够为消费者提供更丰富的产品信息，从而提高消费者对产品质量的感知（Park et al.，1996；Janiszewski and van Osselaer，2000）。与品牌声誉好、品牌资产高的品牌进行联合所产生的积极作用显著优于一般品牌，因为在品牌联合中，优质品牌会为联合产品的质量起一定的担保和背书作用（Rao et al.，1999；Levin I P and Levin A M，2000）。

品牌联合对消费者态度的影响是学者着重关注的领域。品牌实施品牌联合策略的目的之一是希望消费者将对合作品牌的积极态度转移到新品牌或自身品牌上，以提升消费者对新品牌或自身品牌的品牌评价（Park et al.，1996）。研究表明，消费者对品牌的情感能够在参与联合的品牌之间相互转移（Simonin and Ruth，1998）。

大部分对品牌联合的研究都赞同品牌联合为品牌带来的积极作用，但是也有部分研究揭示了品牌联合存在的风险。虽然品牌联合能够将消费者对品牌的积极态度转移到合作品牌上，但同样地，消费者对品牌的负面态度也同样会传递给合作品牌（Farquhar，1994；Hillyer and Tikoo，1995）。由于品牌联合对合作品牌双方造成的影响是不均衡的，不知名的小品牌更容易从品牌联合中获利，品牌联合有可能会将合作品牌培养成品牌自身的竞争对手（Leuthesser et al.，2003）。

9.7　本 章 小 结

本章从老字号品牌、品牌延伸、规范信念、内隐人格理论、感知契合度、联合延伸这几个主要理论出发，对相关文献进行梳理、总结、回顾。国内对老字号品牌的研究较为丰富，但以往对中华老字号的研究大多集中在分析老字号品牌目前面临的困境及解决办法，并且多采用案例分析和定性研究的方式。品牌延伸作为老字号品牌活化的主要策略之一，过往许多研究对品牌延伸策略持较为积极的态度，而对跨品类延伸可能带来的负面效应以及其背后存在的作用机理、边界条件没有深入的探讨。规范信念在心理学领域被广泛研究，但较少运用在消费者行为领域，对品牌规范信念的研究仍然存在空白。过往研究对品牌延伸感知契合度、联合延伸策略进行了讨论，但是没有在老字号品牌跨品类延伸的情境下，探索二者之间可能存在的相互影响。老字号品牌采用的不同延伸方式对品牌活化效果的影响研究也有待进一步完善。

第 10 章　老字号品牌跨品类延伸研究假设

本章将在现有的文献理论基础之上，详细介绍本篇的理论推导思路，细化研究模型，提出待验证的研究假设。前文已经指出，目前学术研究对于老字号品牌的品牌延伸的评价多为积极正面的，但是本章将关注老字号品牌跨品类延伸策略可能带来的负面效应，探讨跨品类延伸策略对老字号品牌的消费者态度、品牌意识的影响及其背后作用机理、边界条件，以及老字号品牌应该如何更有效地进行跨品类延伸，为老字号品牌提供切实可行的发展建议。

10.1　研究假设及理论推导

10.1.1　跨品类延伸策略对老字号品牌的消费者态度的影响

和以往对老字号品牌延伸的积极探索不同，本章首先关注跨品类延伸可能给老字号品牌带来的负面作用。大量研究表明，延伸品类与品牌原品类相似度低的情况下，品牌延伸可能会带来消极作用（Aaker and Keller，1990；Keller and Aaker，1992；Broniarczyk and Alba，1994）。因此品牌跨品类延伸成功的难度比较大。Boush等（1987）的研究表明，当一个品牌在某领域享有盛誉时，消费者对与该品牌品类差异大的延伸产品评价更为负面。在如今激烈的市场竞争中，老字号品牌的竞争对手不仅仅是老字号品牌，更多的是层出不穷的新兴品牌。因此当主营业务为同一品类的老字号品牌和新兴品牌同时向另一品类进行跨品类延伸时，消费者可能更难以接受已经在原有行业领域占据领导力的老字号品牌的跨品类延伸行为，据此，提出如下假设。

H10-1：跨品类延伸后，消费者对老字号品牌态度变差的程度比新兴品牌严重。

探究造成消费者态度变化差异背后的作用机制，本章认为是由于消费者对老字号品牌的指令性规范信念导致的。社会规范不仅存在于人与人之间，人对品牌也存在着规范信念。本章将规范信念的概念迁移到品牌环境下，描述性规范信念是指在特定环境下品牌会采取什么行为，指令性规范信念则是指人们认为品牌应该或不应该采取某种行为。与以往的研究不同，本章将关注点放在消费者对品牌延伸行为本身的指令性规范信念，即消费者是否赞同品牌进行品牌延伸这一行为，而不是延伸产品与品牌形象的一致性（Mao and Krishnan，2006）。在消费者心中，老字号品牌不仅仅是一个商业品牌，还承载着强烈的中华民族历史文化内涵，因此比起新兴品牌，消费者可能对老字号品牌有着更强的指令性规范信念，认为老字号品牌应该专注于原有的业务，不应该进行品牌延伸，据此，提出如下假设。

H10-2：跨品类延伸后，老字号品牌态度变差的程度比新兴品牌严重，是由消费者对老字号品牌的指令性规范信念的中介作用导致的。

跨品类延伸造成的态度变化在不同类型消费者之间可能存在差异。Yorkston 等（2010）实验表明，无论是在被测量还是在被操纵的情况下，实体理论者都比渐变理论者更不愿意接受改变品牌个性的延伸行为，这是因为实体理论者有更保守、稳定的内在人格，认为事物是固定不变的；渐变理论者则更开放、多变，认为事物是可以改变的。对于老字号品牌这样带有历史传统和文化内涵的品牌进行品牌延伸，实体理论者可能会有更消极的态度，而这一现象在渐变理论者之中可能不显著。据此，提出如下假设。

H10-3：内隐人格的两种取向可以调节消费者对品牌跨品类延伸前后的态度变化。对老字号品牌，内隐人格的调节作用比新兴品牌强，即实体理论者态度变差的程度比渐变理论者强。

跨品类延伸策略对老字号品牌的消费者态度的影响研究模型如图 10-1 所示。

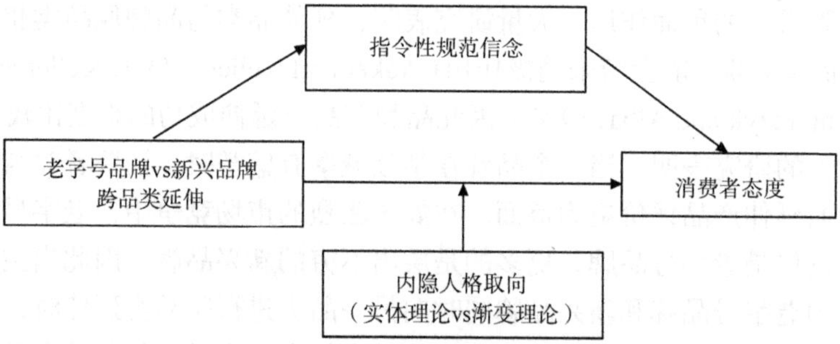

图 10-1 跨品类延伸策略对老字号品牌的消费者态度的影响研究模型

10.1.2 跨品类延伸策略对老字号品牌的品牌意识的影响

前面三个假设都揭示了老字号品牌进行跨品类延伸的“阴暗面”——对老字号品牌的消费者态度造成损害。但是作为品牌常用的营销策略之一，品牌延伸一定在某些其他方面对老字号品牌有积极的影响，因此进一步探究跨品类延伸对老字号品牌的品牌意识的影响。

品牌意识是指消费者能够识别、辨认品牌的能力，是建立品牌资产的重要内容（Keller，1993）。消费者对品牌的品牌意识会显著影响消费者的购买决策（MacDonald and Sharp，2000），提升品牌意识是品牌进行营销的重要目的（Percy and Rossiter，1992）。薛可和余明阳（2003）的研究表明，通过品牌延伸，品牌知名度可以很快地延伸到具有相近消费群体的目标市场中，因此无论品牌延伸成功与否，母品牌的品牌知名度都将增值。由于老字号品牌进行跨品类延伸所带来的反差比新兴品牌强烈，因此老字号品牌这一行为可能在消费者心中留下更深刻的印象，从而提升消费者对老字号品牌的品牌意识。该推论解释了为什么跨品类延伸可能对老字号品牌的消费者态度产生负面影响，但仍然有这么多老字号品牌采用跨品类延伸的营销策略。据此，提出如下假设。

H10-4：跨品类延伸后，消费者对老字号品牌意识的提升显著高于新兴品牌。

10.1.3　老字号品牌如何更有效地进行跨品类延伸

前面两个部分都注重体现跨品类延伸策略对老字号品牌的影响。跨品类延伸对老字号品牌是一把“双刃剑”，既存在负面影响，即降低老字号品牌的消费者态度，也存在正面影响，即提升老字号品牌的品牌意识。那么老字号品牌如何进行跨品类延伸才能为品牌带来更积极、有效的影响呢？延伸契合度（高 vs 低）、延伸方式（独立 vs 联合）如何组合能达到最优效果是这一部分将要进行讨论的内容。

研究表明，延伸产品的契合度高低与消费者态度之间呈正相关关系，即延伸契合度越高，消费者对延伸产品和母品牌的评价就越积极。当消费者感知契合度高时，更容易将对原品牌的理解、态度迁移到延伸产品上，提升对延伸产品和母品牌的认知。如果消费者感知契合度较低，则难以将延伸产品与原品牌建立联系，难以理解品牌延伸的意义，需要付出更多的精力来建立品牌联想，可能导致较为负面的延伸效果（Aaker and Keller，1990；Broniarczyk and Alba，1994；林少龙等，2014）。

与品牌独立进行品牌延伸推出新产品相比，通过品牌联合的方式进行延伸，消费者对品牌的态度反馈更加积极（Park et al.，1996；Levin I P and Levin A M，2000，Leuthesser et al.，2003）。因为品牌联合涉及两个或多个品牌，相较于品牌独自向消费者传达品牌信息，能够为消费者提供更丰富的产品信息（Janiszewski and van Osselaer，2000）。在老字号品牌情境下，消费者对老字号品牌的固有印象较为强烈，如果老字号品牌进行契合度低的跨品类延伸，消费者难以将老字号品牌的信息迁移至新产品上，造成理解困难和负面态度，此时选择联合延伸能够利用合作品牌作为信息辅助，降低消费者的理解难度，缓解负面效应。如果老字号品牌进行契合度高的跨品类延伸，消费者对老字号品牌的积极态度能够更轻松地传递到新产品上，独立延伸和联合延伸产生的影响差异将不再显著，据此，提出以下假设。

H10-5：延伸契合度（高 vs 低）和延伸方式（独立 vs 联合）对老字号品牌跨品类延伸前后态度变化存在交互作用。即在低契合度的跨品类延伸中，联合延伸的方式对老字号品牌的消费者态度的损害低于独立延伸；在高契合度的跨品类延伸中，联合延伸和独立延伸前后的消费者态度变化差异不显著。

延伸契合度 × 延伸方式交互作用研究模型如图 10-2 所示。

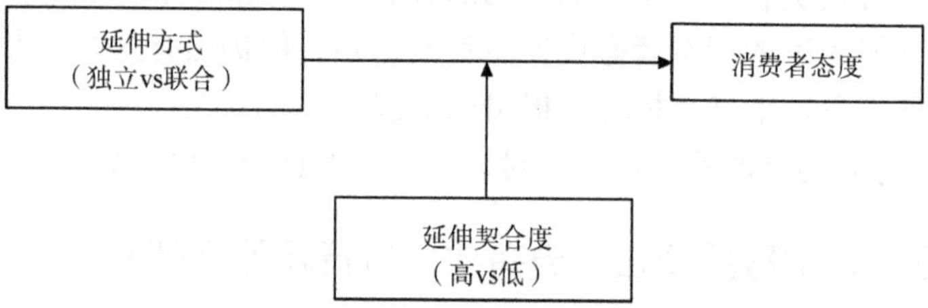

图 10-2　延伸契合度 × 延伸方式交互作用研究模型

10.2　本 章 小 结

通过对前人研究的回顾与总结，在现有文献和理论的基础上，构建了本篇的理论框架，并提出了研究假设。整体研究框架可以划分为两大部分。

第一部分跨品类延伸对老字号品牌的影响研究，包含消极影响和积极影响两方面。消极影响是指跨品类延伸会损害消费者对老字号品牌的态度，这种品牌态度的损害比新兴品牌更为严重，这是由消费者对老字号品牌的指令性规范信念的中介作用导致的，因为消费者认为比起新兴品牌，老字号品牌更应该专注于自身原有的业务，而不该进行跨品类延伸。同时，本章认为，消费者内隐人格取向会调节跨品类延伸所造成的消费者态度下降的程度。据此，本章提出了 H10-1、H10-2、H10-3 三个假设，来探究跨品类延伸对老字号品牌产生的负面影响及其背后的作用机制。跨品类延伸作为近年来老字号品牌频繁采用的营销策略，必然存在着一定的积极影响，故本章提出 H10-4，着重探究跨品类延伸对老字号品牌的品牌意识带来的提升作用。

第二部分是老字号品牌如何更有效地进行跨品类延伸。第一部分研究表明，老字号品牌进行跨品类延伸会带来消费者态度的下降和品牌意识的提升，第二部分则着重探究如何选择跨品类延伸策略能够缓解对老字号品牌产生的负面影响。

延伸契合度和延伸方式是本篇研究的主要策略，如果老字号品牌选择向高契合度的品类进行延伸，消费者能从新产品轻松获得相关的品牌联想，引发积极的延伸评价，此时独立延伸即可获得消费者的积极响应。反之，如果老字号品牌选择向低契合度的品类进行延伸，消费者则难以从新产品中获得对老字号品牌的联想，此时消费者会产生理解困难，引发负面评价。在这种情况下，可以考虑引入联合品牌，通过联合品牌的背书增加消费者对延伸产品的信息，缓解负面效应。据此，本章提出 H10-5，探究老字号品牌跨品类延伸前后所造成的消费者态度变化差异中，延伸契合度和延伸方式的交互作用。

两个部分共同构成了本篇完整的理论框架，首先，探究跨品类延伸对老字号品牌的负面、正面影响；其次，就如何进行跨品类延伸以缓解其可能带来的负面效应，带来最有效、积极的消费者反馈为老字号品牌提出策略建议。

第 11 章　老字号品牌跨品类延伸研究实验设计与结果分析

本章通过实验的方法对第 10 章的研究假设进行实证研究，共进行包括前测实验在内的七个实验以验证 H10-1 ~ H10-5 五个主要假设。通过前测实验，选择后续实验中要使用的知名度相当的老字号品牌和新兴品牌、被广泛认同是跨品类的产品品类。在实验一中，利用虚拟品牌消除品牌干扰因素，操纵品牌类型的差异，比较老字号品牌和新兴品牌在跨品类延伸前后消费者对其态度的变化，验证 H10-1。实验二在真实品牌情境下，测量消费者对老字号品牌的指令性规范信念，探究消费者态度变化差异背后的作用机理，验证指令性规范信念的中介作用，即 H10-2。实验三通过测量消费者的内隐人格取向，分析内隐人格取向对品牌延伸的态度变化的调节作用，且这种调节作用对老字号品牌影响更为显著，验证 H10-3。实验四采用新品类进行实验，消除性别可能存在的影响，再次验证 H10-1 ~ H10-3。实验五通过测量消费者在品牌延伸前后对品牌意识的变化差异，提出跨品类延伸对老字号品牌的积极作用，支持 H10-4。实验六通过 2 × 2 分组实验探究延伸契合度、延伸方式对老字号品牌跨品类延伸效果的影响，验证 H10-5，并为老字号品牌有效进行跨品类延伸提出具体建议。

11.1　前测实验：选择实验选用的品牌和产品品类

11.1.1　实验设计和步骤

前测实验分为两个部分，目的是选择后续实验中使用的老字号品牌、新兴品牌和产品品类。品牌知名度代表品牌在消费者认知中的强度，表现消费者对该品牌的识别和回忆（Keller，1993）。由于市场上品牌数量众多，各个品牌在消费者之间的知名度不同。为了消除品牌知名度差异对实验结果可能存在的影响，通过前测实验选择品牌知名度相当、主营业务为同类产品的老字号品牌和新兴品牌，以供后续实验使用。为了确保实验中涉及的延伸行为确实是跨品类延伸，通过前测实验请被试对数个日常产品进行分类，选择被明显归入不同类别的产品进行后续研究，其中包含前测实验中所涉及的老字号品牌和新兴品牌主营的产品品类。

前测实验采用线上问卷形式，通过问卷星系统进行问卷收集，共计 62 名被试参与实验（63%为女性），其中有 3 名被试未按要求完成填写。首先，被试被要求完成一道分类题，将白酒、香水、卫衣、洗洁精、口红、T 恤、葡萄酒、洗衣液 8 种产品全部进行分类。其次，通过 3 个题项来测量一系列品牌的知名度（Keller, 1993），如“我听说过×××品牌”（1=“强烈不同意”，7=“强烈同意”）。最后，调查被试的人口统计信息。

11.1.2　结果分析

1. 品牌知名度

单因素方差分析显示，被试对同处白酒行业的老字号品牌泸州老窖和新兴品牌江小白的品牌知名度不存在显著差异（$M_{泸州老窖}=4.61$，SD=1.39；$M_{江小白}=4.92$，SD=1.41；$p=0.23$）；对主营业务为洗涤产品的老字号品牌白猫和新兴品牌妈妈壹选的品牌知名度不存在显著差异（$M_{白猫}=3.45$，SD=2.02；$M_{妈妈壹选}=3.01$，SD=1.87；$p=0.22$）；对主营业务为雪糕产品的老字号品牌光明和新兴品牌钟薛高的品牌知名度则存在显著差异（$M_{光明}=4.78$，SD=1.33；$M_{钟薛高}=3.50$，SD=2.05；$p=0.00$）。因此选择老字号品牌泸州老窖和新兴品牌江小白、老字号品牌白猫和新兴品牌妈妈壹选作为后续研究的备选品牌组。

2. 产品品类

在对 8 种产品进行归类的实验中，59 名参与者 100%将白酒和葡萄酒归为一类，香水和口红归为一类，卫衣和 T 恤归为一类，洗衣液和洗洁精归为一类，证明了在大众认知中，白酒品牌（泸州老窖和江小白）生产香水或衣服，洗衣液品牌（白猫和妈妈壹选）生产衣服，确实都属于跨品类延伸。

11.1.3　结果讨论

通过前测实验的结果，确定了后续实验中要使用的老字号品牌、新兴品牌和产品品类。通过请被试对几个老字号品牌和新兴品牌的品牌知名度打分，选择知名度相当的主营同品类产品的品牌（泸州老窖 vs 江小白、白猫 vs 妈妈壹选）作为实验中所涉及的真实延伸品牌；通过请被试对数个日常产品进行分类，选择 100%被划分为不同品类的白酒和香水、白酒和衣服、洗衣液和衣服作为实验中所用的跨品类延伸品类，如白酒品牌泸州老窖和江小白推出跨品类延伸产品香水。

11.2　实验一：跨品类延伸对老字号品牌的消费者态度影响

实验一采取单因素的组间实验（品牌类型：老字号品牌 vs 新兴品牌）来验证 H10-1。我们在实验中采用虚拟品牌进行研究，以消除真实品牌相关因素的干扰作用。通过对虚拟品牌的成立时间进行操纵来区别老字号品牌及新兴品牌，其他内容包括品牌名称、产品品类和描述保持统一。实验中测量了消费者在看到同一品牌延伸产品之前和之后对该品牌的态度，通过比较老字号品牌和新兴品牌在跨品类延伸前后消费者对其态度的变化，检验跨品类延伸是否会对消费者态度产生负面影响以及对老字号品牌的影响是不是更加严重。

11.2.1　实验设计和步骤

共计 92 名被试（女性占 32.61%）参加了本次实验，均为上海某高校在校学生。他们被随机分配到老字号品牌组与新兴品牌组。被试会看到两段不同的虚拟品牌介绍，介绍中通过操纵品牌创始年份来体现品牌历史的差异。在老字号品牌情境下，被试将会阅读到这样一段简短的品牌介绍：墨白是成立于 1360 年的白酒品牌，有 600 余年历史，是中国老字号白酒品牌之一，曾入选国家非物质文化遗产名录。在新兴品牌情境下，被试将会阅读到这样一段简短的品牌介绍：墨白是成立于 2014 年的白酒品牌，是中国新兴白酒品牌之一，曾入选年轻人最喜爱的白酒品牌。

介绍中提到的“墨白”是一个虚拟的白酒品牌，以消除品牌知名度、喜爱度等其他因素可能存在的影响。在阅读完简短的品牌介绍后，被试将会接受对“墨白”消费者态度的测量。测度被试消费者态度的量表包括改编自 Lafferty 等（2004）的研究的四个题项，如“我认为墨白的质量是可靠的”（1=“强烈不同意”，7=“强烈同意”）。随后，所有被试将会读到一段简单的介绍，被告知墨白品牌最近推出了一款定制香水，并看到了带有墨白品牌标志的香水图片。看过品牌延伸操纵信息之后，将再次测量被试的消费者态度。最后进行操纵检验和人口统计信息调查。

11.2.2　结果分析

1. 操纵检验

在老字号品牌条件下，参与者更加同意墨白是一个历史悠久的品牌（$M_{老字号品牌}$=5.57，SD=1.29；$M_{新兴品牌}$=2.63，SD=1.45；$F(1，90)$=106.27，p=0.00）。这证明实验一的操纵检验有效，仅用简单的文字介绍就能让被试感知到虚拟老字号品牌和新兴品牌的差异。

2. 消费者态度变化

单因素方差分析显示，第一次消费者态度测量，即被试看到品牌跨品类延伸行为之前，老字号品牌组的消费者态度显著好于新兴品牌组（$M_{老字号品牌}$=4.20，SD=1.03；$M_{新兴品牌}$=3.42，SD=1.16；$F(1，90)$=11.60，p=0.00），说明老字号品牌在消费者心中还是存在一定的品牌口碑优势，即使是虚拟品牌，“老字号”这一概念本身就能引发消费者的积极态度。但是在看到品牌的跨品类延伸行为后，老字号品牌组和新兴品牌组的消费者态度差异不再显著（$M_{老字号品牌}$=3.81，SD=1.29；$M_{新兴品牌}$=3.42，SD=1.14；$F(1，90)$=2.35，p=0.13），说明消费者看到老字号品牌跨品类延伸行为之后，“老字号”的品牌光环不复存在。方差分析显示品牌类型和消费者态度变化程度有显著关系（$M_{老字号品牌}$=−0.39，SD=1.07；$M_{新兴品牌}$=−0.01，SD=0.66；$F(1，90)$=4.23，p=0.04），消费者对历史悠久的老字号品牌墨白的态度的下降程度比历史较短的新兴品牌墨白更为显著。老字号品牌和新兴品牌进行跨品类延伸前后消费者态度变化程度（实验一）如图 11-1 所示。

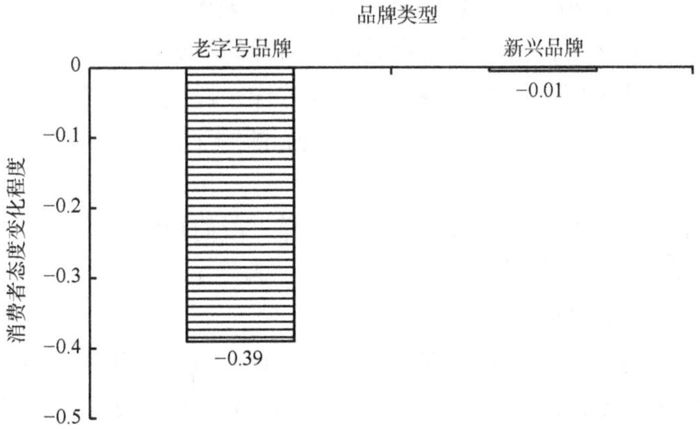

图 11-1　老字号品牌和新兴品牌进行跨品类延伸前后消费者态度变化程度（实验一）

11.2.3 结果讨论

实验一的结果验证了本篇的主效应，支持 H10-1：跨品类延伸后，消费者对老字号品牌态度变差的程度比新兴品牌严重。实验运用虚拟品牌，排除了可能存在的其他影响因素，证明在老字号品牌和新兴品牌之间消费者态度变化差异真实存在。在接下来的研究中，我们计划使用真实的品牌来探索态度变化差异背后的作用机制，并在不同情境下进一步验证不同延伸品类下的影响。

11.3 实验二：指令性规范信念的中介机制研究

在实验一的基础上，实验二旨在证明主要假设的稳健性，并在真实品牌情境和功能性产品品类下验证指令性规范信念的中介作用，增加题项测量被试对老字号品牌和新兴品牌跨品类延伸行为的指令性规范信念。实验二目的在于检验 H10-2，消费者对老字号品牌的态度变差，是因为他们对老字号品牌有更强的指令性规范信念，认为这些有文化底蕴的传统品牌应该专注于原有的产品线，而不应该进行品牌延伸。

11.3.1 实验设计和步骤

共计 90 名大学生（女性占 36.67%）参加了本次实验，均为上海某高校在校学生。我们选择前测中验证的知名度相当的白酒品牌——泸州老窖和江小白用于实验。泸州老窖成立于公元 1573 年，至今有 400 多年的历史，是中华老字号品牌之一。江小白成立于 2012 年，作为新兴品牌组的刺激物。被试被随机分配到老字号品牌组与新兴品牌组，分别会读到对两个品牌的简短介绍。

在老字号品牌情境下，被试将会阅读到这样一段简短的品牌介绍：泸州老窖始建于公元 1573 年，是中华老字号白酒品牌，酿酒工艺传承 400 余年，入选首批国家非物质文化遗产名录。

在新兴品牌情境下，被试将会阅读到这样一段简短的品牌介绍：江小白成立于 2012 年，是主打年轻消费市场的白酒品牌，满足了青年人的饮酒需求，曾入选年轻人最喜爱的白酒品牌。

实验二采用与实验一相同的方法测量被试对泸州老窖和江小白初始的消费者态度，采用改编自 Lafferty 等（2004）的四个题项，如“我认为泸州老窖/江小白的质量是可靠的”（1= “强烈不同意”，7= “强烈同意”）。随后所有被试将会读到一段简单的介绍，被告知泸州老窖/江小白最近推出一款衣服，并看见带有泸州老窖/江小白品牌标志的衣服图片。在看过品牌延伸操纵信息之后，将再次测量被试对泸州老窖/江小白的消费者态度。随后通过三个题项测量参与者对泸州老窖/江小白品牌的指令性规范信念，如“泸州老窖应该专注于原有的业务”（1=“强烈不同意”，7=“强烈同意”）。最后被试填写了人口统计信息。

11.3.2　结果分析

1. 消费者态度

单因素方差分析显示，第一次消费者态度测量，即被试在看到跨品类延伸产品前，被试对泸州老窖的消费者态度显著优于江小白（$M_{泸州老窖}$=4.90，SD=1.16；$M_{江小白}$=4.01，SD=1.12；$F(1,88)=13.73$，$p=0.00$），说明老字号品牌泸州老窖在消费者心中的存在一定的口碑优势。但是在看到跨品类延伸产品后，泸州老窖和江小白的态度差异变得不再显著（$M_{泸州老窖}$=4.10，SD=1.26；$M_{江小白}$=3.65，SD=1.36；$F(1,88)=2.64$，$p=0.11$），说明消费者看到泸州老窖跨品类延伸行为之后，老字号品牌的积极印象不复存在，消费者态度不再优于新兴品牌。方差分析显示老字号品牌和新兴品牌两种品牌类型和消费者态度变化程度的关系显著（$M_{泸州老窖}$=−0.80，SD=0.86；$M_{江小白}$=−0.35，SD=1.11；$F(1,88)=4.42$，$p=0.04$），数据结果表明，当消费者看到跨品类延伸产品后，老字号品牌泸州老窖态度下降得比新兴品牌江小白更为严重。考虑到泸州老窖和江小白都是白酒品牌，它们的消费者受众多为男性，为了排除性别差异对研究结论可能存在的影响，使结果更有说服力，我们加入性别作为协变量再次对数据进行分析。加入性别协变量之后，老字号品牌和新兴品牌两种品牌类型对消费者态度变化的主效应仍然显著，但来自协变量性别的影响不显著（$M_{泸州老窖}$=−0.80，SD=0.86；$M_{江小白}$=−0.36，SD=1.12；$F(1,87)=2.47$，$p_{品牌}=0.04$，$p_{性别}=0.59$），表明即使在男性为主流消费群体的白酒品类中，性别对品牌延伸前后消费者的消费者态度也没有显著作用。老字号品牌和新兴品牌进行跨品类延伸前后消费者态度变化程度（实验二）如图 11-2 所示。

2. 中介作用

分析询问指令性规范信念的三个题项的测量数据发现，被试对老字号品牌泸州老窖的指令性规范信念显著高于新兴品牌江小白（$M_{泸州老窖}$=4.43，SD=0.79；$M_{江小白}$=3.93，SD=0.95；$F(1,88)=7.49$，$p=0.01$），即在消费者心中认为比起江小白，泸州老窖更不应该进行品牌延伸，应该更专注于原有的业务。为了检验消费者的指令性规范信念是否中介了品牌类型（老字号品牌 vs 新兴品牌）对跨品类延伸中消费者态度变化的影响，我们采用了 SPSS 中 Process 的模型 4（Hayes，2013），

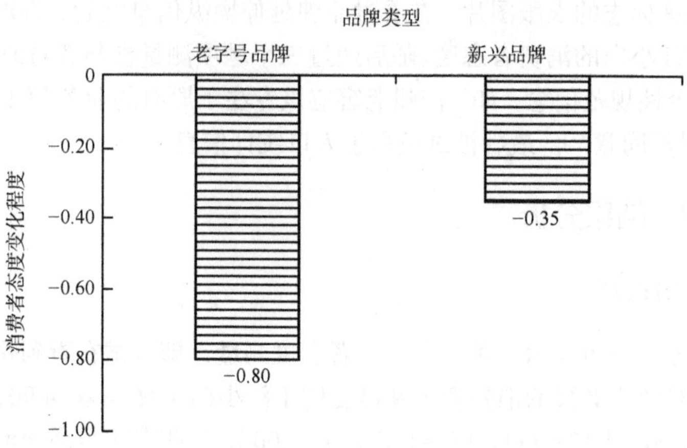

图 11-2 老字号品牌和新兴品牌进行跨品类延伸前后消费者态度变化程度（实验二）

10 000 个 Bootstrap 样本和 95%的置信区间进行中介分析。结果表明，品牌类型（老字号品牌 vs 新兴品牌）对于指令性规范信念的回归是显著的（β=0.18，t=−2.74，p=0.01），同时，构建中介模型，品牌类型（老字号品牌 vs 新兴品牌）和指令性规范信念对跨品类延伸前后消费者态度变化的共同作用也是显著的（p=0.01）。指令性规范信念对消费者态度变化的间接效应是显著的（b=0.1493，SE=0.0812，95%CI=[0.0115，0.3219]）。故消费者对品牌的指令性规范信念在跨品类延伸对消费者态度变化影响的过程中起中介作用。消费者对老字号品牌和新兴品牌进行品牌延伸的指令性规范信念强度（实验二）如图 11-3 所示。

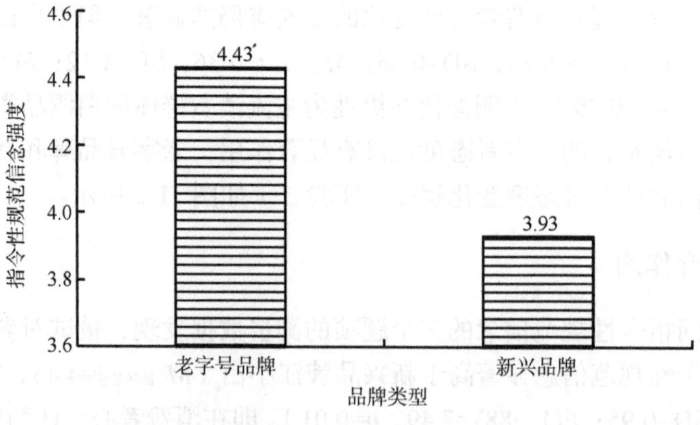

图 11-3 消费者对老字号品牌和新兴品牌进行品牌延伸的指令性规范信念强度（实验二）

11.3.3　结果讨论

在真实品牌情境（泸州老窖 vs 江小白）及新产品品类（衣服）下，实验二再次支持了 H10-1。同时实验二也验证了 H10-2，阐述了消费者对老字号品牌延伸的强烈负面态度变化，是因为消费者认为比起新兴品牌，这些老字号品牌应该更加专注于原有业务而不是进行品牌延伸。除此之外，实验二排除了性别差异可能存在的影响。下一步，我们探讨消费者的内隐人格取向对跨品类延伸造成的消费者态度变化是否具有调节作用。

11.4　实验三：内隐人格取向的调节作用研究

在前两个实验的基础上，实验三在巩固主效应的基础上，研究内隐人格取向的调节作用，是否不同类型的消费者对老字号品牌和新兴品牌延伸的反应不同？实验三将要使用产品品类——香水，来验证在享乐产品品类下假设是否仍然成立。实验三增加对被试内隐人格取向的问项，验证 H10-3。

11.4.1　实验设计和步骤

实验三采用 2（品牌类型：老字号品牌 vs 新兴品牌）×2（内隐人格取向：实体理论 vs 渐变理论）的双因素组间实验设计，有 226 名高校学生（女性占比 48.2%）参与了实验，均为上海某高校在校学生。

实验三选用和实验二相同的品牌，泸州老窖和江小白，但是将跨品类延伸的产品品类从衣服改为香水，来检验享乐产品品类下的情况。实验最初的品牌介绍和态度测量与先前的实验相同。被试被告知泸州老窖/江小白近期推出了定制香水，并看到带有泸州老窖/江小白品牌标志的香水图片。当被试看过图片后，用与先前实验相同的方法测量参与者看到延伸产品后的消费者态度。在本次实验中，通过四个题项测量消费者内隐人格取向（Chiu et al.，1997），如“虽然人们可以做不同的事情，但每个人自身的重要部分不能真正改变”（1=“强烈不同意”，7=“强烈同意”）。最后要求被试填写了人口统计信息。

11.4.2　结果分析

1. 消费者态度

单因素方差分析显示，与前文实验数据结果一致，第一次消费者态度的测量，即被试看到延伸产品香水前，对泸州老窖的消费者态度显著优于江小白（*M*

$_{泸州老窖}$=4.77，SD=0.81；$M_{江小白}$=4.06，SD=1.06；$F(1, 224)=30.81$，$p=0.00$），说明老字号品牌泸州老窖在消费者心中的存在一定的品牌态度优势。但是在看到延伸产品香水后，泸州老窖和江小白的态度差异便不再显著（$M_{泸州老窖}$=3.92，SD=1.01；$M_{江小白}$=3.72，SD=1.07；$F(1, 224)=2.00$，$p=0.16$）。方差分析显示老字号品牌、新兴品牌两种品牌类型对品牌延伸造成的消费者态度变化的差异是显著的（$M_{泸州老窖}$=−0.85，SD=1.08；$M_{江小白}$=−0.34，SD=0.85；$F(1, 224)=15.36$，$p=0.00$）。数据结果表明，当消费者看到跨品类延伸产品后，老字号品牌泸州老窖态度下降得比新兴品牌江小白更为严重。老字号品牌和新兴品牌进行跨品类延伸前后消费者态度变化程度（实验三）如图 11-4 所示。

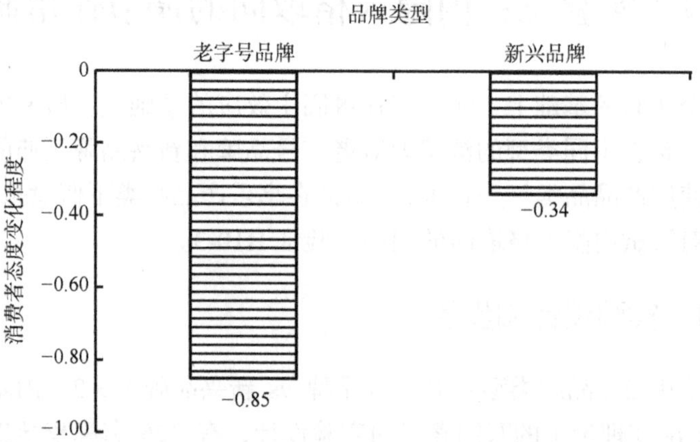

图 11-4　老字号品牌和新兴品牌进行跨品类延伸前后消费者态度变化程度（实验三）

2. 调节作用

对于调节作用，本章采用聚光灯分析法（Spiller et al., 2013），以探讨不同品牌类型（老字号品牌或新兴品牌）、内隐人格取向（实体理论或渐变理论）对跨品类延伸前后消费者态度变化的交叉影响。利用 SPSS Process 模型 1（Hayes, 2013），10 000 个 Bootstrap 样本和 95%的置信区间，将品牌类型作为自变量（0=泸州老窖，1=江小白），被试的内隐人格取向测量得分作为调节变量，消费者态度在跨品类延伸前后变化的差值作为因变量。结果显示品牌类型和内隐人格取向之间存在交互作用（$\beta=0.13$，$t=2.03$，$p=0.04$）。更具体地说，聚光灯分析的结果显示，对于相信实体理论的消费者（M+1SD）对老字号品牌的态度变化显著比新兴品牌差（$M_{泸州老窖}$=−1.16 vs $M_{江小白}$=−0.42，$\beta=0.18$，$p=0.00$），而对于渐变人格的消费者（M−1SD）这种差异是微弱的，（$M_{泸州老窖}$=−0.48 vs $M_{江小白}$=−0.28，$\beta=0.19$，$p=0.29$）。数据结果表明，消费者的内隐人格取向能够调节消费者对品牌跨品类延伸的态度变化。内隐人格取向对消费者对跨品类延伸的态度的调节作用（实验三）如

图 11-5 所示。

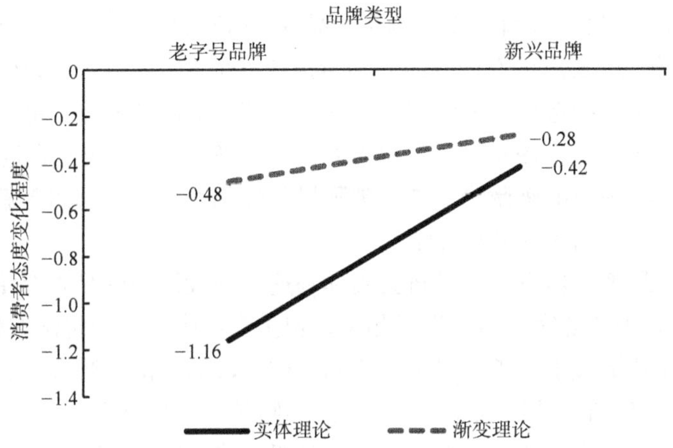

图 11-5　内隐人格取向对消费者对跨品类延伸的态度的调节作用（实验三）

11.4.3　结果讨论

实验三利用真实品牌泸州老窖和江小白、享乐型产品香水，再次验证了消费者对老字号品牌跨品类延伸产生的负面态度比新兴品牌更严重这一主要假设。此外，本节还验证了 H10-3，持实体理论的消费者对跨品类延伸，尤其是老字号品牌的态度变化更为消极，因为在他们眼中事物是固定不变的，有着更保守、稳定的思想。持渐变理论的消费者态度变化则不像实体理论那么显著，因为他们认可事物是随时间、随情境的变化而变化的，有着更开放、更具延展性的思维。

11.5　实验四：指令性规范信念的中介机制与内隐人格取向的调节作用研究

由于前面三个实验均采用白酒品牌作为实验对象，考虑到白酒主要消费受众是男性，为了更彻底消除性别差异可能存在的影响，实验四将采用新的品牌品类——洗涤产品进行研究，再次验证本节的主效应、规范信念的中介作用以及内隐人格取向的调节作用。

11.5.1　实验设计和步骤

实验四也采用 2（品牌类型：老字号品牌 vs 新兴品牌）×2（内隐人格取向：实体理论 vs 渐变理论）的双因素组间实验设计，有 207 名被试（女性占比 46.9%）参与了实验。实验四选用了前测实验中知名度相当的两款洗涤产品品牌：白猫和妈妈壹选。白猫成立于 1948 年，是中华老字号品牌之一，而妈妈壹选成立于 2015 年，作为新兴品牌组的刺激物。被试被随机分配到老字号品牌组与新兴品牌组，分别会读到对两个品牌的简短介绍。

在老字号品牌情境下，被试将会阅读到这样一段简短的品牌介绍：白猫成立于 1948 年，是中华老字号清洁洗涤品牌，曾生产出中国第一包洗衣粉。

在新兴品牌情境下，被试将会阅读到这样一段简短的品牌介绍：妈妈壹选成立于 2015 年，是新兴清洁洗涤品牌，以天然呵护为主要概念。

实验最初的态度测量采用与先前的实验相同的题项。随后，被试被告知白猫/妈妈壹选近期推出了定制 T 恤，并看到带有白猫/妈妈壹选品牌标志的 T 恤图片。当被试看过图片后，用与先前实验相同的方法测量被试看到跨品类延伸产品后的消费者态度、对品牌的指令性规范信念、内隐人格取向。

11.5.2　结果分析

1. 消费者态度

单因素方差分析显示，在新的品牌实验中，结果与前文一致，被试看到延伸产品 T 恤前，对老字号品牌白猫的消费者态度显著优于新兴品牌妈妈壹选（$M_{白猫}$=4.17，SD=0.58；$M_{妈妈壹选}$=3.77，SD=0.91；$F(1, 205)=13.78$，$p=0.00$），说明老字号品牌白猫在消费者心中的存在一定的口碑优势。但是在看到延伸产品后，老字号品牌白猫和新兴品牌妈妈壹选的态度差异便不再显著（$M_{白猫}$=3.45，SD=0.76；$M_{妈妈壹选}$=3.40，SD=0.80；$F(1, 205)=0.20$，$p=0.66$），此时老字号品牌白猫的品牌优势不再存在。方差分析显示老字号、新兴品牌两种品牌类型对跨品类延伸造成的消费者态度变化的差异是显著的（$M_{白猫}$=−0.72，SD=0.81；$M_{妈妈壹选}$=−0.38，SD=0.78；$F(1, 205)=9.85$，$p=0.00$）。数据结果表明，当消费者看到跨品类延伸产品后，老字号品牌白猫消费者态度下降得比新兴品牌妈妈壹选更为严重。老字号品牌和新兴品牌进行跨品类延伸前后消费者态度变化程度（实验四）如图 11-6 所示。

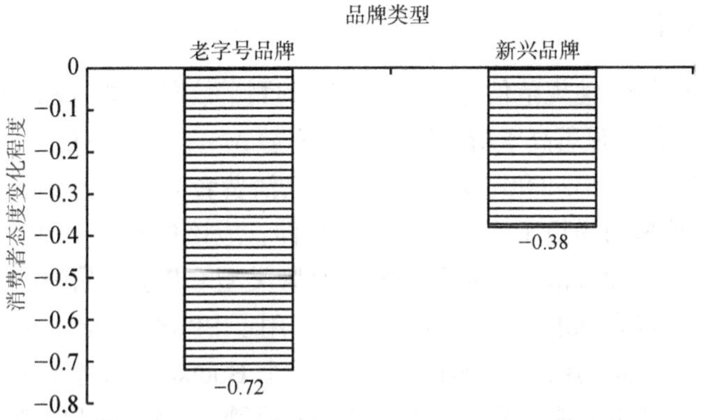

图 11-6　老字号品牌和新兴品牌进行跨品类延伸前后消费者态度变化程度（实验四）

2. 调节作用

和实验三的研究方法一样，采用聚光灯分析法分析内隐人格取向的调节作用。利用 SPSS 中 Process 模型 1（Hayes，2013），10 000 个 Bootstrap 样本和 95%的置信区间，将品牌类型作为自变量（0=白猫，1=妈妈壹选），被试的内隐人格取向测量得分作为调节变量，跨品类延伸前后消费者态度变化的差值作为因变量。结果显示品牌类型和内隐人格取向之间存在交互作用(β=0.12，t=2.07，p=0.04)。相信实体理论的消费者（M+1SD）对老字号品牌的态度变化显著比新兴品牌差（$M_{白猫}$=−1.13 vs $M_{妈妈壹选}$=−0.64，β=0.14，p=0.00），而对于渐变理论者（M−1SD）这种差异是微弱的，（$M_{白猫}$=−0.22 vs $M_{妈妈壹选}$=−0.16，β=0.15，p=0.69）。数据结果表明，消费者的内隐人格取向能够调节消费者对品牌跨品类延伸的态度变化。内隐人格取向对消费者对跨品类延伸的态度的调节作用（实验四）如图 11-7 所示。

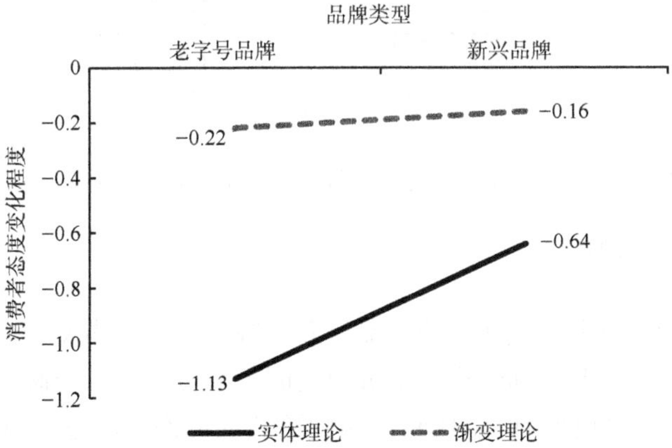

图 11-7　内隐人格取向对消费者对跨品类延伸的态度的调节作用（实验四）

3. 中介作用

分析询问指令性规范信念的三个问项的测量数据发现，被试对老字号品牌白猫的指令性规范信念显著高于新兴品牌妈妈壹选（$M_{白猫}$=4.15，SD=0.84；$M_{妈妈壹选}$=3.78，SD=0.91；$F(1，205)=8.90$，$p=0.00$），即在消费者心中认为比起新兴品牌妈妈壹选，老字号品牌白猫更不应该进行品牌延伸，应该更专注于原有的业务。为了检验消费者的指令性规范信念是否中介了品牌类型（老字号品牌 vs 新兴品牌）对跨品类延伸中消费者态度变化的影响，我们采用了 SPSS 中 Process 的模型 5（Hayes，2013；Hagtvedt and Brasel，2017），10 000 个 Bootstrap 样本和 95%的置信区间进行中介分析。结果表明，品牌类型（老字号品牌 vs 新兴品牌）对于指令性规范信念的回归是显著的（$\beta=0.12$，$t=-2.98$，$p=0.00$），同时，构建模型 5 的调节中介模型，指令性规范信念和内隐人格取向对跨品类延伸前后消费者态度变化的共同作用也是显著的（$p=0.00$）。结果显示在内隐人格的调节下，指令性规范信念对消费者态度改变的间接影响仍然显著（$b=0.0524$，SE=0.0297，95%CI=[0.0050，0.1206]）。故消费者对品牌的指令性规范信念在跨品类延伸对消费者态度变化影响的过程中起中介作用。消费者对老字号品牌和新兴品牌进行品牌延伸的指令性规范信念强度（实验四）如图 11-8 所示。

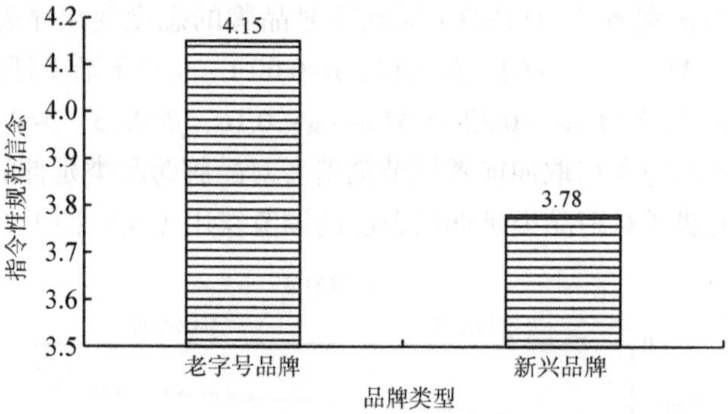

图 11-8　消费者对老字号品牌和新兴品牌进行品牌延伸的指令性规范信念强度（实验四）

11.5.3　结果讨论

本节通过使用全新品类（洗涤产品）和品牌组合（白猫 vs 妈妈壹选），消除了可能存在的性别差异，同时进一步巩固验证了本篇的前三个假设：消费者面对老字号品牌跨品类延伸会产生比新兴品牌更负面的态度，这一现象是通过指令性规范信念的中介来运作的，同时这种态度变化的差异受到内隐人格取向的调节作用。

11.6　实验五：跨品类延伸对老字号品牌的品牌意识影响研究

前四个实验都展示了老字号品牌进行跨品类延伸的“阴暗面”：跨品类延伸后，消费者对老字号品牌态度变差的程度比新兴品牌严重，以及背后的中介作用机理和调节作用。但是作为品牌最常用的营销策略之一，品牌延伸一定在其他方面对老字号品牌有积极的影响。接下来的实验就是探索跨品类延伸对老字号品牌和新兴品牌带来品牌意识的影响是否存在差异。我们提出假设认为相比于新兴品牌，跨品类延伸能够更显著地提高消费者对于老字号品牌的品牌意识。

11.6.1　实验设计和步骤

实验五采取单因素的组间实验（品牌类型：老字号品牌 vs 新兴品牌）来验证 H10-4，共有 98 名上海某高校的学生有效样本（39.6%为女性）参与了本次实验，我们使用了与实验三相同的品牌，泸州老窖和江小白，品牌介绍、延伸产品都与实验三一致。通过三个题项先测量消费者最初对泸州老窖/江小白的品牌意识（Yooa and Donthu，2001；Christodoulides et al.，2015），如“我很快会回想起该品牌的一些特征”（1=“强烈不同意”，7=“强烈同意”），然后参与者被告知泸州老窖/江小白品牌最近推出了一款定制香水，并看到带有泸州老窖/江小白品牌标志的香水图片。在此之后，再次测量被试的品牌意识，最后填写人口统计信息。

11.6.2　结果分析

单因素方差分析显示，在被试看见延伸产品前和被试看见延伸产品后，对泸州老窖和江小白的品牌意识都是相近的，没有显著差别（$M_{泸州老窖前}=2.67$，SD=1.38；$M_{江小白前}=2.85$，SD=1.49；$F(1, 96)=0.39$，$p=0.54$；$M_{泸州老窖后}=3.33$，SD=1.49；$M_{江小白后}=3.12$，$SD=1.48$；$F(1, 96)=0.47$，$p=0.50$）。但是两类品牌的品牌意识前后变化的差异是显著的（$M_{泸州老窖}=0.66$，SD=0.89；$M_{江小白}=0.27$，SD=1.02；$F(1, 96)=4.01$，$p=0.05$），老字号品牌的品牌意识提升的程度显著高于新兴品牌。在参与者看到延伸产品之前，江小白的品牌意识略微高于泸州老窖（$M_{江小白前}=2.85$，$M_{泸州老窖前}=2.67$），但是当参与者看过延伸产品之后，泸州老窖的品牌意识变得略高于江小白（$M_{泸州老窖后}=3.33$，$M_{江小白后}=3.12$）。数据结果表明，当消费者看到跨品类延伸产品后，老字号品牌的品牌意识上升得比新兴品牌妈妈更为明显。老字号品牌和新兴品牌进行跨品类延伸前后品牌意识变化的程度（实验五）如图 11-9 所示。

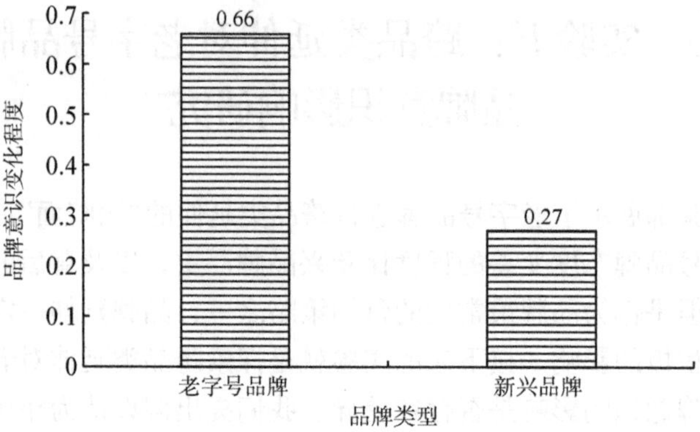

图 11-9　老字号品牌和新兴品牌进行跨品类延伸前后品牌意识变化的程度

11.6.3　结果讨论

实验五利用老字号品牌泸州老窖、新兴品牌江小白进行实验，探究跨品类延伸对老字号品牌可能带来的积极影响，支持 H10-4，与新兴品牌相比，老字号品牌进行跨品类延伸可以更显著地提升消费者的品牌意识。这也解释了为什么即使跨品类延伸策略可能使老字号品牌的消费者态度受到损害，还有这么多老字号品牌积极地不断地推出跨品类延伸产品。从品牌意识的角度看，跨品类延伸能够显著提高老字号品牌的品牌意识且程度比新兴品牌更强烈，有利于满足老字号品牌希望获取更多年轻一代关注的愿望。

11.7　实验六：延伸契合度和延伸方式对老字号品牌跨品类延伸效果影响研究

前五个实验主要验证了跨品类延伸策略对老字号品牌产生的双向影响，实验表明跨品类延伸会损害消费者对老字号品牌的态度，但是能显著提升消费者对老字号品牌的品牌意识，既存在负面作用也存在积极作用。下一个实验就是探索老字号品牌应该如何选择跨品类延伸策略，才能降低跨品类延伸对老字号品牌带来的负面影响。我们提出 H10-5，认为在不同延伸契合度下，老字号品牌不同跨品类延伸方式造成的消费者态度前后变化的差异不同，即延伸契合度和延伸方式会对老字号品牌跨品类延伸前后所造成的消费者态度变化差异产生交互作用。

11.7.1　实验设计和步骤

实验六采用双因素组间实验（延伸契合度：高 vs 低，延伸方式：独立 vs 联合）来验证 H10-5。共计 163 名大学生（女性占 46.56%）参加了本次实验，均为上海某高校在校学生。我们仍然选择前文使用的泸州老窖作为实验品牌，所有参与实验的被试都会先看到一段和先前实验相同的泸州老窖简单介绍。然后使用和前文相同的量表，测量被试对泸州老窖品牌原有的消费者态度、品牌意识。紧接着，不同分组的消费者将看到不同的实验刺激信息。

高延伸契合度 × 独立延伸情境下，被试会读到：近日，泸州老窖独立推出了一款酒心巧克力。同时展示带有泸州老窖标志的酒心巧克力图片。

高延伸契合度 × 联合延伸情境下，被试会读到：恰梵是一个巧克力品牌，专注于生产美味可口的巧克力产品。近日，泸州老窖联合恰梵推出了一款酒心巧克力。同时展示带有泸州老窖 × 恰梵标志的酒心巧克力图片。

低延伸契合度 × 独立延伸情境下，被试会读到：近日，泸州老窖独立推出了一款定制香水。同时展示带有泸州老窖标志的香水图片。

低延伸契合度 × 联合延伸情境下，被试会读到：恰梵是一个香水品牌，专注于生产气味怡人的香水产品。近日，泸州老窖联合恰梵推出了一款定制香水。同时展示带有泸州老窖 × 恰梵标志的香水图片。

其中恰梵是一个虚拟品牌，消除了合作品牌知名度、质量感知等可能存在的干扰作用。在看过品牌延伸操纵信息之后，将再次测量被试对泸州老窖的消费者态度、品牌意识，然后进行操纵检验，并让被试填写了人口统计信息。

11.7.2　结果分析

1. 操纵检验

通过改编自 Park 等（1991）的四个题项测量被试对延伸品类的感知契合度，如“泸州老窖推出的酒心巧克力/香水与白酒能满足我相似的需求”等。通过单因素方差分析得到被试对泸州老窖推出酒心巧克力的感知契合度显著高于香水（$M_{酒心巧克力}$=3.46，SD=1.30；$M_{香水}$=2.58，SD=1.24；$F(1，161)$=19.65，p=0.00），这证明实验对感知契合度的操纵是有效的，在消费者心中，泸州老窖推出延伸产品酒心巧克力的感知契合度显著高于泸州老窖推出香水的感知契合度。

2. 消费者态度

多因素方差分析显示，延伸契合度（高 vs 低）对跨品类延伸前后消费者态度变化有显著影响（$F(1, 161)=27.16$，$p=0.00$），即在高延伸契合度下，老字号品牌进行跨品类延伸造成的消费者态度变化差异显著优于低延伸契合度。延伸方式（独立 vs 联合）对跨品类延伸前后消费者态度变化也有显著影响（$F(1, 161)=4.38$，$p=0.04$），即老字号品牌与其他品牌合作进行联合延伸产生的消费者态度变化显著优于老字号品牌独立延伸。延伸契合度（高 vs 低）和延伸方式（独立 vs 联合）的交互作用对老字号品牌跨品类延伸前后消费者态度变化的影响是显著的（$F(1, 161)=10.93$，$p=0.00$）。在低延伸契合度下，被试对老字号品牌联合其他品牌进行跨品类延伸的消费者态度变化优于对老字号品牌独立进行跨品类延伸（$M_{低-联合}=-0.14$，SD=0.92；$M_{低-独立}=-0.91$，SD=1.14，$F(1, 81)=11.65$，$p=0.00$）；在高延伸契合度下，被试对老字号品牌独立延伸和联合延伸的消费者态度变化差异不显著（$M_{高-联合}=0.14$，SD=0.79；$M_{高-独立}=0.31$，SD=0.77，$F(1, 78)=1.01$，$p=0.32$）。数据结果表明，在老字号品牌延伸到契合度低的品类时，联合延伸的方式能缓解消费者态度的下降；当延伸到契合度高的品类时，联合延伸或独立延伸对消费者态度的影响差异不再显著。延伸契合度×延伸方式对老字号品牌跨品类延伸前后消费者态度变化的交互作用如图 11-10 所示。

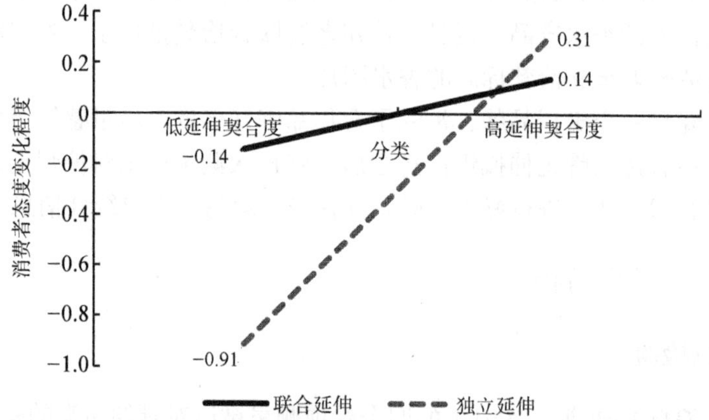

图 11-10　延伸契合度×延伸方式对老字号品牌跨品类延伸前后消费者态度变化的交互作用

3. 品牌意识

多因素方差分析显示，延伸契合度（高 vs 低）（$F(1, 161)=0.89$，$p=0.35$）、延伸方式（独立 vs 联合）（$F(1, 161)=0.80$，$p=0.37$）以及两者的交互作用（$F(1, 161)=0.30$，$p=0.58$）对老字号品牌跨品类延伸前后的品牌意识变化不存在显著影响，即无论老字号品牌是向品牌契合度高还是低的品类进行跨品类延伸，无论是通过独立延伸还是联合延伸的方式进行跨品类延伸，消费者对老字号品牌延伸前后的品牌意识变化差异均不明显，但无论在哪种情境下，跨品类延伸后消费者对老字号品牌的品牌意识变化都是正面积极的（$M_{低-联合}$=0.27，SD=1.12；$M_{低-独立}$=0.33，SD=1.00；$M_{高-联合}$=0.33，SD=0.89；$M_{高-独立}$=0.57，SD=1.08）。

11.7.3　结果讨论

实验六与前五个实验不同，不是探究跨品类延伸对老字号品牌可能带来的延伸效果，而是关注不同跨品类延伸策略：延伸契合度（高 vs 低）和延伸方式（独立 vs 联合），对老字号品牌跨品类延伸效果的影响。通过实验支持假设五：延伸契合度（高 vs 低）和延伸方式（独立 vs 联合）对老字号品牌跨品类延伸前后态度变化存在交互作用。即在低延伸契合度的跨品类延伸中，联合延伸的方式对老字号品牌的消费者态度的损害低于独立延伸；在高延伸契合度的跨品类延伸中，联合延伸和独立延伸的效果并不存在差异。

11.8　本 章 小 结

本章主要介绍了本篇进行的一个前测实验和六个正式实验，详细阐述了实验目的、实验设计、实验数据分析和结果讨论。前测实验为后续实验选定了合适的实验品牌和产品品类。实验一通过虚拟品牌验证主效应：品跨品类延伸后，消费者对老字号品牌态度变差的程度比新兴品牌严重。实验二利用真实品牌（泸州老窖 vs 江小白）探究指令性规范信念对新老品牌跨品类延伸前后态度变化差异的中介作用。实验三证明内隐人格取向（实体理论 vs 渐变理论）对品牌延伸的态度变化的调节作用，表明不同类型的消费者对老字号品牌和新兴品牌延伸的反应存在差异。实验四在新品类的品牌情境下（白猫 vs 妈妈壹选），再次验证主效应、中介作用和调节作用的稳健性。实验五关注跨品类延伸对老字号品牌的积极作用：对老字号品牌的品牌意识的提升较为显著。实验六则着重研究老字号品牌不同的品牌延伸策略，探究老字号品牌如何有效进行跨品类延伸，通过实验验证延伸契合度（高 vs 低）和延伸方式（独立 vs 联合）的交互作用。

第五篇

成果与展望

第 12 章　成果总结与未来展望

12.1　主 要 成 果

本书深入探讨了当今商业环境中的三大关键品牌策略。首先，品牌拟人化策略的研究揭示了其对品牌的深远影响，通过品牌拟人化策略，品牌可以在消费者心中树立起独特的形象，激发消费者对品牌的差异化感知。本书进一步证明了品牌拟人化策略是一柄双刃剑，使用品牌拟人化策略也可能会给品牌带来消极效应。其次，品牌联合策略的研究发现，品牌联合效果受到很多因素影响。有效的联合营销对于品牌增值和市场拓展具有巨大的推动作用。这种合作不仅为品牌提供了更大的曝光度和影响力，还创造了协同效应，促进了品牌间的互补优势，加速了双方的增长和发展。然而，企业在进行品牌联合时需要考虑自身属性和消费者特征的影响。本书提出，体验型和物质型品牌使用品牌联合策略的效果是不同的，位置关系与产品品类会影响奢侈品品牌联合的效果，消费者个人特质（感知经济流动性）也会影响远端品牌联合的效果。最后，本书探索了跨品类延伸对老字号品牌的影响。品牌延伸策略可以拓展品牌的影响范围，提高品牌的辨识度和竞争力，为品牌在市场中长期立足提供了坚实的基础。然而，本书发现，品牌延伸策略并非对所有品牌都适用。相较于新兴品牌，老字号品牌进行跨品类延伸应当更加谨慎，否则容易引起消费者态度的损害。

这些研究成果不仅为企业指明了在新时代下建立成功品牌的关键途径，也为市场营销领域的专业人士提供了深刻的洞察。尤其是在当前商业世界深受数字化趋势影响的大环境下，品牌赋能策略成为企业构建和维持长期竞争优势的关键支撑。通过品牌拟人化策略，品牌不再只是冰冷的符号，而是活生生的情感载体，是与消费者建立起更加紧密而真挚的情感的纽带。品牌联合策略的成功实践展现了跨界合作的力量，品牌通过携手共进，不仅能够实现资源共享和风险分散，而且还能有效拓宽触及消费者的范围，进而提升市场份额。品牌延伸策略的深入探索也引发了对品牌多元化发展的新思考，有效的延伸不仅令消费者对品牌的认知更加全面，也有助于提升品牌的竞争地位和盈利空间。这些实证研究成果为品牌管理者提供了具体可行的战略指南，指引他们在竞争激烈的商业环境中精准掌握品牌赋能策略的方向舵，推动企业稳步前行、不断创新发展。

12.1.1 品牌拟人化的整合探究

本书的第二篇对消费者行为领域中关于拟人化研究的现有文献进行了全面系统的整理与综合提炼，深入剖析了该研究方向的内在逻辑脉络，进而构筑了一个整体的理论架构。在这部分内容中，通过对拟人化研究文献的细致梳理，本书主要完成了以下两项核心研究任务。

其一，品牌拟人化策略对感知品牌地位的消极影响研究。现有研究在探究品牌拟人化策略对品牌的影响时，大多聚焦于消费者对品牌的态度、喜爱程度、购买意愿这一类变量（Delbaere et al., 2011；Koo et al., 2019；Londoño and de Maya, 2022），少有文献讨论品牌拟人化策略对品牌形象的影响。本书重点探索品牌拟人化是否会对消费者对品牌地位的感知造成消极影响及其背后的机理。前人研究表明，对品牌进行拟人化会使消费者以人类图式来看待品牌，对品牌应用人类的规范，像评价其他人类一样对品牌形成自己的判断（Puzakova et al., 2013）。基于此，本书提出，相对于非拟人化沟通方式，品牌拟人化策略使得消费者在主观上感知到和该品牌的关系更亲密，心理距离更近，进而降低消费者对品牌地位的感知。此外，消费者感知经济流动性和地位需求可以调节上述效应。

通过一个田野实验和四个实验室实验，本书第 3 章验证了以上研究假设。实验一和实验二验证了主效应，即相对于非拟人化，品牌拟人化会降低消费者感知到的品牌地位（H3-1）。实验三在不同的产品品类中验证了心理距离的中介作用（H3-2）。具体而言，品牌拟人化拉近消费者和品牌之间的心理距离，这种亲密的关系和消费者刻板印象中高地位人群的形象相悖，因此更亲近的心理距离对感知品牌地位产生了消极影响。在实验四中，提出了一种边界条件，即品牌拟人化对感知品牌地位的消极效应只存在于感知经济流动性较高的消费者，而在感知经济流动性较低的消费者中，该效应消失（H3-3）。在实验五中，验证了地位需求的调节作用（H3-4）。该实验发现，对于地位需求较高的消费者来说，品牌拟人化对感知品牌地位的消极影响十分显著，而当消费者对地位的需求较低时，则主效应会消失。

其二，品牌拟人化策略对消费者态度的消极影响研究。本书还探讨了品牌拟人化策略会如何影响消费者对不同特征的品牌的感知，以及可能给品牌带来怎样的消极影响。现有拟人化文献对消费者因素的影响研究很全面，但对品牌因素的研究并不深入。第 4 章引入品牌管理领域的变量（品牌领导力），讨论品牌因素对品牌拟人化策略效果的影响，使用实证方法探索品牌拟人化策略和品牌领导力之间的交互作用对品牌感知和消费者态度的影响。第 4 章与第 3 章的逻辑一脉相承，由于拟人化会激活消费者的人类图式（Epley et al.，2007），消费者会把自己对其他人类的相关知识、社会信念和态度应用于拟人化品牌（Wan et al.，2017；Kim and McGill，2018）。本书提出，基于刻板印象内容模型，消费者会形成不同的品牌评价。

通过四个实验，第 4 章验证了品牌拟人化策略和品牌领导力之间存在交互作用，并且会影响消费者对品牌的态度，如购买意愿、喜爱程度、推荐意愿。实验一的结果表明，相较于高领导力品牌，低领导力品牌使用品牌拟人化策略（vs 非拟人化）会降低消费者的购买意愿（H4-1）。实验二使用不同的刺激物复制了主效应。实验三进一步探究了消费者感知到品牌的能力的中介作用，解释了主效应发生的背后机理。具体而言，品牌拟人化策略会促使消费者应用对人的刻板印象和社会信念，降低消费者感知到低领导力品牌的能力，进而对消费者的态度产生负面影响（H4-2）。实验四证明了个人卷入度（对健康的关注程度）的调节作用，品牌拟人化策略对低领导力品牌的消极影响只存在于个人卷入度较高的消费者中，这部分消费者会更加投入地处理营销广告中的信息，他们的态度也会更大程度地受到广告信息影响，而低个人卷入度的消费者不会关注品牌的营销广告内容，这时消极影响会消失（H4-3）。

12.1.2　品牌联合的整合探究

本书第三篇立足于现今的品牌联合实践活动，针对影响品牌联合效果的各种因素及其内在原理与适用条件进行了深入研究，主要解答了三个关键研究议题：一是体验型和物质型品牌在何种程度上，通过怎样的延伸策略影响品牌联合的效果及其背后的运行机制；二是位置关系和产品品类上的差异如何影响奢侈品品牌的联合推广，并揭示其背后的驱动机制；三是消费者对经济流动性的感知在何种条件下会如何影响远端品牌联合，以及这种影响背后的机制和边界条件。

基于这三个核心问题的探讨，本书得出了以下三项重要的研究结论。

其一，进行联合的品牌类型（物质型品牌和体验型品牌）与品牌延伸策略（新属性策略和填充槽策略）对品牌联合评价存在交互作用，而感知专业知识可转移性在其中起中介作用。先前已有部分文献讨论了体验型产品与物质型产品对于消费者的影响（Gilovich et al.，2015），但是还没有关于体验型品牌与物质型品牌对于品牌联合效果的影响研究。本书从概念组合理论出发，拓展了品牌类型和品牌策略对品牌联合评价的影响。具体而言，第 6 章通过一系列的实验验证了品牌类型和延伸策略之间的相互作用对联合品牌评价的影响。实验一的结果说明，与不同类型的品牌推出的品牌联合产品会影响消费者关于享乐/效用的权衡，即相比于体验型品牌，与物质型品牌联合推出的产品使得消费者更关注效用属性而非享乐属性。基于此，实验二采用真实品牌作为刺激物，验证了品牌类型与延伸策略对于品牌联合评价的交互作用，即对于物质型品牌而言，新属性策略的效果显著好于填充槽策略，而对于体验型品牌而言延伸策略对于品牌联合评价的影响不显著。在实验三中，进一步研究了潜在的机制，即感知专业知识可转移性。实验四采用所有虚构品牌作为刺激物，以排除可能的干扰因素，从而使结果更具可靠性。总的来说，研究不同的刺激物和环境，包括享乐性和功能性在内的几个产品品类，都有了一致的发现。

其二，品牌联合中的两个品牌的位置关系（垂直位置关系和水平位置关系）会影响消费者对奢侈品品牌的评价，当品牌联合产品属于奢侈品品牌的非核心品类（相比于核心品类）时这个影响就消失了，利益理解是这种影响的解释机制。尽管有越来越多的奢侈品品牌正在进行品牌联合，但是关于品牌联合的研究还大多集中于日常品牌。本书将研究重点放在了奢侈品品牌的品牌联合上，探究了影响品牌联合中奢侈品品牌评价的影响因素。具体而言，本书提出品牌联合的广告中，进行联合的两个品牌（其中一个是奢侈品品牌）的位置关系会影响消费者对于奢侈品品牌的评价，而品牌联合的产品品类会调节这个影响。在后续的实证检验中，第 7 章通过一系列的五个实验基于不同的实验情境验证了研究假设。实验一的结果表明，品牌联合中的垂直位置关系（相对于水平位置关系）有利于奢侈品品牌的评价。实验二、三、四进一步在三个不同类别中——时尚（GUCCI）、餐饮（希尔顿）和汽车（保时捷），验证了品牌联合中双方品牌的位置关系与产品品类对于奢侈品品牌评价的交互作用。研究结果表明，当联名产品属于奢侈品品牌的核心品类时，消费者在垂直位置关系（相对于水平位置关系）条件下对奢侈品品牌的态度更好。相反，当品牌联合产品属于非核心品类时，这种影响就消失了。此外，实验四还检验了利益理解是上述影响的解释机制。实验五通过信息干预的方式，进一步支持了利益理解在品牌联合中双方品牌的位置关系与产品品类对于奢侈品品牌评价的交互影响中的中介作用。当向消费者说明品牌联合中双方品牌的位置关系与品牌地位之间没有关联后，品牌联合中双方品牌的位置关系与产品品类对于奢侈品品牌评价的交互效应以及利益理解的中介效应都消失了。总的来说，当消费者从视觉线索中感知到奢侈品品牌的主导地位时，他们更有可能理解品牌联合的好处，而非核心品类（相对于核心品类）负向调节这种影响。

其三，在远端品牌联合的情形下，消费者对经济流动性的积极感知会增强其整体性思维方式，进而与他们对品牌联合持积极态度之间呈现出正相关关系。此外，品牌参与自我概念的正面作用还会调节这种影响，使其作用更加明显。现有关于品牌联合效果的影响因素的研究大多从品牌和产品的角度出发，较少有研究关注消费者特征在品牌联合中所产生的影响。第 8 章探讨了在品牌联合的实践中，消费者特征（即消费者感知经济流动性）如何、何时和为什么影响品牌评价。实验一和实验二分别通过测量和操纵的方式验证了品牌联合类型与消费者感知经济流动性对于品牌联合评价的交互作用。具体来说，对于远端品牌联合类型，消费者感知经济流动性正向影响消费者对于品牌联合的态度；对于常规品牌联合类型，消费者感知经济流动性的影响不显著。实验三和实验四进一步讨论了远端品牌联合条件下，消费者感知经济流动性对于品牌联合评价影响的背后机制和边界条件。实验三的结果表明，消费者感知经济流动性越高，整体性思维（vs 分析性思维）越强，从而对远端品牌联合的态度更好。此外，实验四还验证了品牌参与自我概念的正向调节作用。

12.1.3　品牌延伸的整合探究

本书从现实生活中频繁出现的老字号品牌跨品牌延伸策略出发，探索跨品类延伸对老字号品牌的影响。本书通过六个实验验证了第 10 章提出的假设：当品牌进行跨品类延伸后，消费者态度会受到损害，而且老字号品牌的消费者态度下降的程度比新兴品牌更为严重（实验一）。消费者对两类品牌态度变化的差异是由消费者的指令性规范信念的中介作用导致的。固有的指令性规范信念让消费者认为比起新兴品牌，老字号品牌应该更加专注于原有业务和产品品类而不是进行跨品类延伸（实验二）。而且在跨品类延伸前后消费者态度的变化程度在不同消费者之中是不同的，内隐人格取向（实体理论 vs 渐变理论）能够调节消费者对品牌跨品类延伸前后的态度变化。实体理论者消费者态度变差的程度比渐变理论者严重，因为实体理论者的思想更保守、稳定，而渐变理论者的思维更加开放、延展。这种调节作用对老字号品牌的影响比新兴品牌更为显著（实验三、实验四）。以上所述的假设均着眼于跨品类延伸对老字号品牌可能造成的消极影响及其内在作用机制。然而，老字号品牌跨品类延伸并非只带来负面效应，实际上也有积极的一面。经过跨品类延伸后，消费者对于老字号品牌的品牌意识提升效果通常会比新兴品牌更为显著（实验五）。

除了探究跨品类延伸对老字号品牌的影响，本书试图通过不同的延伸策略，寻找更为有效、有益的跨品类延伸方式。研究发现延伸契合度（高 vs 低）和延伸方式（独立 vs 联合）对消费者态度变化存在交互作用，当老字号品牌向契合度较低的品类延伸时，联合延伸的方式对老字号品牌的消费者态度的损害低于独立延伸；当老字号品牌向契合度较高的品类延伸时，独立延伸和联合延伸的影响差异是微弱的（实验六）。

以上是本书第四篇所有的研究结论，探究了跨品类延伸对老字号品牌的影响，包括对消费者态度的负面影响和品牌意识的积极影响，以及指令性规范信念对消费者态度变化的中介作用，内隐人格取向对消费者态度变化的调节作用。此外，本书通过研究延伸契合度和延伸方式的交互作用，讨论老字号品牌应该如何有效进行跨品类延伸。

12.2 本书的理论贡献

本书对品牌管理和消费者行为领域作出了重要理论贡献。通过对品牌拟人化策略的深入探讨，本书揭示了品牌拟人化策略对消费者感知的影响，丰富了品牌传播理论与心理学的交叉研究。同时，品牌联合策略为商业合作模式的创新提供了新的思路和方法，拓宽了品牌管理理论的研究范围。在品牌延伸策略的研究中，本书对老字号品牌如何维护自身品牌价值进行了深入探索，为品牌管理理论构建了更为完整和系统的框架。本书的研究结论为未来的品牌管理研究提供了一系列新的研究方向，推动了品牌管理理论和消费者行为理论的不断深化与发展。

12.2.1 品牌拟人化研究的理论贡献

本书第二篇基于国内外现有的拟人化文献，聚焦于品牌拟人化策略的消极影响，以人类图式应用下的消费者感知为切入点，进行了一系列研究，深入探索品牌拟人化策略对品牌形象、消费者态度的负面影响。本书第二篇的内容为品牌管理和消费者行为研究领域的未来发展提供了宝贵的启示和新的研究视角。

第一，创新性地探索品牌拟人化策略对品牌形象的影响，深入研究品牌拟人化（vs 非拟人化）对消费者感知品牌地位的消极影响及其背后的中介机制，将拟人化研究和品牌管理领域相融合，为未来研究可能关注的因变量提供了新的思路。本书进一步讨论了消费者个人特质的调节作用，为该消极影响提供了边界条件。本书首次将感知品牌地位这个变量引入拟人化研究领域。品牌地位是品牌形象和品牌定位中一个非常重要的维度（Steenkamp et al.，2003；Truong et al.，2009）。本书创新性地探索品牌拟人化策略将会对消费者感知到的品牌地位产生怎样的影响，为感知品牌地位提供了新的前因变量。此外在前人文献的基础上，继续探讨品牌拟人化策略所激发的人类图式对消费者感知的影响，为拟人化理论中的背后动机研究提供了更多的支持，如三因素 SEEK 机制中的有效性动机以及拟人化 3C 理论中的理解动机。消费者为了更好地理解和解释非人类实体，会应用自己对人类的了解和知识，来对拟人化品牌进行评价。拟人化（vs 非拟人化）拉近了消费者和品牌之间的心理距离，使得消费者采用自己对人际关系的刻板印象，进而形成对品牌地位的消极感知。本书还为品牌拟人化策略对消费者感知的影响提供了可能的调节变量，即个人特质，提出了感知经济流动性和地位需求可以作为品牌拟人化策略对感知品牌地位消极影响的边界条件，进一步证明了品牌拟人化策略产生不同效果也取决于消费者自身的特点。

第二，创新性地聚焦于品牌领导力的调节作用，探索不同特征的品牌使用品牌拟人化策略对消费者态度的影响及其中介机理，考察不同领导力的品牌使用品牌拟人化策略对消费者感知的影响，丰富并完善了品牌拟人化策略产生不同效果的影响因素研究。从以下三个方面推进了拟人化研究的理论认识。首先，将品牌领导力构念引入拟人化研究，探讨品牌领导者和非领导者使用品牌拟人化策略，对消费者感知到品牌的能力，以及消费者态度的影响。其次，在现有拟人化研究中，较多文献探讨了消费者特质对品牌拟人化策略效果的影响，而对品牌因素的影响还有待继续进行深入探究（Kim et al.，2018；Kwak et al.，2017），本书完善了品牌影响因素领域的研究，为拟人化研究内容的拓展提供了一定的价值。与前人研究结论相似，本书提出品牌拟人化策略的效果会受到品牌自身因素的影响。最后，基于刻板印象内容模型，进一步探索了品牌拟人化策略对消费者感知的影响。当消费者对品牌应用自己对其他人类所持有的社会信念和已有的知识时，会对不同领导力的品牌的营销广告内容产生迥然相异的反应。因此，本书为拟人化动机理论和刻板印象理论提供了有力的支撑。

第三，本书对消费者行为学中关于拟人化现象的研究文献进行了全面汇总和深入解析，系统性地整理了该研究领域的发展历程和研究进展。具体而言，本书总结了拟人化的基本定义和操纵方式、品牌拟人化策略产生不同效果的影响因素、品牌拟人化策略对消费者和品牌产生影响的相关实证研究、消费者进行拟人化的动机及理论解释，梳理了拟人化研究的整体体系和理论框架。以往的拟人化文献综述着眼于品牌领域（MacInnis and Folkes，2017），而本书则从消费者与品牌双重视角出发，多方面综述拟人化的前因后果，填补了以往文献回顾中的部分空白，为营销学者搭建了拟人化研究的理论发展框架，为未来在该领域的研究指明了全新的探索方向。

12.2.2　品牌联合研究的理论贡献

本书第三篇基于国内外现有的品牌联合文献，聚焦于影响品牌联合策略成功与否的可能因素，进行了一系列研究，具体包含以下几个方面。

第一，整合了联名与物质体验比较理论的研究。先前的学术研究主要关注消费者购买体验型产品与物质型产品后的效果差异（Gilovich et al.，2015），而本书在此基础上进行了创新研究，探究与体验型产品品牌及物质型产品品牌合作对品牌联合评价的影响。研究表明在物质型和体验型产品品牌进行联合时，采用不同的品牌延伸策略会产生不同的效果。因此，这部分研究结果提供了一个新的研究方向，对物质与体验感兴趣的研究者应当超越单纯的产品层面，更多地关注品牌的影响力。因此，未来的研究应在本书的基础上，进一步探讨物质型产品与体验型产品各自的品牌效应，以及它们在不同背景下的广泛影响。

迄今为止，有关品牌联合的研究主要集中于探讨品牌联合对新品牌或知名度较低品牌所产生的影响（Cunha et al.，2015）。本书发现，品牌联合的效果评价还会受到品牌类型和品牌策略选择的影响，这为该领域的研究带来了新的视角。本书运用概念组合理论构建了一个理论框架，用以阐明在与不同品牌类型合作时，哪种品牌策略能够取得更优效果。尽管现有研究普遍认为感知契合度在品牌联合效果中起到了中介作用（Bottomley and Holden，2001；Hagtvedt and Patrick，2008），但对于品牌联合效应的整体理论理解仍存在不足。因此，品牌联合文献不仅在品牌联合结果的前置成因方面研究不足，而且这些不同成因是如何影响结果的理论模型也尚不完善。本书恰好弥补了这一空缺，为理解品牌类型与品牌策略在品牌联合评价中的相互作用提供了理论依据。

本书第三篇通过研究品牌类型与品牌战略对品牌联合评价的交互作用，实证分析了品牌类型与品牌策略对于品牌联合评价的交互作用，以及感知专业知识可转移性在其中所起的中介作用，这是对现有品牌联合研究的重要延伸。基于概念组合理论，本书构建的中介机制为不同品牌策略下专业知识成功迁移到品牌联合产品中以提升品牌联合评价提供了理论基石。这部分内容进一步深化了我们对借助品牌联合实践对消费者进行有效传达，促使他们理解和接纳品牌联合产品的认知。

第二，推进奢侈品营销战略的理论研究。本书检验了品牌联合中双方品牌的位置关系对奢侈品品牌评价的影响，以及产品品类的调节作用和利益理解的中介作用，发现品牌联合中视觉因素引起的消费者感知差异将显著影响奢侈品品牌的评价，是最早研究品牌联合策略中影响奢侈品品牌评价因素的研究之一，丰富了目前对奢侈品品牌传播的理解，为品牌联合的文献增添了新的见解。

此外，本书通过在品牌联合中引入位置关系的视觉线索丰富了奢侈品领域内视觉感知方面的研究。视觉感知是营销实践和理论的重要组成部分（Sample et al.，2020）。已经有大量研究关注环境或广告中的视觉线索对消费者感知的影响，如留白、位置和空间距离（Chu et al.，2021；Giessner and Schubert，2007；Huang et al.，2013；Pracejus et al.，2006；Sevilla and Townsend，2016），而品牌联合的产生和品牌联合产品的开发需要通过广告来表达。随着这一研究潮流的发展，本书首次证明了奢侈品品牌通过品牌联合广告中的视觉线索（两个品牌之间的位置关系）

影响消费者的认知。本书考虑了两个品牌进行品牌联合的特殊但常见的情况，即采用垂直位置关系还是水平位置关系。在这种情况下，两个品牌的位置关系会影响消费者对品牌特征（如品牌地位、主导地位）的感知，这一发现补充了奢侈品品牌与视觉感知的相关研究。

第三，丰富了品牌联合和消费者特征的联系的相关研究。先前的研究已经确定了许多影响品牌联合效果的因素，但是除了 Monga 和 Lau-Gesk（2007）提到的消费者自我复杂性，其他的因素大多从品牌或是产品的角度出发，如品牌资产（van Osselaer and Janiszewski，2001）、品牌排他性（Krattenmaker and Salop，1986）等。本书首次将消费者感知经济流动性这一概念引入品牌领域。在先前的消费者行为学领域内，只有少数研究探索了消费者的感知经济流动性。感知经济流动性的普遍性和必然性表明，它可以发生在广泛的消费活动中，因此它对消费行为的影响具有广泛的意义。重要的是，随着当今生活节奏的不断加快，每个人感知经济流动性的变化和影响都在不断改变。本书响应了一种需求，即理解消费者在日常情况下如何评估品牌联合，从而指导营销人员和管理者更有效的采用这一品牌策略。换句话说，本书强化了这样一个命题：除了品牌特征（如品牌资产），理解消费者个体特征（如消费者对经济流动性的感知）同样是决定消费者对品牌联合反应的关键要素。

对于品牌联合来说，本书关注了远端品牌联合这一热门趋势，为影响品牌联合评价的机制研究作出新贡献。具体来说，本书从消费者角度出发，探索了影响远端品牌联合评价的前因及其影响机制、边界条件，为品牌联合研究领域增添了新的见解，推进了品牌联合与消费者特质之间关联性研究的发展进程。

本书检验了思维方式在促进品牌联合评价方面的作用，提供了一个更细致入微的理解，即消费者感知经济流动性对于品牌联合评价的影响依赖于思维方式的倾向。具体来说，对于远端品牌联合类型，消费者感知经济流动性越高，整体性思维（vs 分析性思维）越强，从而对远端品牌联合的态度越好。此外，本书对于品牌参与自我概念的调节作用的检验，也补充了自我概念相关的研究。品牌参与自我概念越高，消费者感知经济流动性通过消费者思维对远端品牌联合评价的正向影响越强。总而言之，本书揭示了思维方式如何影响其对品牌联合评价的认知，并在此基础上进一步拓展了品牌与消费者自我概念之间相互作用的观点。

12.2.3　品牌延伸研究的理论贡献

老字号品牌通过品牌延伸进行品牌活化是近年来非常热门的营销话题，老字号品牌希望通过跨品类延伸来吸引更多年轻消费者的注意，提升品牌在年轻消费者之间的认知。回顾过往对老字号品牌的研究，品牌延伸策略被广泛地认为是帮助老字号品牌振兴的有效方法，大部分研究对品牌延伸策略都有较为积极的态度。本书主要关注老字号品牌跨品类延伸策略对老字号品牌的影响以及老字号品牌如何更有效进行跨品类延伸。通过对比消费者对老字号品牌和新兴品牌推出同一跨品类的延伸产品所产生的不同反应，研究表明，跨品类延伸对老字号品牌来说，是一把“双刃剑”。跨品类延伸的负面作用表现在：与新兴品牌相比，老字号品牌进行跨品类延伸前后，消费者态度下降情况更强烈。这是由消费者对老字号品牌和新兴品牌两类品牌具有不同的指令性规范信念造成的。由于老字号品牌历史悠久，在消费者固有的观念中，老字号品牌不仅仅是商业品牌，更是一种中国传统文化的传承象征，因此在他们心中，老字号品牌更需要专注于原有的主营业务，而不是进行创新性的跨品类延伸。这种规范信念导致了消费者对老字号品牌跨品类延伸前后态度的差异。本书将规范信念理论迁移运用到品牌延伸领域，提出除了对周围的人事物，消费者内心对品牌也有固有的品牌信念，如果品牌的营销活动与消费者对该品牌原有的规范信念产生冲突，则会造成消费者对该品牌态度上的负面影响。除了对中介效用的探索，本书还发现消费者的内隐人格取向能够调节跨品类延伸对老字号品牌态度的影响，内隐人格取向对于老字号品牌的调节作用比新兴品牌更为明显。因为实体理论者的观念更为保守，认为事物应该是稳定不变的，而渐变理论者的观念更为开放，认为事物是不断发展变化的，所以老字号品牌进行跨品类延伸后，实体理论者消费者态度变差的程度比渐变理论者严重。

但是跨品类延伸对老字号品牌并非没有积极的意义，本书通过实验表明，虽然跨品类延伸使得消费者对老字号品牌态度下降的程度比新兴品牌严重，但是老字号品牌意识的提升效果比新兴品牌显著。这一发现解释了为什么老字号品牌纷纷进行跨品类延伸，因为跨品类延伸确实能有效吸引消费者的关注。

本书除了揭示跨品类延伸对老字号品牌的负面和正面影响，也探究了延伸契合度、延伸方式等不同延伸策略对跨品类延伸效果的影响，提出延伸契合度高低和独立或联合的品牌延伸方式对延伸前后的消费者态度变化存在交互作用，会影响老字号品牌跨品类延伸的效果。老字号品牌在向低契合度品类延伸时，采用联合延伸的方式可以缓解对消费者态度的损害，而在向高契合度品类延伸时，两种延伸方式的差异不显著。

12.3 本书的管理启示

通过对新时代下的品牌策略进行探讨，本书为广大企业提供了宝贵的指导意义和实践启示。在当今商业竞争激烈、市场环境多变的背景下，企业面临着诸多挑战和机遇。通过本书对品牌拟人化策略的分析，企业能够更加深刻地理解消费者对拟人化品牌的感知，从而营造不同的品牌形象，和消费者之间建立起亲密或疏远的情感纽带。同时，对于品牌联合策略的探讨使企业意识到合作共赢的重要性，通过在不同情境下与其他品牌的协作，实现资源优势互补，共同开拓市场，从而提升企业的竞争力和市场影响力。此外，对品牌延伸策略的研究揭示了企业如何在原有品牌基础上灵活拓展业务，开拓新的市场空间，提高品牌的知名度和影响力。这些研究成果为企业提供了一系列针对性的实践指导，帮助企业在市场竞争中制定更为有效的品牌策略，有助于企业管理者更好地理解和应对市场挑战，实现可持续发展和长期竞争优势。

12.3.1　品牌拟人化研究的管理启示

在商业实践中，品牌拟人化策略已经得到广泛应用，然而，盲目地跟风使用品牌拟人化策略可能会给消费者和企业自身带来负面的作用。对此，营销人员尚未建立起深入的认识。企业需要仔细评估自己的定位、品牌特征，再谨慎决定是否使用品牌拟人化策略，在何种情境中使用品牌拟人化策略，面对消费者怎样精准使用品牌拟人化策略。立足于此，本书的研究成果为企业和品牌进行更加高效的营销活动提供了有价值的管理启示，对品牌实现科学健康的发展，规避不适合自己的营销策略，具有积极的实践意义。具体而言，本书提供的管理启示包括以下几点。

第一，本书指出品牌特征会影响品牌拟人化策略的效果，建议企业和品牌在选择营销手段时，充分考虑自身的特质和定位，更有针对性地去使用品牌拟人化策略，为企业管理者更有效率地实现商业目的和社会责任提供了指导。

品牌在确立了自己的品牌定位之后，需要根据自身情况来确定是否使用品牌拟人化策略。如果品牌计划走高端路线，希望营造高贵、奢侈等品牌形象，那么品牌拟人化策略将使消费者感知到自己和品牌之间距离很近，进而降低感知到的品牌地位，给品牌带来消极的影响。此时，品牌可以选择更官方和正式的沟通方式，以第三人称语言对品牌和产品进行介绍，避免使用第一人称语言等拟人化方式，规避品牌拟人化策略对心理距离和感知品牌地位的影响。相反地，如果品牌本身就主打亲民产品，使用品牌拟人化策略可以使消费者感到自己和品牌之间的关系更加亲密，进而帮助品牌进入消费者的心智，增加消费者对品牌的关注程度。当我国品牌走出国门时，经常会面对来源国印象的影响，国外消费者可能会对“中国制造”的产品持有负面的印象，不愿意为之付出高昂的价格。如果品牌计划提升自身在消费者心中的感知地位，则不适合采用品牌拟人化策略，而应该保持使用官方正式的语言风格，营造更远的心理距离。

本书提出，品牌需要根据自身的领导力来选择更合适的营销策略。对于领导力较低的小品牌来说，贸然使用品牌拟人化策略可能会启动消费者的刻板印象，感到品牌的广告介绍语可信度不高，使用非正式的拟人化沟通方式会降低消费者对品牌的能力感知。许多品牌在刚进入市场时，试图快速和消费者建立联系，但此时采取品牌拟人化策略是不明智的选择，拟人化形象和语言可能会使得消费者更加怀疑产品的效果，认为品牌不务正业，能力不足，不愿意选择这些没有品牌领导力的小品牌。由此，本书为新兴品牌进入市场占领消费心智提供了一定的启示。

第二，本书提出，消费者的个人特征会影响品牌拟人化策略的效果，建议企业和品牌在设计营销策略时将消费者的差异性和个人特质纳入考虑之中，进行更加精准的营销活动，提升商业实践的效率。本书指出，相较于采取“广撒网”的方式，对所有消费者一视同仁，企业和品牌更需要重视消费者的个性化特质，比如感知经济流动性、地位需求、公平世界信念等。本书的结论为品牌进行营销活动提供了实践建议。当品牌使用品牌拟人化策略的时候，感知经济流动性较高的消费者会感知到品牌的地位更低，因此，品牌应当根据不同的地域和文化背景采用不同的营销策略。例如，部分美国人坚信努力工作就可以获得成功，自己可以不断向上攀登“美国梦”，然而，相较于英国、丹麦和瑞典，美国在经济流动性方面已经处于落后地位了（Jäntti et al.，2006）。即使同为美国人，来自不同种族的美国公民，比如白种人、西班牙裔、非洲裔可能会对美国梦持有不同的看法（Economic Mobility Project，2012）。因此，品牌在不同国家、不同群体内进行营销活动，塑造自身形象时，需要考虑目标消费者的特征，最大限度地针对不同特质的消费群体进行有效的宣传。由此，本书为企业进行跨文化营销提供了积极的启示。

此外，企业也需要考虑消费者的地位需求。地位需求较高的消费者会对品牌拟人化策略更加敏感，如果企业致力于打造高级的品牌形象，并且目标消费者就是具有地位需求的人，那么应该避免使用品牌拟人化策略。相反，如果企业的目标消费者对地位需求并不敏感，那么品牌拟人化策略可以增强消费者和品牌间的联系，帮助品牌获取更多市场份额。例如，对于致力于获取更多高净值顾客的轻奢包袋品牌来说，应该尽量避免拟人化宣传方式，使消费者可以通过品牌地位来向外界传达自身形象。总的来说，本书为企业和品牌如何进行精准营销以达到利益最大化提供了积极的实践价值。

综上所述，本书强调，品牌拟人化作为一种营销策略具有两面性，本书为管理者提供了如何选用最适合自身、更为高效的拟人化策略的实践指导与管理启示，并列出了一些具体的应用建议，企业与品牌需要基于此审慎权衡利弊，扬长避短。

12.3.2　品牌联合研究的管理启示

本书第三篇立足于现实中的品牌联合实践，通过多个消费者行为实验使得影响品牌联合效果的因素愈加清晰，也为品牌提供了许多管理启示。

第一，品牌应认识到物质型品牌与体验型品牌作为合作对象在品牌联合实践中发挥的作用，以提升品牌联合效果。目前的研究结果表明，品牌和公司在进行品牌联合时应考虑其品牌联合类型（体验型和物质型）和品牌延伸策略以最大化品牌联合的效果。需要注意的是，体验型或物质型的品牌并不总是彼此优于对方，只有采用适当的品牌策略才能在与不同类型的品牌进行联合时达到最优结果。因此，本书为企业在推出品牌联合产品时选择不同的品牌类型和不同的策略提供了有效的指导。管理者可以从战略上分析影响品牌联合评价的驱动因素，从而更有效地推出品牌联合产品。具体而言，与物质型产品的品牌进行品牌联合，主品牌应利用新属性策略推出品牌联合产品；与体验型产品的品牌进行品牌联合，填充槽策略与新属性策略在品牌联合评价上的影响没有差异。本书对于这些品牌进一步选择合适的品牌进行联名，以及合适的延伸策略具有指导价值。

第二，奢侈品品牌应认识到品牌联合中双方品牌的位置关系和产品品类对于奢侈品品牌评价的影响，以更加有效地应用品牌联合策略。本书发现，当两个品牌同时出现在一个品牌联合广告上时，人们会根据这两个品牌的位置关系存在一定的联想，这可能会进一步影响消费者对于奢侈品品牌的评价。本书的结果表明，两个品牌在品牌联合中的位置关系（垂直位置关系或水平位置关系）会影响奢侈品品牌的评价。消费者可能会因为某个奢侈品品牌位于另一个品牌的左侧（vs 上方）而觉得它不符合奢侈品品牌的地位，从而降低对奢侈品品牌的评价，而这种影响的强弱取决于产品品类。当联名产品属于奢侈品品牌的非核心品类（相对于核心品类）时，品牌联合中两个品牌的位置关系对于奢侈品品牌评价的影响将消失。这是因为在奢侈品品牌的核心品类（相对于非核心品类）中，奢侈品品牌处于品牌联合中的主导地位更符合消费者的认知。这一发现为奢侈品品牌制定品牌战略提供了切实的指导意义。因此，营销专业人士和企业管理者可以根据这些发现从战略层面深入剖析影响品牌联合效力的关键驱动因素，从而最大程度地增强品牌联合对品牌成果的积极作用。从消费者的角度来看，本书也提供了证据证明消费者可以学会克服这种关于位置关系暗示的主导地位偏见。当告知参与者，品牌联合中两个品牌的位置关系与主导地位相关的联系是不科学的时，上述位置关系和产品品类之间的相互作用消失了。在未来的实践中，利益相关者可以通过信息干预的方式来缓解一些影响消费者决策的偏见。

第三，品牌针对不同特质的消费者以制定更合适的品牌联合策略。研究结果表明，消费者感知经济流动性越高，整体性思维（vs 分析性思维）越强，从而对远端品牌联合的态度越好。此外，品牌参与自我概念正向调节了这种影响。因此，营销人员应该考虑消费者的特质，并以与目标受众特质相对应的方式制定品牌联合策略。通过采用更加个性化的营销策略，企业可以更有效地采用品牌联合策略。具体来说，公司可以使用几种策略来影响消费者对品牌联合的评价。一方面，企业可以收集消费者信息，推出更加个性化的品牌联合产品。例如，对于感知经济流动性高的消费者，远端品牌联合产品可能是一个较好的尝试，而对于感知经济流动性低的消费者，契合度高的两个品牌进行的常规的品牌联合可能更为合适。另一方面，更重要的是，品牌可以采用一些特定的策略来影响消费者的感知经济流动性以使品牌联合产品有更好的消费者评价。例如，使用“今天的努力等于明日的成功”等标语来提升消费者的感知经济流动性以增加对于远端品牌联合的评价。总的来说，本书的目的是指导品牌和相关的营销人员关注消费者的特质（即感知经济流动性）以最大化品牌联合的效果。

12.3.3 品牌延伸研究的管理启示

本书通过多个实验使跨品类延伸对老字号品牌的影响更为清晰，也为老字号品牌活化提供了具有实践意义的启示。许多老字号品牌无法适应时代的高速发展，面对激烈的市场竞争陷入生存困境，它们试图通过各种营销策略更新已经老化的品牌形象，吸引更多年轻消费者的注意。品牌延伸是一种被广泛采用且被认为便捷有效的品牌活化方法。然而，本书通过实验研究发现，老字号品牌跨品类延伸虽然能够提高消费者的品牌意识，达到吸引年轻消费者注意力的目的，但同时，它是有额外成本的，跨品类延伸会伤害消费者对老字号品牌的态度。跨品类延伸会让消费者认为老字号品牌不务正业，不够专注。因此，相比于新兴品牌，老字号品牌在进行跨品类延伸时，应更加谨慎，权衡品牌意识提高带来的收益是否能弥补消费者态度下降带来的损害。如果老字号品牌进行营销的主要目标是提升品牌在年轻消费群体中的品牌意识，采用各种跨品类延伸策略就可以达到很好的效果，但如果老字号品牌希望在保持消费者对其品牌的良好态度基础上吸引消费者的眼球，则需要考虑多方面的影响因素。

本书第四篇的实验结果为老字号品牌不同情境下的跨品类延伸策略选择提出建议，不同延伸契合度下，老字号品牌不同跨品类延伸方式造成的消费者态度前后变化也存在差异。如果老字号品牌想要通过跨品类延伸获得消费者更积极的态度，可以选择高契合度的品类延伸。虽然高契合度的跨品类对老字号品牌态度的影响优于低契合度的跨品类延伸，但是因为老字号品牌的经营范围较窄，为了吸引年轻人的注意，许多时候进行跨品类延伸不得不向低契合度的品类进行延伸，如泸州老窖推出香水，云南白药推出服饰等现实生活中的案例，因此本书第四篇同样为低契合度的跨品类延伸提供建议：在低契合度跨品类延伸情况下，老字号品牌可以选择与其他品牌合作进行联合延伸，借用其他品牌的知名度和影响力为新产品背书，以缓解跨品类延伸造成的消费者态度下降，获得更好的延伸反馈。

不同类型的消费者对老字号品牌跨品类延伸的反馈存在显著差异，渐变理论者比实体理论者更能接受老字号品牌的跨品类延伸行为。因此在使用跨品类延伸策略前，老字号品牌需要通过准确的市场调研，探究目标消费群体的特性，针对不同类型消费者，选择适合的跨品类延伸策略。

消费者对老字号品牌和新兴品牌跨品类延伸会产生显著的态度变化差异，是因为消费者对两类品牌的指令性规范信念存在差异，消费者对老字号品牌存在规范信念，认为老字号品牌应该专注原有业务。因此如果老字号品牌想要进行跨品类延伸，可以考虑先在原产品品类上推出新设计或新包装进行小规模的创新，降低消费者对该品牌的指令性规范信念，减轻固有印象造成的消费者态度损害。

12.4　本书的局限与展望

本书通过对国内外文献的梳理和多个实验的数据分析，在理论和实践上作出了有意义的贡献，但仍存在一些局限性，在未来的研究中可以进行改进和进一步的完善。

第一，本书的实验样本较为单一。本书的样本基本全部来自中国。以本章第三篇的品牌联合策略研究为例，不同的文化背景下，品牌类型与延伸策略对品牌联合评价的交互作用可能有所不同。类似地，奢侈品品牌的品牌联合效应的效果可能会因文化背景的不同而有所不同。例如，在权力距离较大的文化环境中，位置关系和产品品类对奢侈品品牌评价的交互作用可能会发生变化。更大的样本覆盖率可以在未来的研究中探索。此外，由于年轻消费者是老字号品牌进行跨品类延伸想要吸引的主要消费群体，因此本书第四篇的实验对象集多为年轻的在校大学生。但是老字号品牌的原有消费者多为中老年群体，本章第四篇没有考虑老字号品牌原有消费者对老字号进行跨品类延伸的反馈，未来研究可以着重关注老字号的原有消费者，进一步完善跨品类延伸对老字号品牌的影响。

第二，本书研究中的因变量主要是涉及一些消费者感知和行为意图，但是并没有让消费者真正付钱或者采取真实的购买行为。换句话说，本书没有在实际的购买行为中测试并得到结果。例如，本章第三篇中品牌类型和延伸策略之间的相互作用，品牌联合中两个品牌的位置关系与产品品类的交互作用，以及消费者感知经济流动性是否真的可以预测行为，还有待进一步研究。但值得注意的是，已有研究表明基于想象的意图确实可以作为行为预测的有效指标（Gregory et al., 1982），本书采用了不同的刺激物来验证结果，因此本书的发现具有普遍意义。未来研究可以借助新兴技术更好地对品牌拟人化策略、品牌联合策略和品牌延伸策略的影响进行探究。比如，未来研究可以通过眼动设备探索消费者对拟人化或品牌联合广告的反应和处理方式，帮助研究者更直观地观察消费者在真实购买决策过程中的关注焦点。此外，还可以通过神经科学学科的技术如皮电、脑电波测量技术对照测量消费者对品牌策略的生理反应，思考品牌策略如何对消费者最终的行为产生进一步影响。

第三，更多的边界条件，包括品牌、产品和消费者特征，在目前的研究中没有被检验。例如，本书第四篇虽然在实验设计中排除了一些影响因素，如品牌知名度、消费者性别等，也通过实验验证了品牌类型、延伸契合度、延伸方式的影响效果，但是还远远不够，未来的研究可以考虑品牌宽度、广告策略等可能的影响因素。此外，消费者是否与品牌有很强的积极联系可能是另一个重要因素。因为忠诚的消费者可能会更保护自己的品牌，拒绝不恰当的宣传。例如，奢侈品品牌的顾客忠诚度可能会调节位置关系对奢侈品品牌评价的影响。因此，本书的研究只是一个开始，未来的研究可以探索更多的可能性。

第四，本书所有研究都是采取实验的方法进行探索，可能存在一定的局限性。实验法的优点在于，可以通过保持实验组和控制组的其他因素相同，只改变自变量，观察因变量是否也随之发生改变，进而验证自变量和因变量之间的因果关系。然而，实验设计和现实生活中的商业情境还是有一些差别，与实地实验相比，实验法的外部效度相对更低。未来研究可以增加问卷访谈的研究方式，从消费者手中得到一手信息，对研究方向进行初步的探索，增强研究结果的说服力。此外，通过二手数据和机器学习的方式提高实验结论的稳健性已经逐步在顶尖期刊上获得认可。未来研究可以从社交媒体和电子商务平台上获取二手数据，如爬取消费者对品牌广告、营销活动的评论，采用文本分析的方式提取关键词，通过机器学习的方式对消费者感知、情感进行评分，再对结果进行回归分析，以得到数据量更大的支撑证据，还可以和企业合作，在电子商务平台上发布不同的广告，收集消费者的真实购买行为数据，直接对不同营销方式的效果进行比较。通过电子商务平台，企业也可以直接邀请真实消费者填写问卷，获得一手数据。比如，为了考察品牌策略是否会降低消费者的品牌态度或感知到品牌的地位，品牌可以直接在电子商务平台上分时段发布两种不同的广告，并邀请消费者填写调查问卷，询问他们对广告内容的看法，或者直接检验不同营销方式带来的销售量的变化。未来研究也可以考虑和移动通信服务供应商合作，获取分地域的即时信息，获得更详细可信的结果。这种分地域的数据也可以为企业更加高效地进行精准营销提供更多启示。例如，未来研究可以考察同一种营销方式在不同文化背景、地域中的效果，以及在不同时间段的效果，为企业的商业实践提供积极的参考和指导。目前，我国已经进入大数据时代，数以亿万计的数据为营销学者的科研探索提供了广阔天地，如何从海量信息中筛选出有效信息，以更好地证明研究结论，使科学研究从实践中来，到实践中去，也需要研究者进一步思考。

上述的研究局限和不足之处也为后续可能的研究提供了进一步的依据和空间。基于本书研究的内容，未来的研究可在此基础上扩大样本范围以进一步验证结果的普遍性和广泛性，或是在实际的场景中检验本书研究的结论，还可以考虑更多的因素作为边界条件。未来研究还可以借助新的研究方法，如二手数据、眼动技术、脑电波技术，从多个角度探索消费者的心理和行为，推动各类品牌理论在消费者行为领域和心理学领域的发展，为企业和品牌高效的可持续的科学发展提供更翔实的实践指导。总的来说，目前营销学者已经对品牌策略进行了较为丰富和深入的研究，基于前人已有的研究结果，关于品牌策略的研究还可以扩大到一个更大的范围，未来的研究可以继续聚焦中国的品牌联合实践，深入讨论本土文化情境下的品牌联合，这样既能得出本土化的研究结论，为品牌和企业进行品牌联合实践提供理论依据，还能够补充和丰富国外品牌联合相关的研究成果。

参考文献

陈增祥, 杨光玉. 2017. 哪种品牌拟人化形象更受偏爱：归属需要的调节效应及边界[J]. 南开管理评论, 20(3)：135-143.

董伶俐, 马来坤. 2018. 拟人化对革新型创新产品消费意愿的影响研究：认知需求的调节作用[J]. 商业经济与管理, 322(8)：59-68.

冯文婷, 沈先运, 汪涛, 等. 2022. 拟人化沟通对企业国际化的影响机制研究：基于印象形成连续模型理论[J]. 南开管理评论, 25(2)：170-180.

何佳讯, 秦翕嫣, 杨清云, 等. 2007. 创新还是怀旧?长期品牌管理"悖论"与老品牌市场细分取向：一项来自中国三城市的实证研究[J]. 管理世界, (11)：96-107,149.

凯勒. 2009. 战略品牌管理：第 3 版[M]. 卢泰宏，吴水龙，译. 北京：中国人民大学出版社：441.

科特勒. 2003. 营销管理：第 2 版[M].宋学宝，卫静，译. 北京：清华大学出版社.

冷志明. 2004. "中华老字号"品牌发展滞后原因及其对策研究[J]. 北京工商大学学报(社会科学版), (1)：55-57,63.

李爱梅, 刘楠, 孙海龙, 等. 2016. "内隐人格理论"与消费者决策研究述评[J]. 外国经济与管理, 38(9)：38-50.

李巧, 段珅, 刘凤军, 等. 2023. 社会拥挤与自我构念对拟人化品牌偏好的影响[J]. 营销科学学报, 3(1)：137-157.

李世豪, 张红霞, 王雪芳, 等. 2017. 接近还是远离：不同信息类型下孤独感对拟人化产品偏好的影响[J]. 营销科学学报, 13(4)：1-17.

林少龙, 骆少康, 纪婉萍. 2014. 延伸相似度对于品牌延伸的成功重要吗：消费者多样化寻觅与内在控制的调节角色[J]. 南开管理评论, 17(6)：139-148.

卢长宝, 柯维林. 2019. 同一行业品牌刻板印象内容中能力与温暖维度的关系：基于三个行业实验的新发现[J]. 北京工商大学学报(社会科学版), 34(5)：24-33,44.

企查查. 2020. 2020 企查查中华老字号商标大数据报告.苏州：企查查.

单从文, 余明阳, 薛可. 2020. 信息流畅性对消费者品牌延伸评价的影响研究[J].管理评论, 32(6)：196-205.

苏凇, 黄劲松. 2013. 关于逆营销的效果研究：基于 CLT 理论的视角[J].管理世界, 242(11)：118-129.

孙晓娟, 李梅, 赵悦彤, 等. 2019. 攻击行为规范信念对初中生欺负行为的影响：道德推脱的中介作用[J].中国临床心理学杂志, 27(6)：1246-1250.

孙妍，茅宁莹. 2018. 价值视角下的中药老字号商业模式创新路径：基于同仁堂的案例研究[J]. 现代商贸工业, 39(16)：1-4.

陶骏，李善文. 2012. “中华老字号”品牌复兴：品牌延伸及反馈[J]. 经济管理, 34(2)：97-106.

汪涛，谢志鹏，周玲，等. 2014. 品牌=人?——品牌拟人化的扎根研究[J]. 营销科学学报, 10(1)：1-20.

王艳芝，卢宏亮. 2019. 权力感对拟人化产品购买意愿的影响[J]. 心理科学, 42(3)：660-666.

吴川，张黎，郑毓煌，等. 2012. 调节聚焦对品牌延伸的影响：母品牌类型、母品牌与延伸产品匹配类型的调节作用[J]. 南开管理评论, 15(6)：51-61.

习近平. 2022. 高举中国特色社会主义伟大旗帜为全面建设社会主义现代化国家而团结奋斗：在中国共产党第二十次全国代表大会上的报告[N]. 人民日报（1）.

徐伟，汤筱晓，王新新. 2015. 老字号真实性、消费态度与购买意向[J]. 财贸研究, 26(3)：133-141.

许晖，张海军，冯永春. 2018. 传承还是重塑? 本土老字号品牌活化模式与机制研究：基于品牌真实性与价值迁移视角[J]. 管理世界, 34(4)：146-161,188.

薛可，余明阳. 2003. 品牌延伸：资产价值转移与理论模型创建[J]. 南开管理评论,(3)：54-60.

杨慧，王舒婷. 2020. 品牌拟人形象性别一致性和品牌态度关系研究：品牌热情与能力类型的调节作用[J]. 商业经济与管理, (2)：56-68.

张永，张浩. 2012. 中国老字号企业连锁经营模式研究：以全聚德为例. 管理学报，9(12)：1752-1760, 1825.

中华人民共和国商务部. 2006. 商务部关于实施“振兴老字号品牌工程”的通知[EB/OL]. [2023-11-20]. http://ltfzs.mofcom.gov.cn/article/aw/200604/20060401910767.shtml.

周俪. 2020. 国外品牌联合研究进展与前沿：基于 WOS 核心合集的文献计量分析[J]. 管理现代化, 40(6)：95-100.

周懿瑾，林婕，汪妍延. 2021. 伙伴 vs.仆人：不同品牌关系下消费者对品牌犯错和道歉的态度[J]. 管理评论, 33(2)：195-206.

朱丽叶. 2008. 老字号独特性品牌资产的来源和构成[J]. 经济经纬, (1)：117-120.

朱良杰，何佳讯，黄海洋. 2018. 品牌拟人化促进消费者价值共创意愿的机制研究[J].管理学报,15(8)：1196-1204.

Aaker D A. 1991. Managing Brand Equity[M]. New York：The Free Press.

Aaker D A. 1996. Measuring brand equity across products and markets[J]. California Management Review, 38(3)：102-120.

Aaker D A. 2004. Brand Portfolio Strategy：Creating Relevance, Differentiation, Energy, Leverage, and Clarity[M]. New York：Simon & Schuster.

Aaker D A, Joachimsthaler E. 2000.Brand Leadership: The Next Level of the Brand Revolution [M]. New York：Free Press.

Aaker D A, Keller K L. 1990. Consumer evaluations of brand extensions[J]. Journal of Marketing, 54(1)：27-41.

Aaker J, Vohs K D, Mogilner C. 2010.Nonprofits are seen as warm and for-profits as competent：firm stereotypes matter[J]. Journal of Consumer Research, 37(2)：224-237.

Abele A E, Wojciszke B. 2014. Communal and agentic content in social cognition：a dual perspective model[J]. Advances in Experimental Social Psychology, 50:195-255.

Abrahams R D. 1986. Ordinary and extraordinary experience[M]//Turner V W, Bruner E M. The Anthropology of Experience. Urbana：University of Illinois Press：45-73.

Adams J S. 1965. Inequity in social exchange[M]//Berkowitz L.Advances in Experimental Social Psychology. New York：Academic Press：267-299.

Aggarwal P, McGill A L. 2007. Is that car smiling at me? Schema congruity as a basis for evaluating anthropomorphized products[J]. Journal of Consumer Research, 34(4)：468-479.

Aggarwal P, McGill A L. 2012. When brands seem human, do humans act like brands? Automatic behavioral priming effects of brand anthropomorphism[J]. Journal of Consumer Research, 39(2)：307-323.

Aghion P, Bolton P. 1987. Contracts as a barrier to entry[J]. The American Economic Review, 77(3)：388-401.

Ahluwalia R. 2008. How far can a brand stretch? Understanding the role of self-construal[J]. Journal of Marketing Research, 45(3)：337-350.

Ahn H K, Kim H J, Aggarwal P. 2014. Helping fellow beings：anthropomorphized social causes and the role of anticipatory guilt[J]. Psychological Science, 25(1)：224-229.

Alba J W, Hutchinson J W, Lynch J G. 1991. Memory and decision making[M]// Robertson T S, Kassarjian H H. Handbook of Consumer Behavior. New York：Prentice Hall.

Albrecht C M, Backhaus C, Gurzki H, et al. 2013. Drivers of brand extension success：what really matters for luxury brands[J]. Psychology &Marketing, 30(8)：647-659.

Alden D L, Steenkamp J B E M, Batra R. 1999. Brand positioning through advertising in Asia, North America, and Europe：the role of global consumer culture[J]. Journal of Marketing, 63(1)：75-87.

Alesina A, di Tella R, MacCulloch R. 2004. Inequality and happiness：Are Europeans and Americans different?[J]. Journal of Public Economics, 88(9/10)：2009-2042.

Alesina A, la Ferrara E. 2005. Preferences for redistribution in the land of opportunities[J]. Journal of Public Economics, 89(5/6)：897-931.

Allison R I, Uhl K P. 1964. Influence of beer brand identification on taste perception[J]. Journal of Marketing Research, 1(3)：36-39.

Amaldoss W, Rapoport A. 2005. Collaborative product and market development：theoretical implications and experimental evidence[J]. Marketing Science, 24(3)：396-414.

Amatulli C, de Angelis M, Donato C. 2020. An investigation on the effectiveness of hedonic versus utilitarian message appeals in luxury product communication[J]. Psychology & Marketing, 37(4)：523-534.

Amatulli C, Guido G, Nataraajan R. 2015. Luxury purchasing among older consumers：exploring inferences about cognitive age, status, and style motivations[J]. Journal of Business Research, 68(9)：1945-1952.

Anderson N. 1981. Foundation of Information Integration Theory[M]. New York：Academic Press.

Argyle M. 1994. The Psychology of Social Class[M]. New York：Psychology Press.

Ariely D, Norton M I. 2009. Conceptual consumption[J]. Annual Review of Psychology, 60：475-499.

Arndt J, Solomon S, Kasser T, et al. 2004. The urge to splurge：aterror management account of materialism and consumer behavior[J]. Journal of Consumer Psychology, 14(3)：198-212.

Arnould E J, Price L L. 1993. River magic：extraordinary experience and the extended service encounter[J]. Journal of Consumer Research, 20(1)：24-45.

Arnould E J, Thompson C J. 2005. Consumer culture theory (CCT)：twenty years of research[J]. Journal of Consumer Research, 31(4)：868-882.

Aron A, Norman C C, Aron E N, et al. 2000. Couples' shared participation in novel and arousing activities and experienced relationship quality[J]. Journal of Personality and Social Psychology, 78：273-284.

Atwal G, Williams A. 2009. Luxury brand marketing—the experience is everything! [J]. Journal of Brand Management, 16(5)：338-346.

Audrin C, Brosch T, Chanal J, et al. 2017. When symbolism overtakes quality：materialists consumers disregard product quality when faced with luxury brands[J]. Journal of Economic Psychology, 61：115-123.

Awad N, Youn N. 2018. You reflect me：narcissistic consumers prefer anthropomorphized arrogant brands[J]. Journal of the Association for Consumer Research, 3(4)：540-554.

Baek T H, Kim J, Yu J H. 2010. The differential roles of brand credibility and brand prestige in consumer brand choice[J]. Psychology & Marketing, 27(7)：662-678.

Bagozzi R P, Dholakia U. 1999. Goal setting and goal striving in consumer behavior[J]. Journal of Marketing, 63(4)：19-32.

Bagwell L S, Bernheim B D. 1996. Veblen effects in a theory of conspicuous consumption[J]. American Economic Review, 86(3)：349-373.

Bak H, Yi Y. 2020. When the American dream fails：the effect of perceived economic inequality on present-oriented behavior. Psychology Marketing[J]. Psychology & Marketing,37(10)：1321-1341.

Balachander S, Ghose S. 2003. Reciprocal spillover effects：a strategic benefit of brand extensions[J]. Journal of Marketing, 67(1)：4-13.

Bandura A, Schunk D H. 1981. Cultivating competence, self-efficacy, and intrinsic interest through proximal self-motivation[J]. Journal of Personality and Social Psychology, 41(3)：586-598.

Barone M J, Miniard P W, Romeo J B. 2000. The influence of positive mood on brand extension evaluations[J]. Journal of Consumer Research, 26(4)：386-400.

Bartz J A, Tchalova K, Fenerci C. 2016. Reminders of social connection can attenuate anthropomorphism：a replication and extension of Epley, Akalis, Waytz, and Cacioppo (2008)[J]. Psychological Science, 27(12)：1644-1650.

Baskentli S, Hadi R, Lee L. 2023. How culture shapes consumer responses to anthropomorphic products[J]. International Journal of Research in Marketing, 40(3)：495-512.

Bastian B, Denson T F, Haslam N. 2013. The roles of dehumanization and moral outrage in retributive justice[J]. PLoS One, 8(4)：e61842.

Batra R, Ahtola O T. 1991. Measuring the hedonic and utilitarian sources of consumer attitudes[J]. Marketing Letters, 2(2)：159-170.

Batson C D, Polycarpou M P, Harmon-Jones E, et al. 1997. Empathy and attitudes：can feeling for a member of a stigmatized group improve feelings toward the group?[J]. Journal of Personality and Social Psychology, 72(1)：105-118.

Bauer M, von Wallpach S, Hemetsberger A. 2011. “My little luxury”：aconsumer-centred, experiential view. Marketing[J]. Journal of Research and Management, 33(1)：1-57.

Baumeister R F, Leary M R. 1995. The need to belong：desire for interpersonal attachments as a fundamental human motivation[J]. Psychological Bulletin, 117(3)：497-529.

Baumeister R F, Vohs K D. 2007. Self-regulation, ego depletion, and motivation[J]. Social and Personality Psychology Compass, 1(1)：115-128.

Baumgarth C. 2004. Evaluations of co-brands and spill-over effects：further empirical results[J]. Journal of Marketing Communications, 10(2)：115-131.

Bearden W O, Etzel M J. 1982. Reference group influence on product and brand purchase decisions[J]. Journal of Consumer Research, 9(2)：183-194.

Beauchamp T L, Frey R G. 2011.The Oxford Handbook of Animal Ethics[M]. Oxford：Oxford University Press.

Bechwati N N, Xia L. 2003. Do computers sweat? the impact of perceived effort of online decision aids on consumers' satisfaction with the decision process[J]. Journal of Consumer Psychology, 13(1/2)：139-148.

Beck J T, Rahinel R, Bleier A. 2020. Company worth keeping：personal control and preferences for brand leaders[J]. Journal of Consumer Research, 46(5)：871-886.

Belk R W. 1985. Materialism：trait aspects of living in the material world[J]. Journal of Consumer Research, 12(3)：265-280.

Belk R W. 1988. Possessions and the extended self[J]. Journal of Consumer Research, 15(2)：139-168.

Belk R W. 2010. Sharing: table 1[J]. Journal of Consumer Research, 36(5)：715-734.

Belk R W, Bahn K D, Mayer R N. 1982. Developmental recognition of consumption symbolism[J].

Journal of Consumer Research, 9(1)：4-17.

Belk R W, Coon G S. 1993. Gift giving as agapic love：an alternative to the exchange paradigm based on dating experiences[J]. Journal of Consumer Research, 20(3)：393-417.

Bellezza S, Keinan A. 2014. Brand tourists：how non-core users enhance the brand image by eliciting pride[J]. Journal of Consumer Research, 41(2)：397-417.

Bengtsson A. 2002. Unnoticed relationships：Do consumers experience co-branded products? [J].Advances in Consumer Research, 29(1)：521-527.

Berger J, Heath C. 2007. Where consumers diverge from others：identity signaling and product domains[J]. Journal of Consumer Research, 34(2)：121-134.

Berger J, Ward M. 2010. Subtle signals of inconspicuous consumption[J]. Journal of Consumer Research, 37(4)：555-569.

Bergkvist L, Zhou K Q. 2016. Celebrity endorsements：aliterature review and research agenda[J]. International Journal of Advertising, 35(4)：642-663.

Bernard P, Gervais S J, Allen J, et al. 2012. Integrating sexual objectification with object versus person recognition：the sexualized-body-inversion hypothesis[J]. Psychological Science, 23(5)：469-471.

Berscheid E, Reis H T. 1998. Attaction and close relationships[M]//Gilbert D T,Fiske S T, Lindzey G.The Handbook of Social Psychology. New York：McGraw-Hill：193-281.

Berthon P, Pitt L, Parent M, et al. 2009. Aesthetics and ephemerality：observing and preserving the luxury brand[J]. California Management Review, 52(1)：45-66.

Betancor V, Rodriguez A, Rodriguez R, et al. 2005. The effect of status on sociability and competence stereotypical dimensions[J]. Psicothema, 17(2)：297-302.

Beverland M B, Wilner S J S, Micheli P. 2015. Reconciling the tension between consistency and relevance：design thinking as a mechanism for brand ambidexterity[J]. Journal of the Academy of Marketing Science, 43(5)：589-609.

Bhat S, Reddy S K. 2001. The impact of parent brand attribute associations and affect on brand extension evaluation[J]. Journal of Business Research, 53(3)：111-122.

Bian Q, Forsythe S. 2012. Purchase intention for luxury brands：a cross cultural comparison[J]. Journal of Business Research, 65(10)：1443-1451.

Bian X M, Moutinho L. 2011. The role of brand image, product involvement, and knowledge in explaining consumer purchase behaviour of counterfeits：direct and indirect effects[J]. European Journal of Marketing, 45(1/2)：191-216.

Bijleveld E, Custers R, Aarts H. 2012. Adaptive reward pursuit：how effort requirements affect unconscious reward responses and conscious reward decisions[J]. Journal of Experimental Psychology, General, 141(4)：728-742.

Bird R B, Smith E. 2005. Signaling theory, strategic interaction, and symbolic capital[J]. Current

Anthropology, 46(2)：221-248.

Blackett T, Russell N. 2000. Co-branding：the science of alliance[J]. Journal of Brand Management, 7(3)：161-170.

Blackwell L S, Trzesniewski K H, Dweck C S. 2007. Implicit theories of intelligence predict achievement across an adolescent transition：a longitudinal study and an intervention[J]. Child Development, 78(1)：246-263.

Bobo L, Zubrinsky C L. 1996. Attitudes on residential integration：perceived status differences, mere in-group preference, or racial prejudice?[J].Social Forces, 74(3)：883-909.

Bottomley P A, Holden S J S. 2001. Do we really know how consumers evaluate brand extensions? Empirical generalizations based on secondary analysis of eight studies[J]. Journal of Marketing Research, 38(4)：494-500.

Boush D M. 1993. How advertising slogans can prime evaluations of brand extensions[J]. Psychology and Marketing, 10(1)：67-78.

Boush D M, Loken B. 1991. A process-tracing study of brand extension evaluation[J]. Journal of Marketing Research, 28(1)：16-28.

Boush D M, Shipp S, Loken B, et al. 1987. Affect generalization to similar and dissimilar brand extensions; consumer behavior seminar[J]. Psychology & Marketing, 4(3)：225-237.

Bridges S, Keller K L, Sood S. 2000. Communication strategies for brand extensions：enhancing perceived fit by establishing explanatory links[J]. Journal of Advertising, 29(4)：1-11.

Broniarczyk S M, Alba J W. 1994. The importance of the brand in brand extension[J]. Journal of Marketing Research, 31(2)：214-228.

Browman A S, Destin M, Carswell K L, et al. 2017. Perceptions of socioeconomic mobility influence academic persistence among low socioeconomic status students[J]. Journal of Experimental Social Psychology, 72：45-52.

Browman A S, Destin M, Kearney M S, et al. 2019. How economic inequality shapes mobility expectations and behaviour in disadvantaged youth[J]. Nature Human Behaviour, 3(3)：214-220.

Brown S, Kozinets R V, Sherry J F,Jr. 2003. Teaching old brands new tricks：retro branding and the revival of brand meaning[J]. Journal of Marketing, 67(3)：19-33.

Buhalis D, Crotts J C. 2000. Global Alliances in Tourism and Hospitality Management[M]. London：Routledge.

Burger J M, Hemans L T. 1988. Desire for control and the use of attribution processes[J]. Journal of Personality, 56(3)：531-546.

Burroughs W J, Drews D R, Hallman W K. 1991. Predicting personality from personal possessions：aself-presentational analysis[J]. Journal of Social Behavior and Personality, 6(6)：147-163.

Butterfield M E, Hill S E, Lord C G. 2012. Mangy mutt or furry friend? Anthropomorphism promotes animal welfare[J]. Journal of Experimental Social Psychology, 48(4)：957-960.

Callan M J, Ellard J H, Will Shead N, et al.2008. Gambling as a search for justice: examining the role of personal relative deprivation in gambling urges and gambling behavior[J]. Personality and Social Psychology Bulletin, 34(11): 1514-1529.

Callan M J, Kay A C, Dawtry R J. 2014. Making sense of misfortune: deservingness, self-esteem, and patterns of self-defeat[J]. Journal of Personality and Social Psychology, 107(1): 142-162.

Callan M J, Shead N W, Olson J M. 2011. Personal relative deprivation, delay discounting, and gambling[J]. Journal of Personality and Social Psychology, 101(5): 955-973.

Can A S, Ekinci Y, ViigliaG, et al. 2020. Stronger together? tourists' behavioral responses to joint brand advertising[J]. Journal of Advertising, 49(5): 525-539.

Cao Z X, Sorescu A. 2013. Wedded bliss or tainted love? Stock market reactions to the introduction of cobranded products[J]. Marketing Science, 32(6): 939-959.

Caprariello P A, Reis H T. 2013. To do, to have, or to share? Valuing experiences over material possessions depends on the involvement of others[J]. Journal of Personality and Social Psychology, 104(2): 199-215.

Carter T J, Gilovich T. 2010. The relative relativity of material and experiential purchases[J]. Journal of Personality and Social Psychology, 98(1): 146-159.

Carter T J, Gilovich T. 2012. I am what I do, not what I have: the differential centrality of experiential and material purchases to the self[J]. Journal of Personality and Social Psychology, 102(6): 1304-1317.

Cartwright D. 1959. Studies in Social Power[R]. Ann Arbor: University of Michigan.

Carus P. 1893. The Philosophy of the Tool[M]. Chicago: The Open Court Publishing Company.

Caruso E M, van Boven L, Chin M, et al. 2013. The temporal Doppler effect: when the future feels closer than the past[J]. Psychological Science, 24(4): 530-536.

Castelo N, Schmitt B, Sarvary M. 2019. Human or robot? Consumer responses to radical cognitive enhancement products[J]. Journal of the Association for Consumer Research, 4(3): 217-230.

Chae B, Hoegg J. 2013. The future looks "right": effects of the horizontal location of advertising images on product attitude[J]. Journal of Consumer Research, 40(2): 223-238.

Chakravarti D. 2006. Voices unheard: the psychology of consumption in poverty and development[J]. Journal of Consumer Psychology, 16(4): 363-76.

Chakravarti D, MacInnis D J, Nakamoto K. 1990. Product category perceptions, elaborative processing, and brand name extension strategies[C]//Goldberg M, Gorn G, Pollay R W. Advances in consumer research. Provo: Association for Consumer Research: 910-916.

Chan C, Mogilner C. 2017. Experiential gifts foster stronger social relationships than material gifts[J]. Journal of Consumer Research, 43(6): 913-931.

Chan E Y. 2020. Political conservatism and anthropomorphism: an investigation[J]. Journal of Consumer Psychology, 30(3): 515-524.

Chan E, Gohary A. 2023. To whom does destination anthropomorphism appeal? power and perceived control[J]. Journal of Travel Research, 62(4)：859-877.

Chandler C. 2019. Dyson CEO：$400 supersonic hair dryer has been 'very, very successful' [EB/OL]. [2023-11-02]. https://for tune.com/2019/03/18/dyson-ceo-jim-rowan/.

Chandler J, Schwarz N. 2010. Use does not wear ragged the fabric of friendship：thinking of objects as alive makes people less willing to replace them[J]. Journal of Consumer Psychology, 20(2)：138-145.

Chandon J L, Laurent G, Valette-Florence P. 2016. Pursuing the concept of luxury：introduction to the JBR special issue on "luxury marketing from tradition to innovation" [J]. Journal of Business Research, 69(1)：299-303.

Chang W L. 2009. Using multi-criteria decision aid to rank and select co-branding partners：from a brand personality perspective[J]. Kybernetes, 38(6)：950-965.

Chang Y, Ko Y J. 2014. The brand leadership：scale development and validation[J]. Journal of Brand Management, 21(1)：63-80.

Chaplin L N, John D R. 2005. The development of self-brand connections in children and adolescents[J]. Journal of Consumer Research, 32(1)：119-129.

Charles K K, Hurst E, Roussanov N L. 2007. Conspicuous consumption and race[R]. Cambridge：NBER.

Charles K K, Hurst E, Roussanov N L. 2009. Conspicuous consumption and race[J]. The Quarterly Journal of Economics, 124(2)：425-467.

Cheah I, Zainol Z, Phau I. 2016. Conceptualizing country-of-ingredient authenticity of luxury brands[J]. Journal of Business Research, 69(12)：5819-5826.

Chen F Y, Chen R P, Yang L. 2020. When sadness comes alive, will it be less painful? the effects of anthropomorphic thinking on sadness regulation and consumption[J]. Journal of Consumer Psychology, 30(2)：277-295.

Chen F Y, Sengupta J, Adaval R. 2018. Does endowing a product with life make one feel more alive? The effect of product anthropomorphism on consumer vitality[J]. Journal of the Association for Consumer Research, 3(4)：503-513.

Chen F Y, Sengupta J, Zheng J Q. 2023. When products come alive：interpersonal communication norms induce positive word of mouth for anthropomorphized products[J]. Journal of Consumer Research, 49(6)：1032-1052.

Chen H A, Pang J, Koo M, et al. 2020. Shape matters：package shape informs brand status categorization and brand choice[J]. Journal of Retailing, 96(2)：266-281.

Chen R P, Wan E W, Levy E. 2017. The effect of social exclusion on consumer preference for anthropomorphized brands[J]. Journal of Consumer Psychology, 27(1)：23-34.

Chen S, Chaiken S. 1999. The heuristic-systematic model in its broader context[M]//Chaiken S, Trope

Y. Dual process theories in social psychology. New York：Guilford Press：73-96.

Chen S Y, Wei H Y, Ran Y X, et al. 2021. Waiting for a download：the effect of congruency between anthropomorphic cues and shopping motivation on consumer patience[J]. Psychology & Marketing, 38(12)：2327-2338.

Chintagunta P K. 1999. Variety seeking, purchase timing, and the "lightning bolt" brand choice model[J]. Management Science, 45(4)：486-498.

Chiu C Y, Hong Y Y, Dweck C S. 1997. Lay dispositionism and implicit theories of personality[J]. Journal of Personality and Social Psychology, 73(1)：19-30.

Choi I, Nisbett R E, Norenzayan A. 1999. Causal attribution across cultures：variation and universality[J]. Psychological Bulletin, 125(1)：47-63.

Christodoulides G, Cadogan J W, Veloutsou C. 2015.Consumer-based brand equity measurement：lessons learned from an international study[J]. International Marketing Review, 32(3/4)：307-328.

Chu X Y M, Chang C T, Lee A Y. 2021. Values created from far and near：influence of spatial distance on brand evaluation [J]. Journal of Marketing, 85(6)：162-175.

Chun H H, Park C W, Eisingerich A B, et al. 2015. Strategic benefits of low fit brand extensions：when and why?[J]. Journal of Consumer Psychology, 25(4)：577-595.

Cialdini R B, Reno R R, Kallgren C A. 1990. A focus theory of normative conduct：recycling the concept of norms to reduce littering in public places[J]. Journal of Personality and Social Psychology, 58(6)：1015-1026.

Cohen B, Murphy G L. 1984. Models of concepts[J]. Cognitive Science, 8(1)：27-58.

Collins S B. 2005. An understanding of poverty from those who are poor[J]. Action Research, 3(1)：9-31.

Connors S, Khamitov M, Thomson M, et al. 2021. They're just not that into You：how to leverage existing consumer–brand relationships through social psychological distance[J]. Journal of Marketing, 85(5)：92-108.

Cooremans K, Geuens M. 2019. Same but different：using anthropomorphism in the battle against food waste[J]. Journal of Public Policy & Marketing, 38(2)：232-245.

Cornelis P C M. 2010. Effects of co-branding in the theme park industry：a preliminary study[J]. International Journal of Contemporary Hospitality Management, 22(6)：775-796.

Costello F, Keane M T. 1992. Conceptual combination：atheoretical review[J]. The Irish Journal of Psychology, 13(2)：125-140.

Cristini H, Kauppinen-Räisänen H, Barthod-Prothade M, et al. 2017. Toward a general theory of luxury：advancing from workbench definitions and theoretical transformations[J]. Journal of Business Research, 70：101-107.

Cunha M, Forehand M R, Angle J W. 2015. Riding coattails：when co-branding helps versus hurts

less-known brands[J]. Journal of Consumer Research, 41(5)：1284-1300.
Cutright K M. 2011. The beauty of boundaries：when and why we seek structure in consumption[J]. Journal of Consumer Research, 38(5)：775-790.
Cutright K M, Bettman J R, Fitzsimons G J. 2013. Putting brands in their place：how a lack of control keeps brands contained[J]. Journal of Marketing Research,50(3)：365-377.
D'Arpizio C, Levato F, Prete F, et al. 2019. Luxury goods worldwide market study, fall–winter 2018-the future of luxury：alook into tomorrow to understand today[EB/OL]. [2023-11-03]. https://www. readkong.com/page/luxury-goods-worldwide-market-study-fall-winter-2018-4943400.
Dahl D W, Sengupta J, Vohs K D. 2009. Sex in advertising：gender differences and the role of relationship commitment[J]. Journal of Consumer Research, 36(2)：215-231.
Dahlstrom R, Dato-on M C. 2004. Business-to-business antecedents to retail co-branding[J]. Journal of Business-to-Business Marketing, 11(3)：1-22.
Dahlstrom R, Nygaard A. 2016. The psychology of co-branding alliances：the business-to-business relationship outcomes of role stress[J]. Psychology & Marketing, 33(4)：267-282.
Dai H C, Chan C, Mogilner C. 2020. People rely less on consumer reviews for experiential than material purchases[J]. Journal of Consumer Research, 46(6)：1052-1075.
Dalbert C, Lipkus I M, Sallay H, et al. 2001. A just and an unjust world：structure and validity of different world beliefs[J]. Personality and Individual Differences, 30(4)：561-577.
Dambrun M, Taylor D M, McDonald D A, et al. 2006. The relative deprivation-gratification continuum and the attitudes of South Africans toward immigrants：atest of the V-curve hypothesis[J]. Journal of Personality and Social Psychology, 91(6)：1032-1044.
Darke P R, Brady M K, Benedicktus R L, et al. 2016. Feeling close from afar：the role of psychological distance in offsetting distrust in unfamiliar online retailers[J]. Journal of Retailing, 92(3)：287-299.
Das T K, Teng B S. 1998. Resource and risk management in the strategic alliance making process[J]. Journal of Management, 24(1)：21-42.
Davidai S. 2018. Why do Americans believe in economic mobility? Economic inequality, external attributions of wealth and poverty, and the belief in economic mobility[J]. Journal of Experimental Social Psychology, 79：138-148.
Davidai S, Gilovich T. 2015. Building a more mobile America：one income quintile at a time[J]. Perspectives on Psychological Science, 10(1)：60-71.
Davids A, Falkof B B. 1975. Juvenile delinquents then and now：comparison of findings from 1959 and 1974[J]. Journal of Abnormal Psychology, 84(2)：161-164.
Dawar N, Anderson P F. 1994. The effects of order and direction on multiple brand extensions[J]. Journal of Business Research, 30(2)：119-129.
Dawar N, Parker P. 1994. Marketing universals：consumers'use of brand name, price, physical

appearance, and retailer reputation as signals of product quality[J]. Journal of Marketing, 58(2): 81-95.

Day M V, Fiske S T. 2017. Movin' on up? how perceptions of social mobility affect our willingness to defend the system[J]. Social Psychological and Personality Science, 8(3): 267-274.

Deaton A. 2008. Income, health, and well-being around the world: evidence from the Gallup World Poll[J]. Journal of Economic Perspectives, 22(2): 53-72.

de Charms R. 1968. Personal Causation: the Internal Affective Determinants of Behavior[M]. New York: Academic Press.

de Langhe B, Fernbach P M, Lichtenstein D R. 2016. Navigating by the stars: investigating the actual and perceived validity of online user ratings[J]. Journal of Consumer Research, 42(6): 817-833.

del Río A B, Vázquez R, Iglesias V. 2001. The effects of brand associations on consumer response [J]. Journal of Consumer Marketing, 18(5): 410-425.

Delbaere M, McQuarrie E F, Phillips B J. 2011. Personification in advertising: Using a visual metaphor to trigger anthropomorphism[J]. Journal of Advertising, 40(1): 121-130.

DelVecchio D. 2000. Moving beyond fit: the role of brand portfolio characteristics in consumer evaluations of brand reliability[J]. Journal of Product & Brand Management, 9(7): 457-471.

Dens N, de Pelsmacker P. 2016. Does poor fit always lead to negative evaluations? Extension advertising and perceived brand quality[J]. International Journal of Advertising, 35(3): 465-485.

Desai K K, Keller K L. 2002. The effects of ingredient branding strategies on host brand extendibility[J]. Journal of Marketing, 66(1): 73-93.

Dépret E, Fiske S T. 1993. Social cognition and power: some cognitive consequences of social structure as a source of control deprivation[M]// Weary G,Gleicher F, Marsh K L. Control Motivation and Social Cognition. New York: Springer: 176-202.

Dhar R, Wertenbroch K. 2000. Consumer choice between hedonic and utilitarian goods[J]. Journal of Marketing Research, 37(1): 60-71.

Dichter E. 1985. What's in an image [J]. Journal of Consumer Marketing, 2(1): 75-81.

Diener E, Biswas-Diener R. 2002. Will money increase subjective well-being? A literature review and guide to needed research[J]. Social Indicators Research, 57: 119-169.

Dion D, Borraz S. 2017. Managing status: how luxury brands shape class subjectivities in the service encounter[J]. Journal of Marketing, 81(5): 67-85.

Drèze X, Nunes J C. 2009. Feeling superior: the impact of loyalty program structure on consumers' perceptions of status[J]. Journal of Consumer Research, 35(6): 890-905.

Dubois B, Duquesne P. 1993. The market for luxury goods: income versus culture[J]. European Journal of Marketing, 27(1): 35-44.

Dubois B, Laurent G, Czellar S. 2001. Consumer rapport to luxury: analyzing complex and ambivalent attitudes[R]. HEC Paris: RePEc.

Dubois D, Rucker D D, Galinsky A D. 2012. Super size me：product size as a signal of status[J]. Journal of Consumer Research, 38(6)：1047-1062.

Duckler M. 2018. Why so many brand extensions fail[EB/OL]. [2023-11-02].https://www.fullsurge.com/blog/why-somany-brand-extensions-fail.

Dunn E W, Aknin L B, Norton M I. 2008. Spending money on others promotes happiness[J]. Science, 319(5870)：1687-1688.

Dunn E W, Gilbert D T, Wilson T D. 2011. If money doesn't make you happy, then you probably aren't spending it right[J]. Journal of Consumer Psychology,21(2)：115-125.

Durante F, Tablante C B, Fiske S T. 2017. Poor but warm, rich but cold (and competent)：social classes in the stereotype content model[J]. Journal of Social Issues, 73(1)：138-157.

Dweck C S. 2006. Mindset：the New Psychology of Success[M]. New York：Random House.

Dweck C S, Leggett E L. 1988. A social-cognitive approach to motivation and personality[J]. Psychological Review, 95(2)：256-273.

Easterlin R A. 1974. Does economic growth improve the human lot? some empirical evidence [M]//Nations and Households in Economic Growth. Amsterdam: Elsevier: 89-125.

Easterlin R A. 2001. Income and happiness：towards a unified theory[J]. The Economic Journal, 111(473)：465-484.

Eastman J K, Goldsmith R E, Flynn L R. 1999. Status consumption in consumer behavior：scale development and validation[J]. Journal of Marketing Theory and Practice, 7(3)：41-52.

Economic Mobility Project. 2012. Economic mobility and the American Dream：Examining racial and ethnic differences[EB/OL].[2023-11-06]. http://www.pewtrusts.org/~/media/assets/2011/05/19/2011emppollbyrace.pdf.

Eibach R P, Libby L K, Gilovich T D. 2003. When change in the self is mistaken for change in the world[J]. Journal of Personality and Social Psychology, 84(5)：917-931.

Eliashberg J, Sawhney M S. 1994. Modeling goes to Hollywood：predicting individual differences in movie enjoyment[J]. Management Science, 40(9)：1151-1173.

Emmons R A, Diener E. 1986. A goal-affect analysis of everyday situational choices[J]. Journal of Research in Personality, 20(3)：309-326.

Eng T Y, Bogaert J. 2010. Psychological and cultural insights into consumption of luxury Western brands in India[J]. Journal of Customer Behaviour, 9(1)：55-75.

Epley N, Akalis S, Waytz A, et al. 2008. Creating social connection through inferential reproduction：loneliness and perceived agency in gadgets, gods, and greyhounds[J]. Psychological Science, 19(2)：114-120.

Epley N, Gilovich T. 2005. When effortful thinking influences judgmental anchoring：differential effects of forewarning and incentives on self-generated and externally provided anchors[J]. Journal of Behavioral Decision Making, 18(3)：199-212.

Epley N, Waytz A, Akalis S, et al. 2008. When we need a human: motivational determinants of anthropomorphism[J]. Social Cognition, 26(2): 143-155.

Epley N, Waytz A, Cacioppo J T. 2007. On seeing a human: a three-factor theory of anthropomorphism[J]. Psychological Review, 114(4): 864-886.

Escalas J E, Bettman J R. 2003. You are what they eat: the influence of reference groups on consumers' connections to brands[J]. Journal of Consumer Psychology, 13(3): 339-348.

Escalas J E, Bettman J R. 2005. Self-construal, reference groups, and brand meaning[J]. Journal of Consumer Research, 32(3): 378-389.

Eysenck M W, Keanne M T. 1990. Cognitive psychology[M]. London: Lawrence Erlbaum Associates.

Fang X, Mishra S. 2022. The effect of brand alliance portfolio on the perceived quality of an unknown brand[J]. Advances in Consumer Research, 29(1): 519-520.

Farquhar P H. 1994. Strategic challenges for branding[J]. Marketing Management, 3(2): 8-15.

Farquhar P H, Han J Y, Herr P M, et al. 1992. Strategies for leveraging master brands[J]. Marketing Research, 4(3): 32-43.

Farquhar P H, Herr P M, Fazio R H. 1990. A relational model for category extensions of brands[J]. Advances in Consumer Research, 17: 856-860.

Fazio R H, Powell M C, Williams C J. 1989. The role of attitude accessibility in the attitude-to-behavior process[J]. Journal of Consumer Research, 16(3): 280-288.

Feather N T. 1999. Judgments of deservingness: studies in the psychology of justice and achievement[J]. Personality and Social Psychology Review, 3(2): 86-107.

Fennis B M. 2008. Branded into submission: brand attributes and hierarchization behavior in same-sex and mixed-sex dyads[J]. Journal of Applied Social Psychology, 38(8): 1993-2009.

Fernandes T, Moreira M. 2019. Consumer brand engagement, satisfaction and brand loyalty: a comparative study between functional and emotional brand relationships[J]. Journal of Product & Brand Management, 28(2): 274-286.

Fetscherin M, Guzman F, Veloutsou C, et al. 2019. Latest research on brand relationships: introduction to the special issue[J]. Journal of Product & Brand Management, 28(2): 133-139.

Fischer J A V. 2009. The welfare effects of social mobility: an analysis for OECD countries[R]. Munich: University Library of Munich.

Fiske S T. 1993. Controlling other people: the impact of power on stereotyping[J]. American Psychologist, 48(6): 621-628.

Fiske S T, Cuddy A J C, Glick P, et al. 2002. A model of (often mixed) stereotype content: competence and warmth respectively follow from perceived status and competition[J]. Journal of Personality and Social Psychology, 82(6): 878-902.

Fiske S T, Cuddy A J C, Glick P. 2007. Universal dimensions of social cognition: warmth and competence[J]. Trends in Cognitive Sciences, 11(2): 77-83.

Fong C. 2001. Social preferences, self-interest, and the demand for redistribution[J]. Journal of Public Economics, 82(2)：225-246.

Fournier S. 1998. Consumers and their brands：developing relationship theory in consumer research[J]. Journal of Consumer Research, 24(4)：343-373.

Fournier S, Alvarez C. 2012. Brands as relationship partners：warmth, competence, and in-between[J]. Journal of Consumer Psychology, 22(2)：177-185.

Fournier S, Richins M. 1991. Some theoretical and popular notions concerning materialism[J]. Journal of Social Behavior and Personality, 6(6)：403-414.

Fraley R C, Niedenthal P M, Marks M, et al. 2006. Adult attachment and the perception of emotional expressions：probing the hyperactivating strategies underlying anxious attachment[J]. Journal of Personality, 74(4)：1163-1190.

Frank R H. 1999. Luxury Fever：Why Money Fails to Satisfy in an Era of Excess[M]. New York：Free Press.

Fredrickson B L. 2001. The role of positive emotions in positive psychology：the broaden-and-build theory of positive emotions[J]. American Psychologist, 56：218-226.

Friestad M, Wright P. 1994. The persuasion knowledge model：how people cope with persuasion attempts[J]. Journal of Consumer Research, 21(1)：1-31.

Furnham A. 2003. Belief in a just world：research progress over the past decade[J]. Personality and Individual Differences, 34(5)：795-817.

Furnham A, Procter E. 1989. Belief in a just world：review and critique of the individual difference literature[J]. British Journal of Social Psychology, 28(4)：365-384.

Fyall A, Garrod B. 2004. Tourism Marketing：a Collaborative Approach[M]. 2nd ed. London：Channel View Publication.

Gable S L, Gonzaga G C, Strachman A.2006. Will you be there for me when things go right? Supportive responses to positive event disclosures[J]. Journal of Personality and Social Psychology, 91(5)：904-917.

Gable S L, Reis H T, Elliot A J. 2000. Behavioral activation and inhibition in everyday life[J]. Journal of Personality and Social Psychology, 78(6)：1135-1149.

Gaeth G J, Levin I P, Chakraborty G, et al. 1991. Consumer evaluation of multi-product bundles：an information integration analysis[J]. Marketing Letters, 2(1)：47-57.

Gammoh B S, Voss K E, Chakraborty G. 2006. Consumer evaluation of brand alliance signals[J]. Psychology and Marketing, 23(6)：465-486.

Garfein R T. 1989. Cross-cultural perspectives on the dynamics of prestige[J]. Journal of Services Marketing, 3(3)：17-24.

Gelman S A, Markman E M. 1986. Categories and induction in young children[J]. Cognition, 23(3)：183-209.

Gentner D, Markman A B. 1997. Structuremapping in analogy and similarity[J]. American Psychologist, 52(1): 45-56.

Gervey B M, Chiu C Y, Hong Y Y, et al. 1999. Differential use of person information in decisions about guilt versus innocence: the role of implicit theories[J]. Personality and Social Psychology Bulletin, 25(1): 17-27.

Geuens M, Pecheux C. 2006. Co-branding in advertising: the issue of product and brand-fit[R]. Leuven Gent: Vlerick Leuven Gent Management School Working Paper.

Giessner S R, Schubert T W. 2007. High in the hierarchy: how vertical location and judgments of leaders' power are interrelated[J]. Organizational Behavior and Human Decision Processes, 104(1): 30-44.

Gil L A, Dwivedi A, Johnson L W. 2017. Effect of popularity and peer pressure on attitudes toward luxury among teens[J]. Young Consumers, 18(1): 84-93.

Gil L A, Kwon K N, Good L K, et al. 2012. Impact of self on attitudes toward luxury brands among teens[J]. Journal of Business Research, 65(10): 1425-1433.

Gill T, Dube L. 2007. What is a Leather iron or a Bird Phone? Using conceptual combinations to generate and understand new product concepts[J]. Journal of Consumer Psychology, 17(3): 202-217.

Gilovich T, Kumar A, Jampol L. 2015. A wonderful life: experiential consumption and the pursuit of happiness[J]. Journal of Consumer Psychology, 25(1): 152-165.

Godey B, Pederzoli D, Aiello G, et al. 2012. Brand and country-of-origin effect on consumers' decision to purchase luxury products[J]. Journal of Business Research, 65(10): 1461-1470.

Golossenko A, Pillai K G, Aroean L. 2020. Seeing brands as humans: development and validation of a brand anthropomorphism scale[J]. International Journal of Research in Marketing, 37(4): 737-755.

Goodfriend W, Agnew C R. 2008. Sunken costs and desired plans: examining different types of investments in close relationships[J]. Personality & Social Psychology Bulletin, 34(12): 1639-1652.

Goodman J K, Lim S. 2018. When consumers prefer to give material gifts instead of experiences: the role of social distance[J]. Journal of Consumer Research, 45(2): 365-382.

Goodman J K, Malkoc S A. 2012. Choosing here and now versus there and later: the moderating role of psychological distance on assortment size preferences[J]. Journal of Consumer Research, 39(4): 751-768.

Goodman J K, Malkoc S A, Rosenboim M. 2019. The material-experiential asymmetry in discounting: when experiential purchases lead to more impatience[J]. Journal of Consumer Research, 46(4): 671-688.

Goodman J K, Malkoc S A, Stephenson B L. 2016. Celebrate or commemorate? A material purchase advantage when honoring special life events[J]. Journal of the Association for Consumer Research, 1(4)：497-508.

Goor D, Ordabayeva N, Keinan A, et al. 2020. The impostor syndrome from luxury consumption[J]. Journal of Consumer Research, 46(6)：1031-1051.

Göckeritz S, Schultz P W, Rendón T, et al. 2010. Descriptive normative beliefs and conservation behavior：the moderating roles of personal involvement and injunctive normative beliefs[J]. European Journal of Social Psychology, 40(3)：514-523.

Gray B. 1989. Negotiations：Arenas for reconstructing meaning[R]. State College：Pennsylvania State University, Center for Research in Conflict Negotiations, USA.

Gray H M, Gray K, Wegner D M. 2007. Dimensions of mind perception[J]. Science, 315(5812)：619.

Gregory W L, Cialdini R B, Carpenter K M. 1982. Self-relevant scenarios as mediators of likelihood estimates and compliance：does imagining make it so?[J]. Journal of Personality and Social Psychology, 43(1)：89-99.

Griskevicius V, Tybur J M, Sundie J M, et al. 2007. Blatant benevolence and conspicuous consumption：when romantic motives elicit strategic costly signals[J]. Journal of Personality and Social Psychology, 93(1)：85-102.

Grossman G M, Shapiro C.1988. Foreign counterfeiting of status goods[J]. The Quarterly Journal of Economics, 103(1)：79-100.

Grossman R P. 1997. Co-branding in advertising：developing effective associations[J]. Journal of Product & Brand Management, 6(3)：191-201.

Guimond S, Dambrun M. 2002. When prosperity breeds intergroup hostility：the effects of relative deprivation and relative gratification on prejudice[J]. Personality and Social Psychology Bulletin, 28(7)：900-912.

Gürhan-Canli Z, Maheswaran D. 1998. The effects of extensions on brand name dilution and enhancement[J]. Journal of Marketing Research, 35(4)：464-473.

Hafer C L, Olson J M. 1993. Beliefs in a just world, discontent, and assertive actions by working women[J]. Personality and Social Psychology Bulletin, 19(1)：30-38.

Hagtvedt H, Brasel S A. 2017. Color saturation increases perceived product size[J]. Journal of Consumer Research, 44(2)：396-413.

Hagtvedt H, Patrick V M. 2008. Art infusion：the influence of visual art on the perception and evaluation of consumer products[J]. Journal of Marketing Research, 45(3)：379-389.

Hagtvedt H, Patrick V M. 2008. Art and the brand：the role of visual art in enhancing brand extendibility[J]. Journal of Consumer Psychology, 18(3)：212-222.

Hagtvedt H, Patrick V M. 2009. The broad embrace of luxury：hedonic potential as a driver of brand extendibility[J]. Journal of Consumer Psychology, 4(19)：608-618.

Hamilton R W, Koukova N T. 2008. Choosing options for products：the effects of mixed bundling on consumers' inferences and choices[J]. Journal of the Academy of Marketing Science, 36(3): 423-433.

Hampton J E. 1988. Overextension of conjunctive concepts: evidence for a unitary model of concept typicality and class inclusion[J]. Journal of Experimental Psychology: Learning, Memory, and Cognition, 14(1): 12-32.

Hampton J E. 1997. Conceptual combination: conjunction and negation of natural concepts[J]. Memory and Cognition, 25(6): 888-909.

Han B, Wang L Y, Li X R. 2020. To collaborate or serve? Effects of anthropomorphized brand roles and implicit theories on consumer responses[J]. Cornell Hospitality Quarterly, 61(1): 53-67.

Han Y J, Nunes J C, Drèze X. 2010. Signaling status with luxury goods: the role of brand prominence[J]. Journal of Marketing, 74(4): 15-30.

Haselhuhn M P, Schweitzer M E, Wood A M. 2010. How implicit beliefs influence trust recovery[J]. Psychological Science, 21(5): 645-648.

Haslam N. 2006. Dehumanization: an integrative review[J]. Personality and Social Psychology Review, 10(3): 252-264.

Haslam N, Kashima Y, Loughnan S, et al. 2008. Subhuman, inhuman, and superhuman: contrasting humans with nonhumans in three cultures[J]. Social Cognition, 26(2): 248-258.

Haslam N, Loughnan S. 2014. Dehumanization and infrahumanization[J]. Annual Review of Psychology, 65: 399-423.

Hayes A F. 2013. Introduction to Mediation, Moderation, and Conditional Process Analysis: A Regression-Based Approach[M]. New York: Guilford Press.

Hazan C, Shaver P. 1987.Romantic love conceptualized as an attachment process. Journal of Personality and Social Psychology, 52(3): 511-524.

Heider F. 1958. Perceiving the other person[M]// Heider F. The Psychology of Interpersonal Relations. Hoboken: John Wiley & Sons Inc: 20-58.

Heider F, Simmel M. 1944. An experimental study of apparent behavior[J]. The American Journal of Psychology, 57(2): 243-259.

Helmig B, Huber J A, Leeflang P S H. 2008. Co-branding: the state of the art[J]. Schmalenbach Business Review, 60(4): 359-377.

Henard D H, Szymanski D M. 2001. Why some new products are more successful than others[J]. Journal of Marketing Research, 38(3): 362-375.

Herak I, Kervyn N, Thomson M. 2020. Pairing people with products: anthropomorphizing the object, dehumanizing the person[J]. Journal of Consumer Psychology, 30(1): 125-139.

Hilvert-Bruce Z, Neill J T. 2020. I'm just trolling: the role of normative beliefs in aggressive behaviour in online gaming[J]. Computers in Human Behavior, 102: 303-311.

Hillyer C L, Tikoo S. 1995. Effect of cobranding on consumer product evaluations[J]. Advances in

Consumer Research, 22：123-128.

Ho C M, Lin S H, Wyer R S, Jr. 2021. The downside of purchasing a servant brand：the effect of servant brand consumption on consumer charitable behavior[J]. Psychology & Marketing, 38(11)：2019-2033.

Hoeffler S. 2003. Measuring preferences for really new products[J]. Journal of Marketing Research, 40(4)：406-420.

Hofstede G. 1984. Culture's Consequences：International Differences in Work-Related Values[M]. Thousand Oaks：SAGE.

Hofstede G. 2001. Culture's Consequences：Comparing Values, Behaviors, Institutions and Organizations Across Nations[M]. 2nd ed. Thousand Oaks：SAGE.

Holbrook M B, Hirschman E C. 1982. The experiential aspects of consumption：consumer fantasies, feelings, and fun[J]. Journal of Consumer Research, 9(2)：132-140.

Hong Y Y, Chiu C Y, Dweck C S, et al. 1999. Implicit theories, attributions, and coping：a meaning system approach[J]. Journal of Personality and Social Psychology, 77(3)：588-599.

Howard D J, Kerin R A. 2006. Broadening the scope of reference price advertising research：a field study of consumer shopping involvement[J]. Journal of Marketing, 70(4)：185-204.

Howell R T, Hill G. 2009. The mediators of experiential purchases：determining the impact of psychological needs satisfaction and social comparison[J]. The Journal of Positive Psychology, 4(6)：511-522.

Howell R T, Howell C J. 2008. The relation of economic status to subjective well-being in developing countries：a meta-analysis[J]. Psychological Bulletin, 134(4)：536-560.

Hsieh M H, Li X B, Jain S P, et al. 2021. Self-construal drives preference for partner and servant brands[J]. Journal of Business Research, 129：183-192.

Huang F F, Wong V C, Wan E W. 2020. The influence of product anthropomorphism on comparative judgment[J]. Journal of Consumer Research, 46(5)：936-955.

Huang W F. 2011. The way to create symbolic value of luxury good-take the Chanel No.5 perfume for a case[C]//International Conference on Information Management, Innovation Management and Industrial Engineering. Shenzhen：IEEE：142-145.

Huang X I, Li X P, Zhang M. 2013. "Seeing" the social roles of brands：how physical positioning influences brand evaluation[J]. Journal of Consumer Psychology, 23(4)：509-514.

Hudson B T, Balmer J M T. 2013. Corporate heritage brands：mead's theory of the past[J]. Corporate Communications：an International Journal, 18(3)：347-361.

Hung K P, Chen H L A, Peng N, et al. 2011. Antecedents of luxury brand purchase intent[J]. Journal of Product & Brand Management, 20(6)：457-467.

Hur J D, Koo M, Hofmann W. 2015. When temptations come alive：how anthropomorphism undermines self-control[J]. Journal of Consumer Research, 42(2)：340-358.

Hwang J, Han H. 2014. Examining strategies for maximizing and utilizing brand prestige in the luxury cruise industry[J]. Tourism Management, 40：244-259.

Hwang J, Hyun S S. 2012. The antecedents and consequences of brand prestige in luxury restaurants[J]. Asia Pacific Journal of Tourism Research, 17(6)：656-683.

Inglehart R. 2000. Globalization and postmodern values[J]. The Washington Quarterly, 23(1)：215-228.

Inglehart R F. 1997. Modernization and Postmodernization：Cultural, Economic, and Political Change in 43 Societies[M]. Princeton：Princeton University Press.

Inglehart R F, Welzel C. 2005. Modernization, Cultural Change, and Democracy：The Human Development Sequence[M]. New York：Cambridge University Press.

Jain S, Khan M N. 2017. Measuring the impact of beliefs on luxury buying behavior in an emerging market：empirical evidence from India[J]. Journal of Fashion Marketing and Management, 21(3)：341-360.

James D. 2005. Guilty through association：brand association transfer to brand alliances[J]. Journal of Consumer Marketing, 22(1)：14-24.

Janiszewski C, van Osselaer S M J. 2000. A connectionist model of brand-quality associations[J]. Journal of Marketing Research, 37(3)：331-350.

Janssen C, Vanhamme J, Leblanc S. 2017. Should luxury brands say it out loud? Brand conspicuousness and consumer perceptions of responsible luxury[J]. Journal of Business Researc, 77：167-174.

Jaremka L M, Gabriel S, Carvallo M. 2011. What makes us feel the best also makes us feel the worst：the emotional impact of independent and interdependent experiences[J]. Self and Identity, 10：44-63.

Jäntti M, Bratsberg B, Røed K, et al. 2006. American exceptionalism in a new light：a comparison of intergenerational earnings mobility in the Nordic countries, the United Kingdom and the United States[R]. London：IZA Discussion Paper.

Jhang J H, Grant S J, Campbell M C. 2012. Get it? got it. good! Enhancing new product acceptance by facilitating resolution of extreme incongruity[J]. Journal of Marketing Research, 49(2)：247-259.

Ji L J, Peng K, Nisbett R E. 2000. Culture, control, and perception of relationships in the environment[J]. Journal of Personality and Social Psychology, 78(5)：943-955.

Jin N P, Line N D, Merkebu J. 2016. The impact of brand prestige on trust, perceived risk, satisfaction, and loyalty in upscale restaurants[J]. Journal of Hospitality Marketing & Management, 25(5)：523-546.

Johansson J K, Douglas S P, Nonaka I. 1985. Assessing the impact of country of origin on product evaluations：anew methodological perspective[J]. Journal of Marketing Research, 22(4)：

388-396.

John D R, Loken B, Joiner C. 1998. The negative impact of extensions：can flagship products be diluted?[J].Journal of Marketing, 62(1)：19-32.

John D R, Park J K. 2016. Mindsets matter：implications for branding research and practice[J]. Journal of Consumer Psychology, 26(1)：153-160.

Johnson Z S, Mao H F, Lefebvre S, et al. 2019. Good guys can finish first：how brand reputation affects extension evaluations[J]. Journal of Consumer Psychology, 29(4)：565-583.

Jones T B, Kamil A C. 1973. Tool-making and tool-using in the northern Blue Jay[J]. Science, 180(4090)：1076-1078.

Joy A, Wang J J, Chan T S, et al. 2014. M (art) worlds：consumer perceptions of how luxury brand stores become art institutions[J]. Journal of Retailing, 90(3)：347-364.

Kahneman D, Krueger A B, Schkade D A, et al. 2004. A survey method for characterizing daily life experience：the day reconstruction method[J]. Science, 306(5702)：1776-1780.

Kapferer J N. 1992. Strategic Brand Management：New Approaches to Creating and Evaluating Brand Equityequity[M]. London：Kogan Page Ltd.

Kapferer J N. 1997. Managing luxury brands[J]. Journal of Brand Management, 4(4)：251-259.

Kapferer J N. 2012. Abundant rarity：the key to luxury growth[J]. Business Horizons, 55(5)：453-462.

Kapferer J N, Laurent G. 2016. Where do consumers think luxury begins? A study of perceived minimum price for 21 luxury goods in 7 countries[J]. Journal of Business Research, 69(1)：332-340.

Kapferer J N, Valette-Florence P. 2016. Beyond rarity：the paths of luxury desire. How luxury brands grow yet remain desirable[J]. Journal of Product & Brand Management, 25(2)：120-133.

Kapferer J N, Valette-Florence P. 2019. How self-success drives luxury demand：an integrated model of luxury growth and country comparisons[J]. Journal of Business Research, 102：273-287.

Karpinska-Krakowiak M, Skowron L, Ivanov L. 2020. "I will start saving natural resources, only when you show me the planet as a person in danger"：the effects of message framing and anthropomorphism on pro-environmental behaviors that are viewed as effortful[J]. Sustainability, 12(14)：5524.

Kastanakis M N, Balabanis G. 2012. Between the mass and the class：antecedents of the "bandwagon" luxury consumption behavior[J]. Journal of Business Research, 65(10)：1399-1407.

Kastanakis M N, Voyer B G. 2014. The effect of culture on perception and cognition：aconceptual framework[J]. Journal of Business Research, 67(4)：425-433.

Kauppinen-Räisänen H, Björk P, Lönnström A, et al. 2018. How consumers' need for uniqueness, self-monitoring, and social identity affect their choices when luxury brands visually shout versus whisper[J]. Journal of Business Research, 84：72-81.

Kauppinen-Räisänen H, Gummerus J, von Koskull C, et al. 2014. Am I worth it? Gifting myself with luxury[J]. Journal of Fashion Marketing and Management, 18(2)：112-132.

Kauppinen-Räisänen H, Gummerus J, von Koskull C, et al. 2019. The new wave of luxury：the meaning and value of luxury to the contemporary consumer[J]. Qualitative Market Research：An International Journal, 22(3)：229-249.

Keller K L. 1993. Conceptualizing, measuring, and managing customer-based brand equity[J]. Journal of Marketing, 57(1)：1-22.

Keller K L. 2003. Brand synthesis：the multidimensionality of brand knowledge[J]. Journal of Consumer Research, 29(4)：595-600.

Keller K L, Aaker D A. 1992. The effects of sequential introduction of brand extensions[J]. Journal of Marketing Research, 29 (1)：35-50.

Kellermann K, Reynolds R. 1990. When ignorance is bliss：the role of motivation to reduce uncertainty in uncertainty reduction theory[J]. Human Communication Research, 17(1)：5-75.

Keltner D, Gruenfeld D H, Anderson C. 2003. Power, approach, and inhibition[J]. Psychological Review, 110 (2)：265-284.

Kempf D S, Smith R E. 1998. Consumer processing of product trial and the influence of prior advertising：a structural modeling approach[J]. Journal of Marketing Research, 35(5)：325.

Kessous A, Valette-Florence P. 2019. “From Prada to Nada”：consumers and their luxury products：acontrast between second-hand and first-hand luxury products[J]. Journal of Business Research, 102：313-327.

Ketron S, Naletelich K. 2019. Victim or beggar? Anthropomorphic messengers and the savior effect in consumer sustainability behavior[J]. Journal of Business Research, 96：73-84.

Khenfer J, Shepherd S, Trendel O. 2020. Customer empowerment in the face of perceived Incompetence：effect on preference for anthropomorphized brands[J]. Journal of Business Research, 118：1-11.

Kim D J M, Yoon S. 2021. Guilt of the meat - eating consumer：when animal anthropomorphism leads to healthy meat dish choices[J]. Journal of Consumer Psychology, 31(4)：665-683.

Kim H C, Kramer T. 2015. Do materialists prefer the “brand-as-servant”? The interactive effect of anthropomorphized brand roles and materialism on consumer responses[J]. Journal of Consumer Research, 42(2)：284-299.

Kim H Y, McGill A L. 2018. Minions for the rich? Financial status changes how consumers see products with anthropomorphic features[J]. Journal of Consumer Research, 45(2)：429-450.

Kim H, Choi Y J, Lee Y R. 2015. Web atmospheric qualities in luxury fashion brand web sites[J]. Journal of Fashion Marketing and Management, 19(4)：384-401.

Kim H, John D R. 2008. Consumer response to brand extensions：construal level as a moderator of the importance of perceived fit[J]. Journal of Consumer Psychology, 18(2)：116-126.

Kim H, Rao A R, Lee A Y. 2009. It's time to vote：the effect of matching message orientation and temporal frame on political persuasion[J]. Journal of Consumer Research, 35(6)：877-889.

Kim J, Swaminathan S. 2021. Time to say goodbye：the impact of anthropomorphism on selling prices of used products[J]. Journal of Business Research, 126：78-87.

Kim K H, Ko E, Xu B, et al. 2012. Increasing customer equity of luxury fashion brands through nurturing consumer attitude[J]. Journal of Business Research, 65(10)：1495-1499.

Kim S Y, Schmitt B H, Thalmann N M. 2009. Eliza in the uncanny valley：anthropomorphizing consumer robots increases their perceived warmth but decreases liking[J]. Marketing Letters, 30(1)：1-12.

Kim S, Chen R P, Zhang K. 2016. Anthropomorphized helpers undermine autonomy and enjoyment in computer games[J]. Journal of Consumer Research, 43(2)：282-302.

Kim S, McGill A L. 2011. Gaming with Mr. Slot or gaming the slot machine? power, anthropomorphism, and risk perception[J]. Journal of Consumer Research, 38(1)：94-107.

Kim S, Zhang K, Park D. 2018. Don't want to look dumb? The role of theories of intelligence and humanlike features in online help seeking[J]. Psychological Science, 29(2)：171-180.

Kim Y H, Sauerwald P, Sukpatch K. 2021. Are you looking for special menu? An examination of variety seeking behavior for Promotional Menu (VaPM) Model[J].International Journal of Gastronomy and Food Science, 23：100295.

Kirmani A, Sood S, Bridges S. 1999. The ownership effect in consumer responses to brand line stretches[J]. Journal of Marketing, 63(1)：88-101.

Klineberg S L. 1968. Future time perspective and the preference for delayed reward[J]. Journal of Personality and Social Psychology, 8(3)：253-257.

Kluegel J R. 1986. Beliefs About Inequality：Americans' Views of What Is and What Ought to Be[M]. New Brunswick：Aldine Transaction.

Ko E, Costello J, Taylor C R. 2019. What is a luxury brand? A new definition and review of the literature[J]. Journal of Business Research, 99：405-413.

Kohli C, Suri R, Thakor M. 2002. Creating effective logos：insights from theory and practice[J]. Business Horizons, 45(3)：58-64.

Koo M, Oh H, Patrick V M. 2019. From oldie to goldie：humanizing old produce enhances its appeal[J]. Journal of the Association for Consumer Research, 4(4)：337-351.

Koschate-Fischer N, Hoyer W D, Wolframm C. 2019. What if something unexpected happens to my brand? Spillover effects from positive and negative events in a co-branding partnership[J]. Psychology & Marketing, 36(8)：758-772.

Koschmann A, Bowman D. 2018. Evaluating marketplace synergies of ingredient brand alliances[J]. International Journal of Research in Marketing, 35(4)：575-590.

Krattenmaker T G, Salop S C. 1986. Anticompetitive exclusion：raising rivals' costs to achieve power over price[J]. The Yale Law Journal, 96(2): 209-293.

Kraus M W, Côté S, Keltner D. 2010. Social class, contextualism, and empathic accuracy[J]. Psychological Science, 21(11): 1716-1723.

Kraus M W, Stephens N M. 2012. A road map for an emerging psychology of social class[J]. Social and Personality Psychology Compass, 6(9): 642-656.

Kraus M W, Tan J J X. 2015. Americans overestimate social class mobility[J]. Journal of Experimental Social Psychology, 58: 101-111.

Kraut R E, Johnston R E. 1979. Social and emotional messages of smiling: an ethological approach[J]. Journal of Personality and Social Psychology, 37(9): 1539-1553.

Kronrod A, Danziger S. 2013. "Wii will rock you!" the use and effect of figurative language in consumer reviews of hedonic and utilitarian consumption[J]. Journal of Consumer Research, 40(4): 726-739.

Kronrod A, Grinstein A, Wathieu L. 2012. Enjoy! hedonic consumption and compliance with assertive messages[J]. Journal of Consumer Research, 39(1): 51-61.

Kruglanski A W, Webster D M. 1991. Group members' reactions to opinion deviates and conformists at varying degrees of proximity to decision deadline and of environmental noise[J]. Journal of Personality and Social Psychology, 61(2): 212-225.

Kulow K, Kramer T, Bentley K. 2021. Lady luck: anthropomorphized luck creates perceptions of risk-sharing and drives pursuit of risky alternatives[J].Journal of the Association for Consumer Research, 6(3): 383-393.

Kumar A, Gilovich T. 2015. Some "thing" to talk about? Differential story utility from experiential and material purchases[J]. Personality and Social Psychology Bulletin, 41(10): 1320-1331.

Kumar A, Killingsworth M A, Gilovich T. 2014. Waiting for Merlot: anticipatory consumption of experiential and material purchases[J]. Psychological Science, 25(10): 1924-1931.

Kumar P. 2005. The impact of cobranding on customer evaluation of brand counterextensions[J]. Journal of Marketing, 69(3): 1-18.

Kwak H, Puzakova M, Rocereto J F. 2015. Better not smile at the price: the differential role of brand anthropomorphization on perceived price fairness[J]. Journal of Marketing, 79(4): 56-76.

Kwak H, Puzakova M, Rocereto J F. 2017. When brand anthropomorphism alters perceptions of justice: the moderating role of self-construal[J]. International Journal of Research in Marketing, 34(4): 851-871.

Kwak H, Puzakova M, Rocereto J F, et al. 2020. When the unknown destination comes alive: the detrimental effects of destination anthropomorphism in tourism[J]. Journal of Advertising, 49(5): 508-524.

Kwon Y, Yi Y. 2019. The effect of perceived economic mobility on customer aggression toward service employees: a darker aspect of customer behavior[J]. Psychology & Marketing, 36(11):

1120-1132.

Lachman M E, Weaver S L. 1998. The sense of control as a moderator of social class differences in health and well-being[J]. Journal of Personality and Social Psychology, 74(3)：763-773.

Lacroix C, Jolibert A. 2017. Mediational role of perceived personal legacy value between consumer agentic generativity and attitudes/buying intentions toward luxury brands[J]. Journal of Business Research, 77：203-211.

Lafferty B A, Goldsmith R E, Hult G T M. 2004. The impact of the alliance on the partners：a look at cause-brand alliances[J]. Psychology and Marketing, 21(7)：509-531.

Lakoff G. 1999. Philosophy in the Flesh：the Embodied Mind and Its Challenge to Western Thought[M]. New York：Basic Books.

Lalwani A K, Shavitt S. 2013. You get what you pay for? Self-construal influences price-quality judgments[J]. Journal of Consumer Research, 40 (2)：255-67.

Landau B, Hoffman J E. 2005. Parallels between spatial cognition and spatial language：evidence from Williams syndrome[J]. Journal of Memory and Language, 53(2)：163-185.

Landau M J, Kay A C, Whitson J A. 2015. Compensatory control and the appeal of a structured world[J]. Psychological Bulletin, 141 (3)：694-722.

Landau M J, Meier B P, Keefer L A. 2010. A metaphor-enriched social cognition[J]. Psychological Bulletin, 136(6)：1045-1067.

Landwehr J R, McGill A L, Herrmann A. 2011. It's got the look：the effect of friendly and aggressive "facial" expressions on product liking and sales[J]. Journal of Marketing, 75(3)：132-146.

Langan R, Kumar A. 2019. Time versus money：the role of perceived effort in consumers' evaluation of corporate giving[J]. Journal of Business Research, 99：295-305.

Larraufie A F M, Kourdoughli A. 2014. The e-semiotics of luxury[J]. Journal of Global Fashion Marketing, 5(3)：197-208.

Laurin K, Fitzsimons G M, Kay A C. 2011. Social disadvantage and the self-regulatory function of justice beliefs[J]. Journal of Personality and Social Psychology, 100(1)：149-171.

Leary M R, Baumeister R F. 2000. The nature and function of self-esteem：sociometer theory[M]//ZannaM P. Advances in experimental social psychology. Volume 32. New York：Academic Press：1-62.

Lee F, Tiedens L Z. 2001. Who's being served? "Self-serving" attributions in social hierarchies[J]. Organizational Behavior and Human Decision Processes, 84(2)：254-287.

Lee J C, Kim S, Wang P X. 2022. Anthropomorphizing makes material goods as happiness-inducing as experiences[J]. Marketing Letters, 33(1)：61-73.

Lee J K. 2021. Emotional expressions and brand status[J]. Journal of Marketing Research, 58(6)：1178-1196.

Lee N Y, Noble S M, Biswas D. 2018. Hey big spender! A golden (color) atmospheric effect on tipping behavior[J]. Journal of the Academy of Marketing Science, 46(2)：317-337.

Lee S A, Oh H. 2021. Anthropomorphism and its implications for advertising hotel brands[J]. Journal of Business Research, 129：455-464.

Lerner M J. 1980. The Belief in a Just World：a Fundamental Delusion[M]. New York：Plenum Press.

Lerner M J, Miller D T. 1978. Just world research and the attribution process：looking back and ahead[J]. Psychological Bulletin, 185(5)：1030-1051.

Letheren K, Kuhn K A L, Lings I, et al. 2016. Individual difference factors related to anthropomorphic tendency[J]. European Journal of Marketing, 50(5/6)：973-1002.

Leuthesser L, Kohli C, Suri R. 2003. 2+2=5? A framework for using co-branding to leverage a brand[J]. Journal of Brand Management, 11(1)：35-47.

Levin A M, Davis J C, Levin I P. 1996. Theoretical and empirical linkages between consumers' responses to different branding strategies[J]. Advances in Consumer Research，23(1)：296-300.

Levin I P, Levin A M. 2000. Modeling the role of brand alliances in the assimilation of product evaluations[J]. Journal of Consumer Psychology, 9(1)：43-52.

Levy S J. 1959. Symbols for sale[J]. Harvard Business Review, 37：117-124.

Levy S R, Freitas A L, Salovey P. 2002. Construing action abstractly and blurring social distinctions：implications for perceiving homogeneity among, but also empathizing with and helping, others[J]. Journal of Personality and Social Psychology, 83(5)：1224-1238.

Li G X, Li G F, Kambele Z. 2012. Luxury fashion brand consumers in China：perceived value, fashion lifestyle, and willingness to pay[J]. Journal of Business Research, 65(10)：1516-1522.

Liberman N, Trope Y. 2008. The psychology of transcending the here and now[J]. Science, 322(5905)：1201-1205.

Liberman N, Trope Y, McCrea S M, et al. 2007. The effect of level of construal on the temporal distance of activity enactment[J]. Journal of Experimental Social Psychology, 43(1)：143-149.

Linville P W, Fischer G W, Yoon C. 1996. Perceived covariation among the features of ingroup and outgroup members：the outgroup covariation effect[J]. Journal of Personality and Social Psychology, 70(3)：421-436.

Lipkus I. 1991. The construction and preliminary validation of a global belief in a just world scale and the exploratory analysis of the multidimensional belief in a just world scale[J]. Personality and Individual Differences, 12(11)：1171-1178.

Liviatan I, Trope Y, Liberman N.2008. Interpersonal similarity as a social distance dimension：implications for perception of others' actions[J]. Journal of Experimental Social Psychology, 44(5)：1256-1269.

Locke E A, Latham G P.2002. Building a practically useful theory of goal setting and task motivation . A 35-year odyssey [J]. The American Psychologist, 57(9)：705-717.

Loken B, Barsalou L W, Joiner C. 2008. Categorization theory and research in consumer psychology：

category representation and category-based influence[M]//Haugtvedt C P,Herr P M, Kardes F R. Handbook of Consumer Psychology. New York：Routledge：133-163.

Loken B, John D R. 1993. Diluting brand beliefs：when do brand extensions have a negative impact?[J].Journal of Marketing, 57(3)：71-84.

Londoño J C, de Maya S R. 2022. The influence of anthropomorphic cues in retailing：the moderating effect of the vice versus virtue products[J]. Psychology & Marketing, 39(7)：1322-1335.

Longoni C, Cian L C. 2022. Artificial intelligence in utilitarian vs. hedonic contexts：the "word-of-machine" effect[J]. Journal of Marketing, 86(1): 91-108.

Loughnan S, Haslam N, Murnane T, et al. 2010. Objectification leads to depersonalization：the denial of mind and moral concern to objectified others[J]. European Journal of Social Psychology, 40(5)：709-717.

Loughnan S, Haslam N, Sutton R M, et al. 2014. Dehumanization and social class animality in the stereotypes of "White trash," "Chavs," and "Rogans" [J]. Social Psychology, 45(1)：54-61.

Luminet O, Bouts P, Delie F, et al. 2000. Social sharing of emotion following exposure to a negatively valenced situation[J]. Cognition and Emotion, 14(5)：661-688.

Lyubomirsky S, King L A, Diener E. 2005. The benefits of frequent positive affect：does happiness lead to success?[J].Psychological Bulletin, 131(6)：803-855.

Ma Z F, Gill T, Jiang Y. 2015. Core versus peripheral innovations：the effect of innovation locus on consumer adoption of new products[J]. Journal of Marketing Research, 52(3)：309-324.

MacDonald E K, Sharp B M. 2000. Brand awareness effects on consumer decision making for a common, repeat purchase product：areplication[J]. Journal of Business Research, 48(1)：5-15.

MacInnis D J, Folkes V S. 2017. Humanizing brands：when brands seem to be like me, part of me, and in a relationship with me[J]. Journal of Consumer Psychology, 27(3)：355-374.

Maeng A, Aggarwal P. 2018. Facing dominance：anthropomorphism and the effect of product face ratio on consumer preference[J]. Journal of Consumer Research, 44(5)：1104-1122.

Magee J C, Galinsky A D. 2008. The self-reinforcing nature of social hierarchy：origins and consequences of power and status[J]. he Academy of Management Annals, 2(1):351-398.

Makkar M, Yap S F. 2018. Emotional experiences behind the pursuit of inconspicuous luxury[J]. Journal of Retailing and Consumer Services, 44：222-234.

Malkoc S A, Zauberman G. 2006. Deferring versus expediting consumption：the effect of outcome concreteness on sensitivity to time horizon[J]. Journal of Marketing Research, 43(4)：618-627.

Malkoc S A, Zauberman G, Bettman J R. 2010. Unstuck from the concrete：Carryover effects of abstract mindsets in intertemporal preferences[J]. Organizational Behavior and Human Decision Processes, 113 (2)：112-126.

Mandel N, Petrova P K, Cialdini R B. 2006. Images of success and the preference for luxury brands[J]. Journal of Consumer Psychology, 16(1)：57-69.

Manderlink G, Harackiewicz J M. 1984. Proximal versus distal goal setting and intrinsic motivation[J]. Journal of Personality and Social Psychology, 47(4)：918-928.

Mandler G. 1982. The structure of value：Accounting for taste[C]//Clark M S,Fiske S T,Erlbaums L.Affect and cognition：17th annual Carnegie Mellon symposium on cognition. Hillsdale：Lawrence Erlbaum Associates. 3-36.

Mao H F, Krishnan H S. 2006. Effects of prototype and exemplar fit on brand extension evaluations：a two-process contingency model[J]. Journal of Consumer Research, 33(1)：41-49.

Markus H. 1977. Self-schemata and processing information about the self[J]. Journal of Personality and Social Psychology, 35(2)：63-78.

Markus H. 1983. Self-knowledge：an expanded view[J]. Journal of Personality, 51(3)：543-565.

Markus H, Crane M, Bernstein S, et al. 1982. Self-schemas and gender[J]. Journal of Personality and Social Psychology, 42(1)：38-50.

Markus H, Kitayama S. 1991. Culture and the self：implications for cognition, emotion, and motivation[J]. Psychological Review, 98(2)：224-253.

Markus H, Nurius P. 1986. Possible selves[J]. American Psychologist, 41(9)：954-969.

Martinez A G, Piff P K, Mendoza-Denton R, et al. 2011. The power of a label：mental illness diagnoses, ascribed humanity, and social rejection[J]. Journal of Social and Clinical Psychology, 30(1)：1-23.

Masuda T, Nisbett R E. 2001. Attending holistically versus analytically：comparing the context sensitivity of Japanese and Americans[J]. Journal of Personality and Social Psychology, 81(5)：922-934.

Mathur P, Chun H H, Maheswaran D. 2016. Consumer mindsets and self-enhancement：signaling versus learning[J]. Journal of Consumer Psychology, 26(1)：142-152.

Mathur P, Jain S P, Maheswaran D. 2012. Consumers' implicit theories about personality influence their brand personality judgments[J]. Journal of Consumer Psychology, 22(4)：545-557.

Mauss M. 1954. The Gift: The Form and Reason for Exchange in Archaic Societies[M]. London：Routledge.

May F, Monga A. 2014. When time has a will of its own, the powerless don't have the will to wait：anthropomorphism of time can decrease patience[J]. Journal of Consumer Research, 40(5)：924-942.

McCarthy M S, Norris D G. 1999. Improving competitive position using branded ingredients[J]. Journal of Product & Brand Management, 8(4)：267-285.

Mead N L, Baumeister R F, Stillman T F,et al. 2011. Social exclusion causes people to spend and consume strategically in the service of affiliation[J]. Journal of Consumer Research, 37(5)：902-919.

Meier B P, Robinson M D. 2004. Why the sunny side is up：association between affect and vertical position[J]. Psychological Science, 15(4): 243-247.

Mervis C B, Rosch E.1981. Categorization of natural objects[J]. Annual Review of Psychology, 32: 89-115.

Meyvis T, Goldsmith K, Dhar R. 2012. The importance of the context in brand extension: how pictures and comparisons shift consumers' focus from fit to quality[J]. Journal of Marketing Research, 49(2): 206-217.

Milgram S, Bickman L, Berkowitz L. 1969. Note on the drawing power of crowds of different size[J]. Journal of Personality and Social Psychology, 13(2): 79-82.

Miller K W, Mills M K. 2012. Contributing clarity by examining brand luxury in the fashion market[J]. Journal of Business Research, 65(10): 1471-1479.

Miller R S. 1997. We always hurt the ones we love: Aversive interactions in close relationships[M]// Kowalski R. Aversive interpersonal interactions. New York, NY: Plenum Press: 11-29.

Mitchell T R, Thompson L, Peterson E, et al. 1997. Temporal adjustments in the evaluation of events: the "rosy view" [J]. Journal of Experimental Social Psychology, 33(4): 421-448.

Mittal C, Griskevicius V. 2014. Sense of control under uncertainty depends on People's childhood environment: a life history theory approach[J]. Journal of Personality and Social Psychology, 107(4): 621-637.

Mohr L A, Bitner M J. 1995. The role of employee effort in satisfaction with service transactions[J]. Journal of Business Research, 32(3): 239-252.

Mohr P, Howells K, Gerace A, et al. 2007. The role of perspective taking in anger arousal[J]. Personality and Individual Differences, 43(3): 507-517.

Monga A B, Gürhan-Canli Z. 2012. The influence of mating mind-sets on brand extension evaluation[J]. Journal of Marketing Research, 49(4): 581-593.

Monga A B, John D R. 2007. Cultural differences in brand extension evaluation: the influence of analytic versus holistic thinking[J]. Journal of Consumer Research, 33(4): 529-536.

Monga A B, John D R. 2008. When does negative brand publicity hurt? The moderating influence of analytic versus holistic thinking[J]. Journal of Consumer Psychology, 18(4): 320-332.

Monga A B, John D R. 2010. What makes brands elastic? The influence of brand concept and styles of thinking on brand extension evaluation[J]. Journal of Marketing, 74(3): 80-92.

Monga A B, Lau-Gesk L. 2007. Blending cobrand personalities: an examination of the complex self[J]. Journal of Marketing Research, 44(3): 389-400.

Morales A C. 2005. Giving firms an "E" for effort: consumer responses to high-effort firms[J]. Journal of Consumer Research, 31(4): 806-812.

Moreau C P, Markman A B, Lehmann D R .2001. "What is it?" categorization flexibility and consumers' responses to really new products[J]. Journal of Consumer Research, 27(4): 489-498.

Moreau C P, Prandelli E, Schreier M, et al. 2020. Customization in luxury brands: can valentino get personal?[J]. Journal of Marketing Research, 57(5)：937-947.

Morrin M. 1999. The impact of brand extensions on parent brand memory structures and retrieval processes[J]. Journal of Marketing Research, 36(4)：517-525.

Mortelmans D. 2005. Sign values in processes of distinction：the concept of luxury[J]. Semiotica, 157：497-520.

Mourey J A, Olson J G, Yoon C. 2017. Products as pals：engaging with anthropomorphic products mitigates the effects of social exclusion[J]. Journal of Consumer Research, 44(2)：414-431.

Mowery D C, Oxley J E, Silverman B S. 1996. Strategic alliances and interfirm knowledge transfer[J]. Strategic Management Journal, 17(S2)：77-91.

Mrkva K, Travers M, van Boven L. 2018. Simulational fluency reduces feelings of psychological distance[J]. Journal of Experimental Psychology General, 147(3)：354-376.

Muniz A M, Jr, O'Guinn T C. 2001. Brand community[J]. Journal of Consumer Research, 27(4)：412-432.

Murphy G L. 1990. Noun phrase interpretation and conceptual combination[J]. Journal of Memory and Language, 29(3)：259-288.

Murphy M C, Dweck C S. 2016. Mindsets shape consumer behavior[J]. Journal of Consumer Psychology, 26(1)：127-136.

Myers D G. 2000. The funds, friends, and faith of happy people[J]. The American Psychologist, 55(1)：56-67.

Napoli J, Dickinson S J, Beverland M B, et al. 2014. Measuring consumer-based brand authenticity[J]. Journal of Business Research, 67(6)：1090-1098.

Newmeyer C E, Venkatesh R, Chatterjee R. 2014. Cobranding arrangements and partner selection：a conceptual framework and managerial guidelines[J]. Journal of the Academy of Marketing Science, 42(2)：103-118.

Newton F J, Newton J D, Wong J. 2017. This is your stomach speaking：anthropomorphized health messages reduce portion size preferences among the powerless[J]. Journal of Business Research, 75：229-239.

Nezlek J B. 2002. Day-to-day relationships between self-awareness, daily events, and anxiety[J]. Journal of Personality, 70(2)：249-275.

Nezlek J B, Feist G J, Wilson F C, et al. 2001. Day-to-day variability in empathy as a function of daily events and mood[J]. Journal of Research in Personality, 35(4)：401-423.

Nguyen C, Romaniuk J, Faulkner M, et al. 2018. Are two brands better than one? Investigating the effects of co-branding in advertising on audience memory[J]. Marketing Letters, 29(1)：37-48.

Nicolao L, Irwin J R, Goodman J K. 2009. Happiness for sale：do experiential purchases make consumers happier than material purchases?[J].Journal of Consumer Research, 36(2)：188-198.

Nisbett R E, Peng K, Choi I, et al. 2001. Culture and systems of thought：holistic versus analytic cognition[J]. Psychological Review, 108(2)：291-310.

Nolan J M, Schultz P W, Cialdini R B, et al. 2008. Normative social influence is underdetected[J]. Personality and Social Psychology Bulletin, 34(7)：913-923.

O'Cass A, Frost H. 2002. Status brands：examining the effects of non-product-related brand associations on status and conspicuous consumption[J]. Journal of Product & Brand Management, 11(2)：67-88.

O'Cass A, McEwen H. 2004. Exploring consumer status and conspicuous consumption[J]. Journal of Consumer Behaviour：an International Research Review, 4(1)：25-39.

Olson J G, McFerran B, Morales A C, et al. 2016. Wealth and welfare：divergent moral reactions to ethical consumer choices[J]. Journal of Consumer Research, 42(6)：879-896.

Ordabayeva N, Chandon P. 2011. Getting ahead of the joneses：when equality increases conspicuous consumption among bottom-tier consumers[J]. Journal of Consumer Research, 38(1)：27-41.

Oyserman D. 2007. Social identity and self-regulation[M]//Kruglanski A, Higgins T. Social psychology：Handbook of Basic Principles. New York：Guilford Press：432-453.

Oyserman D, Destin M. 2010. Identity-based motivation：implications for intervention[J]. The Counseling Psychologist, 38(7)：1001-1043.

Park C W, Jaworski B J, MacInnis D J. 1986. Strategic brand concept-image management[J]. Journal of Marketing, 50(4)：135-145.

Park C W, Jun S Y, Shocker A D. 1996. Composite branding alliances：an investigation of extension and feedback effects[J]. Journal of Marketing Research, 33(4)：453-466.

Park C W, MacInnis D J, Priester J, et al. 2010. Brand attachment and brand attitude strength: conceptual and empirical differentiation of two critical brand equity drivers[J]. Journal of Marketing, 74(6): 1-17.

Park C W, Milberg S, Lawson R. 1991. Evaluation of brand extensions：the role of product feature similarity and brand concept consistency[J]. Journal of Consumer Research, 18(2)：185-193.

Park J K, John D R. 2010. Got to get you into my life：do brand personalities rub off on consumers?[J]. Journal of Consumer Research, 37(4)：655-669.

Park J K, John D R. 2012. Capitalizing on brand personalities in advertising：the influence of implicit self-theories on ad appeal effectiveness[J]. Journal of Consumer Psychology, 22(3)：424-432.

Park M, Im H, Kim H Y. 2020. "You are too friendly!" The negative effects of social media marketing on value perceptions of luxury fashion brands[J]. Journal of Business Research, 117：529-542.

Parker J R, Lehmann D R, Keller K L, et al. 2018. Building a multi-category brand：when should distant brand extensions be introduced?[J].Journal of the Academy of Marketing Science, 46(2)：300-316.

Paul J. 2015. Masstige marketing redefined and mapped：introducing a pyramid model and MMS measure[J]. Marketing Intelligence & Planning, 33(5): 691-706.

Paul J. 2019. Masstige model and measure for brand management[J]. European Management Journal, 37(3): 299-312.

Pchelin P, Howell R T. 2014. The hidden cost of value-seeking: people do not accurately forecast the economic benefits of experiential purchases[J]. The Journal of Positive Psychology, 9 (4): 322-334.

Peetz J, Wilson A E. 2008. The temporally extended self: the relation of past and future selves to current identity, motivation, and goal pursuit[J]. Social and Personality Psychology Compass, 2(6): 2090-2106.

Percy L, Rossiter J R. 1992. A model of brand awareness and brand attitude advertising strategies[J]. Psychology and Marketing, 9(4): 263-274.

Perry V G, Morris M D. 2005. Who is in control? the role of self-perception, knowledge, and income in explaining consumer financial behavior[J]. Journal of Consumer Affairs, 39(2): 299-313.

Petty R E, Cacioppo J T, Schumann D. 1983. Central and peripheral routes to advertising effectiveness: the moderating role of involvement[J]. Journal of Consumer Research, 10(2): 135-146.

Pham M T. 2015. On consumption happiness: a research dialogue[J]. Journal of Consumer Psychology, 25(1): 150-151.

Philippe F L, Vallerand R J, Houlfort N, et al. 2010. Passion for an activity and quality of interpersonal relationships: the mediating role of emotions[J]. Journal of Personality and Social Psychology, 98(6): 917-932.

Pinel E C, Long A E, Landau M J, et al.2006. Seeing I to I: a pathway to interpersonal connectedness[J]. Journal of Personality and Social Psychology, 90(2): 243-257.

Pinello C, Picone P M, li Destri A M. 2022. Co-branding research: where we are and where we could go from here[J]. European Journal of Marketing, 56(2), 584-621.

Pozharliev R. Verbeke W J, van Strien J W, et al. 2015. Merely being with you increases my attention to luxury products: using EEG to understand consumers' emotional experience with luxury branded products[J]. Journal of Marketing Research, 52 (4): 546-558.

Pracejus J W, Olsen G D, O'Guinn T C. 2006. How nothing became something: white space, rhetoric, history, and meaning[J]. Journal of Consumer Research, 33(1): 82-90.

Prentice C, Loureiro S M C. 2018. Consumer-based approach to customer engagement–The case of luxury brands[J]. Journal of Retailing and Consumer Services, 43: 325-332.

Provan K G, Gassenheimer J B. 1994. Supplier commitment in relational contract exchanges with buyers: a study of interorganizational dependence and exercised power[J]. Journal of Management Studies, 31(1): 55-68.

Puzakova M, Aggarwal P. 2018. Brands as rivals: consumer pursuit of distinctiveness and the role of brand anthropomorphism[J]. Journal of Consumer Research, 45(4)：869-888.

Puzakova M, Kwak H. 2017. Should anthropomorphized brands engage customers? The impact of social crowding on brand preferences[J]. Journal of Marketing, 81(6)：99-115.

Puzakova M, Kwak H. 2021. Two's company, three's a crowd：the interplay between collective versus solo anthropomorphic brand appeals and gender[J]. Journal of Advertising, 52(1)：94-114.

Puzakova M, Kwak H, Rocereto J F. 2013. When humanizing brands goes wrong：the detrimental effect of brand anthropomorphization amid product wrongdoings[J]. Journal of Marketing, 77(3)：81-100.

Puzakova M, Rocereto J F, Kwak H. 2013. Ads are watching me：A view from the interplay between anthropomorphism and customisation[J]. International Journal of Advertising, 32(4)：513-538.

Rai T S, Diermeier D. 2015. Corporations are Cyborgs：organizations elicit anger but not sympathy when they can think but cannot feel[J]. Organizational Behavior and Human Decision Processes, 126：18-26.

Ramanathan J, Velayudhan S K. 2015. Consumer evaluation of brand extensions：comparing goods to goods brand extensions with goods to services[J]. Journal of Brand Management, 22(9)：778-801.

Ramírez S A O, Veloutsou C, Morgan-Thomas A. 2019. I hate what you love：brand polarization and negativity towards brands as an opportunity for brand management[J]. Journal of Product &Brand Management, 28(5)：614-632.

Rao A R, Qu L, Ruekert R W. 1999. Signaling unobservable product quality through a brand ally[J]. Journal of Marketing Research, 36(2)：258-268.

Rao A R, Ruekert R W. 1994. Brand alliances as signals of product quality[J]. Sloan Management Review, 36(1)：87-98.

Rauschnabel P A, Ahuvia A C. 2014. You're so lovable：anthropomorphism and brand love[J]. Journal of Brand Management, 21(5)：372-395.

Reavey B, Puzakova M, Andras T L, et al. 2018. The multidimensionality of anthropomorphism in advertising：the moderating roles of cognitive busyness and assertive language[J]. International Journal of Advertising, 37(3)：440-462.

Reis H, Clark M S, Holmes J G. 2004. Perceived partner responsiveness as an organizing construct in the study of intimacy and closeness[M]//Debra J. Mashek A A. Handbook of Closeness and Intimacy. New York：Psychology Press：201-225.

Reis H T, Gable S L. 2003. Toward a positive psychology of relationships[M]// Keyes C L M, Haidt J.Flourishing：Positive Psychology and the Good Life Well-lived. Washington：American Psychological Association：129-159.

Reis H T. Sheldon K M, Gable S L, et al. 2000. Daily well-being：the role of autonomy, competence, and relatedness[J]. Personality and Social Psychology Bulletin, 26(4)：419-435.

Reis H T, Smith S M, Carmichael C L,et al. 2010. Are you happy for me? How sharing positive events with others provides personal and interpersonal benefits[J]. Journal of Personality and Social Psychology, 99(2)：311-329.

Riaz K, Ahmed R. 2016. Gauging audiences' message recall through brand element placement in televised commercials[J].Journal of Business Studies, 12(2)：126-136.

Richins M. 1994. Possessions and the extended self[J]. Journal of Consumer Research, 15(2)：139-168.

Rindfleisch A, Burroughs J E. 2004. Terrifying thoughts, terrible materialism? Contemplations on a terror management account of materialism and consumer behavior[J]. Journal of Consumer Psychology, 14(3)：219-224.

Riva P, Sacchi S, Brambilla M. 2015. Humanizing machines：anthropomorphization of slot machines increases gambling[J]. Journal of Experimental Psychology Applied, 21(4)：313-325.

Roese N J, Sherman J W. 2008. Expectancy[M]//Kruglanski A W, Higgins E T. Social Psychology：Handbook of Basic Principles.New York：Guilford Press. 91-115.

Romaniuk J. 2013. Sharing the Spotlight：is there room for two brands in one advertisement?[J]. Journal of Advertising Research, 53(3)：247-250.

Romaniuk J, Dawe, J, Nenycz-Thiel M. 2014. Generalizations regarding the growth and decline of manufacturer and store brands[J]. Journal of Retailing and Consumer Services, 21(5)：725-734.

Rose G M, Merchant A, Orth U R, et al. 2016. Emphasizing brand heritage：does it work? and how?[J]. Journal of Business Research, 69(2)：936-943.

Rosenzweig E, Gilovich T. 2012. Buyer's remorse or missed opportunity? Differential regrets for material and experiential purchases[J]. Journal of Personality and Social Psychology, 102(2)：215-223.

Rossiter J R, Percy L. 2017. Methodological guidelines for advertising research[J]. Journal of Advertising, 46(1)：71-82.

Rothspan S, Read S J. 1996. Present versus future time perspective and HIV risk among heterosexual college students[J]. Health Psychology, 15(2)：131-134.

Roux E, Tafani E, Vigneron F. 2017. Values associated with luxury brand consumption and the role of gender[J]. Journal of Business Research, 71：102-113.

Rubin Z, Peplau L A. 1975. Who believes in a just world?[J]. Journal of Social Issues, 31(3)：65-89.

Rucker D D, Galinsky A D. 2008. Desire to acquire：powerlessness and compensatory consumption[J]. Journal of Consumer Research,35(2)：257-267.

Rucker D D, Hu M, Galinsky A D. 2014. The experience versus the expectations of power：a recipe for altering the effects of power on behavior[J]. Journal of Consumer Research,41(2)：381-396.

Rummelhagen K, Benkenstein M. 2019. When service employees should not go the extra mile：the interaction between perceived employee effort and customer misbehaviour severity[J]. Journal of

Service Management Research, 3(1)：37-50.

Ryan R M, Deci E L. 2000. Self-determination theory and the facilitation of intrinsic motivation, social development, and well-being[J]. The American Psychologist, 55(1)：68-78.

Saddlemyer J, Bruyneel S. 2016. Brand logo salience as a signal of brand status[J]. ACR North American Advances, 44：607-608.

Sagioglou C, Forstmann M, Greitemeyer T. 2019. Belief in social mobility mitigates hostility resulting from disadvantaged social standing[J]. Personality and Social Psychology Bulletin, 45(4)：541-556.

Salehzadeh R, Pool J K. 2017. Brand attitude and perceived value and purchase intention toward global luxury brands[J]. Journal of International Consumer Marketing, 29(2)：74-82.

Sample K L, Hagtvedt H, Brasel S A. 2020. Components of visual perception in marketing contexts：a conceptual framework and review[J]. Journal of the Academy of Marketing Science, 48(3)：405-421.

Samu S, Krishnan H S, Smith R E. 1999. Using advertising alliances for new product introduction：interactions between product complementarity and promotional strategies[J]. Journal of Marketing, 63(1)：57-74.

Saqib N U, Frohlich N, Bruning E R. 2010. The influence of involvement on the endowment effect：the moveable value function[J]. Journal of Consumer Psychology, 20(3)：355-368.

Saran R, Roy S, Sethuraman R. 2016. Personality and fashion consumption：a conceptual framework in the Indian context[J]. Journal of Fashion Marketing and Management,20(2)：157-176.

Sawhill I, Morton J E. 2007. Economic mobility：is the American dream alive and well?[R] Washington：Economic mobility project, an initiative of the Pew Charitable Trusts.

Schau H J, Gilly M C. 2003. We are what we post? Self-presentation in personal web space[J]. Journal of Consumer Research,30(3)：385-404.

Schmitt B, Joško Brakus J, Zarantonello L. 2015. From experiential psychology to consumer experience[J]. Journal of Consumer Psychology, 25(1)：166-171.

Schroll R. 2023. "Ouch!" When and why food anthropomorphism negatively affects consumption[J]. Journal of Consumer Psychology, 33(3)：561-574.

Schubert T W. 2005. Your highness：vertical positions as perceptual symbols of power[J]. Journal of Personality and Social Psychology, 89(1)：1-21.

Scitovsky T. 1976. The Joyless Economy：an Inquiry Into Human Satisfaction and Consumer Dissatisfaction[M]. New York：Oxford University Press.

Sevilla J, Townsend C.2016. The space-to-product ratio effect：how interstitial space influences product aesthetic appeal, store perceptions, and product preference[J]. Journal of Marketing Research,53(5)：665-681.

Sharma M, Rahman Z. 2022. Anthropomorphic brand management：an integrated review and research agenda[J]. Journal of Business Research, 149：463-475.

Sheehan K. 2020. Who, Moi? Exploring the fit between celebrity spokescharacters and luxury brands[J]. Journal of Current Issues & Research in Advertising, 41(2)：144-159.

Sheldon K M, Lyubomirsky S. 2006. Achieving sustainable gains in happiness：change your actions, not your circumstances[J]. Journal of Happiness Studies, 7(1)：55-86.

Sherman R E. 2003. Class Acts：producing and consuming luxury service in hotels[D]. Berkeley：University of California, Berkeley.

Shimul A S, Phau I. 2018. Consumer advocacy for luxury brands[J]. Australasian Marketing Journal, 26(3)：264-271.

Shu S B, Gneezy A. 2010. Procrastination of enjoyable experiences[J]. Journal of Marketing Research, 47(5)：933-944.

Shukla P, Banerjee M, Singh J. 2016. Customer commitment to luxury brands：Antecedents and consequences[J]. Journal of Business Research, 69(1)：323-331.

Shukla P, Purani K. 2012. Comparing the importance of luxury value perceptions in cross-national contexts[J]. Journal of Business Research, 65(10)：1417-1424.

Simon J L. 1991. A theory of effort as an economic variable[J]. The Journal of Socio-Economics, 20(2)：105-123.

Simonin B L, Ruth J A. 1998. Is a company known by the company it keeps? Assessing the spillover effects of brand alliances on consumer brand attitudes[J]. Journal of Marketing Research, 35(1)：30-42.

Sinha J, Lu F C. 2019. Ignored or rejected：retail exclusion effects on construal levels and consumer responses to compensation[J]. Journal of Consumer Research, 46(4)：791-807.

Sirgy M J. 1982. Self-concept in consumer behavior：a critical review[J]. Journal of Consumer Research. 9(3)：287-300.

Sivanathan N, Pettit N C. 2010. Protecting the self through consumption：status goods as affirmational commodities[J]. Journal of Experimental Social Psychology, 46(3)：564-570.

Smith D C, Park C W T. 1992. The effects of brand extensions on market share and advertising efficiency[J]. Journal of Marketing Research, 29(3)：296-313.

Smith E E, Osherson D N, Rips L J, et al. 1988. Combining prototypes：a selective modification model[J]. Cognitive Science, 12(4)：485-527.

Snyder C R, Fromkin H L. 1977. Abnormality as a positive characteristic：the development and validation of a scale measuring need for uniqueness[J]. Journal of Abnormal Psychology, 86(5)：518-527.

Soanes C, Stevenson A. 2005. Oxford Dictionary of English[M]. 2nd ed. New York：Oxford University Press.

Soh C Q Y, Rezaei S, Gu M L. 2017. A structural model of the antecedents and consequences of

Generation Y luxury fashion goods purchase decisions[J]. Young Consumers, 18（2）: 180-204.
Solomon M R. 1983. The role of products as social stimuli: a symbolic interactionism perspective[J]. Journal of Consumer Research, 10(3): 319-329.
Sorescu A. 2012. Innovation and the market value of firms[M]//Ganesan S. Handbook of Marketing and Finance. South Bend: University of Notre Dame US: 129-154.
Sorescu A, Spanjol J. 2008. Innovation's effect on firm value and risk: Insights from consumer packaged goods[J]. Journal of Marketing, 72(2): 114-132.
Spiller S A, Belogolova L. 2017. On consumer beliefs about quality and taste[J]. Journal of Consumer Research,43(6): 970-991.
Spiller S A, Fitzsimons G J, Lynch J G, Jr, et al. 2013. Spotlights, floodlights, and the magic number zero: simple effects tests in moderated regression[J]. Journal of Marketing Research, 50(2): 277-288.
Sprott D, Czellar S, Spangenberg E R. 2009. The importance of a general measure of brand engagement on market behavior: development and validation of a scale[J].Journal of Marketing Research, 46(1): 92-104.
Staats H J, Wit A P, Midden C Y H. 1996. Communicating the greenhouse effect to the public: evaluation of a mass media campaign from a social dilemma perspective[J]. Journal of Environmental Management, 46(2): 189-203.
Stathopoulou A, Balabanis G. 2019. The effect of cultural value orientation on consumers' perceptions of luxury value and proclivity for luxury consumption[J]. Journal of Business Research, 102: 298-312.
Steenkamp J B E M, Batra R, Alden D L. 2003. How perceived brand globalness creates brand value[J]. Journal of International Business Studies, 34(1): 53-65.
Stephan E, Liberman N, Trope Y. 2010. Politeness and psychological distance: a construal level perspective[J]. Journal of Personality and Social Psychology, 98(2): 268-280.
Storms G, de Boeck P, van Mechelen I, et al. 1996. The dominance effect in concept conjunctions: generality and interaction aspects[J]. Journal of Experimental Psychology: Learning, Memory, and Cognition, 22(5): 1266-1280.
Strathman A, Gleicher F, Boninger D S, et al. 1994. The consideration of future consequences: weighing immediate and distant outcomes of behavior[J]. Journal of Personality and Social Psychology, 66(4): 742-752.
Su L, Monga A B, Jiang Y W. 2021. How life-role transitions shape consumer responses to brand extensions[J]. Journal of Marketing Research, 58(3): 579-594.
Sundar A, Noseworthy T J. 2014. Place the logo high or low? using conceptual metaphors of power in packaging design[J]. Journal of Marketing, 78(5): 138-151.
Sussman A B, Paley A, Alter A L. 2021. How and why our eating decisions neglect infrequently

consumed foods[J]. Journal of Consumer Research, 48(2)：251-269.

Szendrey J, Fiala L. 2018. "I think I can get ahead!" perceived economic mobility, income, and financial behaviors of young adults[J]. Journal of Financial Counseling and Planning, 29(2)：290-303.

Tabri N, Dupuis D R, Kim H S, et al. 2015. Economic mobility moderates the effect of relative deprivation on financial gambling motives and disordered gambling[J]. International Gambling Studies,15(2)：309-323.

Tam K P, Lee S L, Chao M M. 2013. Saving Mr. Nature：anthropomorphism enhances connectedness to and protectiveness toward nature[J]. Journal of Experimental Social Psychology, 49(3)：514-521.

Tauber E M. 1981. Brand franchise extension：new product benefits from existing brand names[J]. Business Horizons, 24(2)：36-41.

Tauber E M. 1988. Brand leverage: strategy for growth in a cost-control world[J]. Journal of Advertising Research, 28(4)：26-30.

Thomas M, Tsai C I. 2012. Psychological distance and subjective experience：how distancing reduces the feeling of difficulty[J]. Journal of Consumer Research, 39(2)：324-340.

Tian K T, Bearden W O, Hunter G L. 2001. Consumers' need for uniqueness：scale development and validation[J]. Journal of Consumer Research, 28(1)：50-66.

Tileagă C. 2007. Ideologies of moral exclusion：a critical discursive reframing of depersonalization, delegitimization and dehumanization[J]. The British Journal of Social Psychology, 46(4)：717-737.

Tirole J. 1988. The Theory of Industrial Organization[M]. Cambridge：The MIT Press.

Toi M, Batson C D. 1982. More evidence that empathy is a source of altruistic motivation[J]. Journal of Personality and Social Psychology, 43(2)：281-292.

Touré-Tillery M, McGill A L. 2015. Who or what to believe：trust and the differential persuasiveness of human and anthropomorphized messengers[J]. Journal of Marketing, 79(4)：94-110.

Trope Y, Liberman N. 2010. Construal-level theory of psychological distance[J]. Psychological Review, 117(2)：440-463.

Truong Y, McColl R, Kitchen P J. 2009. New luxury brand positioning and the emergence of masstige brands[J]. Journal of Brand Management, 16(5)：375-382.

Tsimonis G, Dimitriadis S. 2014. Brand strategies in social media[J]. Marketing Intelligence & Planning, 32(3)：328-344.

Tully S M, Hershfield H E, Meyvis T. 2015. Seeking lasting enjoyment with limited money：financial constraints increase preference for material goods over experiences[J]. Journal of Consumer Research, 42(1)：59-75.

Turner V, Turner E. 1978. Image and Pilgrimage in Christian Culture[M]. New York：Columbia

University Press.

Tyler T. 2011. Procedural justice shapes evaluations of income inequality：commentary on Norton and Ariely (2011)[J]. Perspectives on Psychological Science, 6(1)：15-16.

Uggla H. 2017. Post-structural luxury brand strategy：implicit luxury brands[J]. IUP Journal of Brand Management, 14(3)：22-29.

Vaes J, Muratore M. 2013. Defensive dehumanization in the medical practice：a cross-sectional study from a health care worker's perspective[J]. The British Journal of Social Psychology, 52(1)：180-190.

Vaidyanathan R, Aggarwal P. 2000. Strategic brand alliances：implications of ingredient branding for national and private label brands[J]. Journal of Product & Brand Management, 9(4)：214-228.

van Boven L. 2005. Experientialism, materialism, and the pursuit of happiness[J]. Review of General Psychology, 9(2)：132-142.

van Boven L, Campbell M C, Gilovich T. 2010. Stigmatizing materialism：on stereotypes and impressions of materialistic and experiential pursuits[J]. Personality and Social Psychology Bulletin, 36(4)：551-563.

van Boven L, Gilovich T. 2003. "To do or to have? That is the question[J]. Journal of Personality and Social Psychology, 85 (6)：1193-1202.

van Boven L, Kane J, McGraw A P, et al. 2010. Feeling close：emotional intensity reduces perceived psychological distance[J]. Journal of Personality and Social Psychology, 98(6)：872-885.

van den Hende E A, Mugge R. 2014. Investigating gender-schema congruity effects on consumers' evaluation of anthropomorphized products[J]. Psychology & Marketing, 31(4)：264-277.

van der Veen M.2003. When is food a luxury?[J]. World Archaeology, 34(3)：405-427.

van Osselaer S M J, Janiszewski C. 2001. Two ways of learning brand associations[J]. Journal of Consumer Research, 28(2)：202-223.

Varadarajan P R. 1986. Horizontal cooperative sales promotion：aframework for classification and additional perspectives[J]. Journal of Marketing, 50(2)：61-73.

Veblen T. 1899. The Theory of the Leisure Class[M]. New York：Macmillan.

Velasco F, Yang Z Y, Janakiraman N. 2021. A meta-analytic investigation of consumer response to anthropomorphic appeals：the roles of product type and uncertainty avoidance[J]. Journal of Business Research, 131：735-746.

Veloutsou C, Guzman F. 2017. The evolution of brand management thinking over the last 25 years as recorded in the Journal of Product and Brand Management[J]. Journal of Product &Brand Management, 26(1)：2-12.

Veloutsou C, Moutinho L. 2009. Brand relationships through brand reputation and brand tribalism[J]. Journal of Business Research, 62(3)：314-322.

Venkatesh R, Mahajan V. 1997. Products with branded components：an approach for premium pricing and partner selection[J]. Marketing Science, 16(2): 146-165.

Vershofen W. 1959. Die marktentnahme als Kernstück der wirtschaftsforschung [M]//Vershofen W, Proesler H. Handbuchs der Verbrauchsforschung. Berlin: Heymann:133-143.

Vigneron F, Johnson L W. 1999. A review and a conceptual framework of prestige-seeking consumer behavior[J]. Academy of Marketing Science Review, 2(1): 1-15.

Vigneron F, Johnson L W. 2004. Measuring perceptions of brand luxury[J]. Journal of Brand Management, 11(6): 484-506.

Vohs K D, Mead N L, Goode M R. 2006. The psychological consequences of money[J]. Science, 314(5802): 1154-1156.

Voss K E, Gammoh B S. 2004. Building brands through brand alliances: does a second ally help?[J].Marketing Letters, 15(2/3): 147-159.

Votolato N L, Unnava H R. 2006. Spillover ofnegative information on brand alliances[J]. Journal of Consumer Psychology, 16 (2): 196-202.

Völckner F, Sattler H. 2006. Drivers of brand extension success[J]. Journal of Marketing, 70 (2): 18-34.

Vukasovič T. 2012. Searching for competitive advantage with the brand extension process[J]. Journal of Product & Brand Management, 21(7): 492-498.

Wakslak C J, Jost J T, Tyler T R, et al. 2007. Moral outrage mediates the dampening effect of system justification on support for redistributive social policies[J]. Psychological Science, 18(3): 267-274.

Walchli S B. 2007. The effects of between-partner congruity on consumer evaluation of co-branded products[J]. Psychology and Marketing, 24(11): 947-973.

Waldmann M R, Holyoak K J, Fratianne A. 1995. Causal models and the acquisition of category structure[J]. Journal of Experimental Psychology: General, 124(2): 181-206.

Walker J, Kumar A, Gilovich T. 2016. Cultivating gratitude and giving through experiential consumption[J]. Emotion, 16(8): 1126-1136.

Wan E W, Chen R P, Jin L Y. 2017. Judging a book by its cover? the effect of anthropomorphism on product attribute processing and consumer preference[J]. Journal of Consumer Research, 43(6): 1008-1030.

Wan J. 2018. Paying the doughboy: the effect of time and money mind-sets on preference for anthropomorphized products[J]. Journal of the Association for Consumer Research, 3(4): 466-476.

Wan J, Kulow K, Cowan K. 2022. It's alive! Increasing protective action against the coronavirus through anthropomorphism and construal[J]. Journal of the Association for Consumer Research, 7(1): 81-88.

Wang F Y, Basso F. 2019. "Animals are friends, not food": anthropomorphism leads to less favorable attitudes toward meat consumption by inducing feelings of anticipatory guilt[J]. Appetite, 138: 153-173.

Wang L L, Kim S, Zhou X Y. 2023. Money in a "safe" place: money anthropomorphism increases saving behavior[J]. International Journal of Research in Marketing, 40(1): 88-108.

Wang L L, Touré-Tillery M, McGill A L. 2023. The effect of disease anthropomorphism on compliance with health recommendations[J]. Journal of the Academy of Marketing Science, 51(2): 266-285.

Wang P X, Wang Y J, Jiang Y W. 2023. Gift or donation? Increase the effectiveness of charitable solicitation through framing charitable giving as a gift[J]. Journal of Marketing, 87(1): 133-147.

Wang W. 2017. Smartphones as social actors? Social dispositional factors in assessing anthropomorphism[J]. Computers in Human Behavior, 68: 334-344.

Wang Y J, Griskevicius V. 2014. Conspicuous consumption, relationships, and rivals: women's luxury products as signals to other women[J]. Journal of Consumer Research, 40(5): 834-854.

Wang Y J, John D R, Griskevicious V. 2021. Does the devil wear Prada? Luxury product experiences can affect prosocial behavior[J]. International Journal of Research in Marketing, 38(1): 104-119.

Ward T B, Smith SM, Vaid J.1997. Creative Thought: An Investigation of Conceptual Structures and Processes[M]. Washington: American Psychological Association.

Washburn J H, Till B D, Priluck R. 2000. Co-branding: brand equity and trial effects[J]. Journal of Consumer Marketing, 17(7): 591-604.

Washburn J H, Till B D, Priluck R. 2004. Brand alliance and customer-based brand-equity effects[J]. Psychology and Marketing, 21(7): 487-508.

Watson D, Clark L A, McIntyre C W, et al. 1992. Affect, personality, and social activity[J]. Journal of Personality and Social Psychology, 63(6): 1011-1025.

Waytz A, Cacioppo J, Epley N. 2010. Who sees human? The stability and importance of individual differences in anthropomorphism[J]. Perspectives on Psychological Science, 5(3): 219-232.

Waytz A, Heafner J, Epley N. 2014. The mind in the machine: anthropomorphism increases trust in an autonomous vehicle[J]. Journal of Experimental Social Psychology, 52: 113-117.

Waytz A, Morewedge C K, Epley N, et al. 2010. Making sense by making sentient: effectance motivation increases anthropomorphism[J]. Journal of Personality and Social Psychology, 99(3): 410-435.

Webster F E, Jr. 1992. The changing role of marketing in the corporation[J]. Journal of Marketing, 56(4): 1-17.

Weidman A C, Dunn E W. 2016. The unsung benefits of material things: Material purchases provide more frequent momentary happiness than experiential purchases[J]. Social Psychological and Personality Science, 7(4): 390-399.

Whelan J, Hingston S T, Thomson M. 2019. Does growing up rich and insecure make objects seem more human? Childhood material and social environments interact to predict anthropomorphism[J]. Personality and Individual Differences, 137：86-96.

White K, Dahl D W. 2006. To be or not be? The influence of dissociative reference groups on consumer preferences[J]. Journal of Consumer Psychology, 16(4)：404-414.

White K, Dahl D W. 2007. Are all out-groups created equal? Consumer identity and dissociative influence[J]. Journal of Consumer Research, 34(4)：525-536.

White M P, Dolan P. 2009. Accounting for the richness of daily activities[J]. Psychological Science, 20(8)：1000-1008.

Whittler T E, Spira J S. 2002. Model's race：a peripheral cue in advertising messages?[J]. Journal of Consumer Psychology, 12(4)：291-301.

Wiedmann K P, Hennigs N, Siebels A. 2009. Value-based segmentation of luxury consumption behavior[J]. Psychology & Marketing, 26(7)：625-651.

Willems K, Janssens W, Swinnen G, et al. 2012. From Armani to Zara：impression formation based on fashion store patronage[J]. Journal of Business Research, 65(10)：1487-1494.

Williams L E, Stein R, Galguera L. 2014. The distinct affective consequences of psychological distance and construal level[J]. Journal of Consumer Research, 40(6)：1123-1138.

Williamson O. 1983. Credible commitments：using hostages to support exchange[J]. American Economic Review, 73(4)：519-540.

Wisniewski E J. 1997. When concepts combine[J]. Psychonomic Bulletin & Review, 4(2)：167-183.

Yadav M S. 1994. How buyers evaluate product bundles：a model of anchoring and adjustment[J]. Journal of Consumer Research, 21(2)：342-353.

Yam K C, Bigman Y E, Tang P M, et al. 2021. Robots at work：people prefer-and forgive-service robots with perceived feelings[J]. The Journal of Applied Psychology, 106(10)：1557-1572.

Yang L W, Aggarwal P, McGill A L. 2020. The 3 C's of anthropomorphism：connection, comprehension, and competition[J]. Consumer Psychology Review, 3(1)：3-19.

Yooa B, Donthu N. 2001. Developing and validating a multidimensional consumer-based brand equity scale[J]. Journal of Business Research, 52(1)：1-14.

Yoo J, Park M. 2016. The effects of e-mass customization on consumer perceived value, satisfaction, and loyalty toward luxury brands[J]. Journal of Business Research, 69(12)：5775-5784.

Yoon S, Kim H C. 2016. Keeping the American dream alive：the interactive effect of perceived economic mobility and materialism on impulsive spending[J]. Journal of Marketing Research, 53(5)：759-772.

Yoon S, Kim H C. 2018. Feeling economically stuck：the effect of perceived economic mobility and socioeconomic status on variety seeking[J]. Journal of Consumer Research, 44(5)：1141-1156.

Yoon S, Wong N. 2014. Perceived economic mobility：measurement, validity, and implication for consumer wellbeing and materialism[J]. ACR North American Advances, 42：750-751.

Yorkston E A, Nunes J C, Matta S. 2010. The malleable brand: the role of implicit theories in evaluating brand extensions[J]. Journal of Marketing, 74(1): 80-93.

Young J A, Green R D, Paswan A K. 2000. Co-branding approaches in the franchised food industry[J]. Journal of Business & Entrepreneurship, 12(2): 19-32.

Zaichkowsky J L. 1985. Measuring the involvement construct[J]. Journal of Consumer Research, 12(3): 341-352.

Zeithaml V A. 1988. Consumer perceptions of price, quality, and value: a means-end model and synthesis of evidence[J]. Journal of Marketing, 52(3): 2-22.

Zhang L N, Cude B J, Zhao H D. 2020. Determinants of Chinese consumers' purchase intentions for luxury goods[J]. International Journal of Market Research, 62(3): 369-385.

Zhang L N, Zhao H D. 2019. Personal value vs luxury value: what are Chinese luxury consumers shopping for when buying luxury fashion goods?[J]. Journal of Retailing and Consumer Services, 51: 62-71.

Zhang M W, Li L, Ye Y J, et al. 2020. The effect of brand anthropomorphism, brand distinctiveness, and warmth on brand attitude: a mediated moderation model[J]. Journal of Consumer Behaviour, 19(5): 523-536.

Zhou X Y, Kim S, Wang L L. 2019. Money helps when money feels: money anthropomorphism increases charitable giving[J]. Journal of Consumer Research, 45(5): 953-972.

Zhu H W, Wong N, Huang M X. 2019. Does relationship matter? How social distance influences perceptions of responsibility on anthropomorphized environmental objects and conservation intentions[J]. Journal of Business Research, 95: 62-70.